国家图书馆年鉴

NATIONAL LIBRARY OF CHINA YEARBOOK

2011

國家圖書館出版社

图书在版编目（CIP）数据

国家图书馆年鉴 2011 / 国家图书馆编. —北京：国家图书馆出版社，2011.10

ISBN 978－7－5013－4612－7

Ⅰ.①国… Ⅱ.①国… Ⅲ.①中国国家图书馆—2011—年鉴 Ⅳ.①G259.251－54

中国版本图书馆 CIP 数据核字（2011）第 117258 号

责任编辑：金丽萍

图书设计：徐莉君 | 行者图书工作室

书名 国家图书馆年鉴 2011

著者 国家图书馆 编

出版 国家图书馆出版社（原北京图书馆出版社）

（100034 北京市西城区文津街 7 号）

发行 010－66139745 66151313 66175620 66126153

66174391（传真） 66126156（门市部）

E - Mail btsfxb@nlc.gov.cn（邮购）

Website www.nlcpress.com →投稿中心

经销 新华书店

印刷 北京顺诚彩色印刷有限公司

开本 889 × 1194（毫米） 1／16

印张 21.5

版次 2011 年 10 月第 1 版 2011 年 10 月第 1 次印刷

字数 350 千字

书号 ISBN 978－7－5013－4612－7

定价 660.00 元

本卷撰稿人：

卜书庆　卜冬雪　马　涛　马学良　方　怡　毛雅君
王　欢　王　杨　王　洋　王　萃　王　渡　王　磊
王文玲　王会娟　王旭东　王志庚　王卓华　王青云
王彦侨　王燕荣　卢芳玉　田　颖　白鸿叶　龙　伟
仲　岩　全桂花　刘　波　刘　洁　刘　瑛　刘　新
刘　颖　刘金哲　刘源泓　吕　军　孙　俊　孙静荣
安　若　曲云鹏　曲艳华　汤更生　邢　军　闫　征
齐东峰　何　冰　冷　熠　宋　姝　宋凌凌　张　建
张　炜　张　洁　张文增　张廷银　张志清　张若冰
张艳霞　李　伟　李　坚　李　周　李　楠　李　静
李华伟　李志尧　李春明　李晓明　李晓明（女）
李菲菲　李翠薇　杨　静　杨海帆　汪　静　肖　刚
邱奉捷　邵　燕　陈　为　陈　瑜　陈月婷　陈荔京
陈清慧　陈慧娜　孟　梦　林俊飞　武　翰　罗　翀
金　龙　姚　迎　姜晓曦　胡昱晓　赵　娜　赵大莹
赵志刚　赵银芳　徐亚娟　徐春霞　徐慧子　翁莹芳
郭　炯　郭万里　郭建平　顾　犇　崔　锋　崔云红
崔明明　曹丽萍　梁蕙玮　黄　洁　彭福英　彭增光
温　泉　程佳羽　童忠勇　董　蕊　蒋　弘　蒋宇弘
谢万幸　谢冬荣　谢晓毅　韩　超　韩新月　蓝　羽
雷　亮　廖永霞　裴春来

序

年鉴是按年编撰出版的参考性工具书，收录年度重要时事、文献和统计资料，具有资料翔实、信息密集、反映及时、连续出版等特点，其主要作用是向人们提供某一方面或某一机构全面、真实、系统的年度事实资料，具有较大的总结和统计意义，以及比较系统的连续参考作用，便于人们了解事物现状和研究发展趋势。

国家图书馆历来十分重视对自身发展历史的记录，早在国立北平图书馆时期，就开始编辑整理年度馆务报告，1980年开始编制《北京图书馆工作资料汇编》，1987年开始编制《北京图书馆年报》，后改为《国家图书馆年报》。这些逐年编制的资料比较完整地记录和保存了历年来我馆各项业务工作的重要数据，但多以各类型业务统计报表为主，形式和体例相对比较单一，对年度事业发展的重要事项和主要工作脉络记录还不够详尽细致。

国家图书馆是国家总书库、国家书目数据中心、国家古籍保护中心、全国图书馆信息网络中心和发展研究中心，履行收藏和保护国内外出版物，组织编制国家书目，为重点教育、科研、生产单位提供文献信息服务，指导协调全国文献保护工作，开展图书馆学理论与图书馆事业发展研究，指导全国图书馆业务工作，代表国家执行有关对外文化协定等重要职能。作为重要的国家级公共文化服务设施，近年来，国家图书馆在推进国家公共文化服务体系建设、保障广大人民群众基本文化权益、提升国家文化软实力方面作出了积极贡献，国家图书馆的事业发展越来越受到社会各界的广泛关注。

为此，国家图书馆自2011年起开始编纂出版《国家图书馆年鉴》，力图通过年鉴这种形式更加系统、全面地记录年度事业发展进程，便于社会各界详细了解国家图书馆的年度工作情况。同时，也有利于国家图书馆在总结既往经验的基础上进一步把握前进方向，规划未来发展，为全国图书馆界提供事业发展的参考借鉴。

《国家图书馆年鉴》设立“特别记载”、“基础业务工作”、“服务工作”、“学术与科研”、“编辑与出版”、“对外交流与合作”、“机构与人员”、“设施建设与安全保卫”、“党建与员工文体活动”、“统计资料”、“重要文件选编”、“媒体报道目录”和“年度大事记”等栏目，着眼于“记录主要事件，反映年度工作，保存重要数据，提供决策参考，服务业界社会”。

2011年是“十二五”规划的开局之年，选择这个时机编纂出版《国家图书馆年鉴》，对于回顾过去、展望未来、促进发展具有重要意义。在新的历史征程中，国家图书馆将进一步解放思想，开拓创新，为提高全民族文明素质，增强民族凝聚力和文化认同感，提升国家文化软实力做出更大的贡献。

周和平

2011年仲夏于北京

目录

2010年工作综述 …… 4

特别记载 …… 12
一、领导关怀 14
二、《国家图书馆“十二五”规划纲要》编制 17
三、援疆工作 20
四、书香中国：世界读书日系列活动 24
五、国家图书馆少年儿童图书馆暨少儿数字图书馆 26
六、县级数字图书馆推广计划 28
七、新入藏珍贵文献 32

基础业务工作 …… 36
一、信息资源建设 38
二、信息资源组织 40
三、信息系统建设 41
年度掠影 44

服务工作 …… 48
一、立法决策服务 50
二、重点教育科研和生产单位服务 53
三、社会公众服务 54
四、业界服务 58
年度掠影 65

国家数字图书馆建设 …… 84
一、国家数字图书馆工程立项 86
二、国家数字图书馆工程建设进展 87
三、国家数字图书馆推广工程 99
年度掠影 103

重点文化工程 …… 106
一、中华古籍保护计划 108
二、《中华再造善本》续编 119
年度掠影 120

学术与科研 ········ 124
一、科研管理制度 126
二、科研立项与学术成果 127
三、博士后科研工作站 128
年度掠影 130

编辑与出版 ········ 134
一、《中国图书馆学报》 136
二、《国家图书馆学刊》 136
三、《文献》 137
四、《中国图书馆年鉴》 138
五、专业文献出版 138
年度掠影 141

对外交流与合作 ········ 146
一、合作项目 148
二、来访情况 149
三、出访情况 149
年度掠影 150

机构与人员 ········ 154
一、内部机制改革调研 156
二、人才队伍建设 156
三、干部管理 157
四、年度重点工作 157
五、机构设置 158

设施建设与安全保卫 ········ 164
一、设施建设 166
二、安全保卫 167

党建与员工文体活动 ········ 170
一、党建工作 172
二、工会活动 175
三、团委工作 175
年度掠影 176

统计资料 ········ 182
一、购书经费统计 184

二、各项业务统计数据 184
三、入库成品光盘统计 192
四、馆史档案统计 194
五、立法决策服务平台资源统计 195
六、科研立项与学术成果 196
七、人员统计 202
八、馆外奖励 206
九、重要出访和来访 208
十、部分会议、培训、讲座、展览情况 212

重要文件选编……………………………………………… 224
一、2010年馆发文件目录 226
二、重要文件选编 231
《国家图书馆“十二五”规划纲要》 231
《2010年国家图书馆工作要点》 243
《国家图书馆读者证卡管理办法》 248
《国家图书馆馆藏文献库房管理条例 》 251
《国家图书馆缴送工作管理暂行办法》 264
《国家图书馆捐赠文献接受管理办法》 267
《国家图书馆捐赠文献专藏管理规定（试行)》 272
《国家图书馆剔除文献管理办法》 273
《国家图书馆文献采选条例》 276
《国家图书馆业务流程中文献管理办法》 285
《国家图书馆部委分馆管理办法》 288
《国家图书馆特殊文献购买管理办法》 290

媒体报道目录……………………………………………… 294

年度大事记………………………………………………… 316

2010年工作综述

2010年工作综述

2010年，国家图书馆在党和政府的亲切关怀下，在文化部的正确领导下，以科学发展观为指导，继续实施“人才兴馆，科技强馆，服务立馆”三大发展战略，深化改革，加快发展，创新服务，不断拓展公益性服务范围，各项事业取得了可喜进步。

一、夯实基础业务工作，文献信息保障能力得到增强

文献建设得到加强。加强与新闻出版总署的沟通力度，首次开展了大规模的出版物样本催缴工作，取得较好成效；国内出版物采全率进一步提高，台港澳文献、少儿文献、中文资料入藏呈现显著增长；重点学科领域外文文献、海外中国学文献、国际组织及外国政府出版物入藏得到加强，外文文献采选数量大幅增加；古籍特藏采访取得新成果，名家藏书、新旧地图、石窟拓片、彝文古籍采访成效突出；音像资料、缩微文献入藏数量持续增长；实现全年新入藏文献编目无积压，基本完成了历史遗留未编目文献的书目数据制作和馆藏挂接工作。2010年正式入藏文献123万册（件），馆藏总量达到2897万册（件）。

数字资源建设取得新成绩。全年开展数字资源专项任务44项；在全国图书馆范围内开展数字资源征集工作，开创了图书馆资源共建共享的新模式，最终确定征集34家图书馆的90种资源，涵盖多个主题，资源量达20TB；依法完成了6000种图书面向基层提供服务的法定许可。截至2010年底，数字资源总量达480TB，其中自建资源388TB。

二、加快国家数字图书馆工程建设，数字图书馆推广应用成效显著

国家数字图书馆工程建设积极推进。根据信息技术的发展和业务工作的需求，调整了工程建设方案；软硬件基础设施环境进一步改善，国家数字图书馆标准规范体系初步建成。磁带库容量从340TB扩容到1240TB，存域网容量从330TB扩容至930TB；完成了数字图书馆核心应用系统框架设计与数据结构设计，核心软件系统已进入开发环节；完成了11个标准规范项目的研制、验收及结项工作，其中7个标准规范成果已经结集出版。

县级数字图书馆推广计划全面实施。利用全国文化信息资源共享工程传输平台，策划了“县级数字图书馆推广计划”，重点实施了首批向全国320个县级图书馆分别配送数字资源、将国家图书馆数字资源推送到汶川地震灾区的“灾区援建行动”、构建覆盖全新疆的数字图书馆服务网络的“援疆行动”等三期行动。至2010年底，推广计划全部完成，使全国2940个县级图书馆都具备了数字图书馆服务能力。

“国家数字图书馆推广工程”启动。为进一步落实国务院“国家数字图书馆工程要联合各部门和各地区有条件的图书馆参与建设，共同构建分布式的全国数字图书馆总体框架体系”的要求，国家图书馆策划启动了“国家数字图书馆推广工程”。这是一项重要的文化创新工程，已经列入了文化部“十二五”文化发展规划。

“国家数字图书馆推广工程”通过建设“一库一网三平台”（即海量分布式数字资源库群、数字图书馆虚拟网、优秀中华文化集中展示平台、开放式信息服务平台和国际文化交流平台），以技术手段打破不同行业、不同地域图书馆之间的界限，使全国分散异构的数字图书馆系统能够连接为一个超大型数字图书馆，催生网络环境下新的文化服务业态。

2010年，在具备条件的地区先行开展国家数字图书馆推广工作，率先在山东省、厦门市开展了国家数字图书馆全覆盖工作，将优秀数字资源推送该地各级公共图书馆，为保障广大群众基本文化权益开辟了更加便捷有效的途径。

三、 深化服务内涵，立法决策服务取得新突破

2010年，国家图书馆首次召开“政府立法咨询服务座谈会”；首次成立“国情咨询顾问委员会”和“国情咨询专家委员会”，并分别召开第一次会议；首次举办“国家图书馆立法决策服务成就展”，接待了来自全国人大、全国政协等中央国家机关的领导，国家图书馆立法决策服务的影响力进一步增强。

为全国“两会”服务取得新成效，首次推出了《国家图书馆“两会”专题文献信息专报》等服务，为“两会”提供专题文献信息资料1597篇；“国家图书馆立法决策服务平台”进入全国人大“两会”代表服务专区提供常态化服务；电子触摸屏首次进驻全国政协委员驻地，提供数字化服务。

2010年新开通中央社会主义学院、中央机构编制委员会办公室、国家行政学院3家部委分馆，得到中央领导同志的肯定；全年共承办“部级领导干部历史文化讲座”20期，参加的部级领导达6786人次，九年来共举办讲座157场，听讲人数两万余人次。

四、加强服务创新，服务水平得到进一步提升

坚持公益性原则，不断扩大服务范围，提高服务水平，同时深入挖掘馆藏，使馆藏文献更好地服务于社会，服务于公众。

公益性服务工作稳步推进。2010全年共接待到馆读者533万人次，流通书刊2826万册次，创历史新高；解答各类咨询约53.17万件，同比增加约27%；国家图书馆网站读者访问量达8.3亿次，同比增长83.8%。

新媒体服务亮点纷呈。与中国移动签署战略框架协议，推出国家图书馆移动阅读服务；与中国网络电视台联合制订读书频道合作共建方案；进一步完善了"国图空间"数字电视频道，开通了"图书预约续借"等新功能；优化了国家图书馆手机门户网站的服务功能。

少年儿童服务全面拓展。开通了国家图书馆少年儿童图书馆暨少儿数字图书馆，刘延东同志出席开馆仪式并给予高度评价。举办了"文津少儿讲坛"公益讲座、开展了"小小志愿者"图书馆志愿服务等活动，受到家长和小读者的欢迎。国家少儿数字图书馆提供10TB数字资源，成为网上绿色阅读平台，将国家图书馆少儿服务延伸到全国。

为重点教育、科研单位和企业组织服务发展态势良好。2010年社科检索课题同比增长66.5%，科技查新业务同比增长46.9%；与武汉大学签署战略合作协议，在合作培养人才、联合开展学术研究等方面开展广泛合作；召开了第六届国家图书馆企业信息服务年会，扩大了国家图书馆在企业信息服务领域的影响力；着手探索了企业图书馆建设与服务的新模式。

社会教育服务蓬勃开展。全年举办读者讲座247场，举办各类展览及巡展共81场，国家图书馆的社会教育职能不断拓展。"文津讲坛"等原有系列讲座的社会影响日益增强，"百年辛亥专题研究系列讲座"等新开讲座受到读者欢迎；成功承办"新疆历史文献暨古籍保护成果展"，在新疆展出期间观众逾十万，李长春同志参观了展览并给予充分肯定；举办了"世界读书日"系列纪念活动，与中央电视台合作举办大型晚会，倡导全民阅读；完成了第六届国家图书馆文津图书奖的评选工作。开发各类讲座的衍生产品，出版了系列丛书6种。

五、 开展国内外交流与合作，业界服务力度不断加大

注重发挥行业引领与指导作用。全面启动国家图书馆援疆行动，向新疆地区基层图书馆调拨图书20万册，建立国家数字图书馆新疆分馆，面向新疆基层图书馆员开展培训；推进并实施全国授权模式的数字资源共享；组织全国图书馆界专家完成12个专题的公共图书馆法立法支撑研究工作，为公共图书馆法立法

提供了重要参考依据；完成《公共图书馆服务标准》等12项国家标准项目的审查上报工作，推动行业规范制定；继续实施“全国图书馆志愿者行动”项目，683名基层图书馆馆长参加了培训；成立了全国公共图书馆讲座联盟，举办了首次“全国公共图书馆讲座联盟工作业务研讨会”；召开了“公共图书馆立法决策服务工作研讨会”、“全国图书馆少儿服务工作座谈会”等，发挥国家图书馆的行业引领作用。

国际交流合作不断深化。完成了驻外中国文化中心图书馆建设方案，并赴外调研；成功组织了“第五届中美图书馆合作会议”；开展与英、法、日、韩等国家图书馆的业务互访；签署了中日韩数字图书馆计划协议；参加了“第八次中文文献资源共建共享合作会议”；举办了“自然因素与文献保护国际研讨会”，推动古籍保护与修复领域的国际合作；实现了美国哈佛大学哈佛燕京图书馆、日本东京大学东洋文化研究所馆藏共5000种中文古籍数字化回归。

六、 继续实施“中华古籍保护计划”，古籍保护成果喜人

组织召开了“全国古籍保护工作座谈会”；协助文化部召开了全国古籍保护工作会议，并起草《文化部关于做好下一阶段古籍保护工作的通知》，形成了古籍保护工作思路；组织完成了第三批“国家珍贵古籍名录”和全国古籍重点保护单位的评审、上报工作，举办了第三批“国家珍贵古籍特展”；启动了《中华古籍总目》（分省卷）编纂工作，与全国26个省级古籍保护中心签署任务书，以此模式推进全国古籍普查工作初见成效；继续推进西藏古籍保护专项工作；设立了新疆古籍保护专项；基本完成古籍普查平台的研制和在各分中心的部署工作；继续推进《中华再造善本续编》出版工作，已完成140种文献的出版；举办了24期全国古籍保护培训班，培训古籍工作人员1489人次。

七、 推动内部机制改革，人才队伍建设与科研工作取得新成绩

深化内部机制改革。按照中央关于深化文化体制改革的要求，国家图书馆研究调整了内部管理机制、用人机制、分配机制；制订并实施了深化后勤改革方案；稳步推进了国家图书馆出版社转企改制工作。

中层管理干部队伍顺利换届。面向社会公开选拔中层管理干部，最终55人受聘，其中由馆外引进2人。坚持干部的年轻化、知识化原则，新任中层干部平均年龄40.04岁，比上届年轻5.04岁；本科以上学历者达94.55%，比上届提高了8.84个百分点，研究生以上学历及取得硕士以上学位者占38.18%。进一步加

大干部交流轮岗力度，26位同志走上了新岗位，交流轮岗近二分之一。

人才队伍素质不断提高。不断充实人才队伍，2010年共接收应届毕业生55名，其中博士生11人，硕士生41人，硕士以上学历人员占新接收人员的95%。鼓励员工参加在职学历和学位教育，与中国艺术研究院合作开展研究生教育，为员工继续教育提供新渠道。不断提升专业技术人员综合素质，鼓励员工岗位成才，2010年度职称评审共有33人晋升副研究馆员资格，推荐10人晋升副高级以上专业技术职务。

科研工作取得新进展。完成了《国家图书馆“十二五”规划纲要》编制，未来五年发展思路更加清晰。2010年馆外申请科研项目数量实现较大增长，全年获得国家级课题4项，比2009年增加1项；部级课题6项，较2009年翻了一番；获得国家级合作课题1项，课题总经费达399万元；推出《中国图书馆分类法》第五版，保持并巩固了国家图书馆在传统科研领域的行业指导地位；探讨适合国家图书馆馆情的科研体制，为科研持续发展奠定了基础。

八、 服务全馆中心工作，综合保障水平得到较大提升

为使我国珍贵的历史文化遗产能够得到长久的、安全的保护，策划了“国家文献战略储备库”建设项目，立项论证报告初步完成，立项工作得到推进。

总馆南区维修改造工作进展顺利，编制了维修改造工程可行性研究报告并上报文化部，推进立项审批工作；行政办公楼维修改造基本完成。

财务工作和国有资产管理工作取得重要进展，预算管理和预算执行进一步加强，2010年财政拨款总预算执行进度为98.6%；启动实施了新一轮图书资料的招标采购，购书经费已基本纳入招标采购范围；馆资企业经营范围进一步拓展，营业收入增长较快。

安全保卫工作进一步加强，全年未发生大的安全事故；开展了防火培训，培训员工670多人。古籍馆库房维修改造完成，164万册古籍安全搬迁上架。

九、 加强党的建设及群团工作，“和谐国图”建设成效显著

党的建设得到加强。认真贯彻党的路线方针政策，结合国家图书馆中心工作，强化政治思想教育和理论学习，深入开展了“创先争优”活动。推进学习型党组织建设，在党员、干部中广泛开展了读书活动，全年举办各类员工培训67场，参加培训人员达9033人次。组织开展了“查找廉政风险点，制定预防措施”

专项工作，对重点领域、重点工作项目加强监督检查。

“和谐国图”建设成效显著。坚持走群众路线，重要事项广泛征求全馆各层面意见；召开了三次职工代表大会，审议全馆重大决策；开展了庆七一“颂歌献给党”演唱会、第九届员工运动会等形式多样的文体活动，活跃员工生活；馆团委组织开展读书演讲比赛、援疆社会实践等活动，促进了青年成长；充分调动了老同志的积极性，老干部老专家为全馆工作建言献策。

特别记载

- 领导关怀
- 《国家图书馆“十二五”规划纲要》编制
- 援疆工作
- 书香中国：世界读书日系列活动
- 国家图书馆少年儿童图书馆暨少儿数字图书馆
- 县级数字图书馆推广计划
- 新入藏珍贵文献

特别记载

一、领导关怀

中共中央政治局委员、国务委员刘延东同志出席国家图书馆少年儿童图书馆暨少儿数字图书馆开馆仪式

2010年5月31日,刘延东出席国家图书馆少年儿童图书馆暨少儿数字图书馆开馆仪式，并考察少儿馆馆区。她强调，要不断推出适合少年儿童身心特点的读书服务项目,增强少年儿童的学习能力和创造能力,努力培育少年儿童崇高的思想道德品质。

刘延东对国家图书馆推出面向未成年人的服务举措给予充分肯定。她指出，设立国家图书馆少儿图书馆和少儿数字图书馆,对于便利少儿读者多读书、读好书，更好地满足未成年人精神文化需求，意义重大，对于全国公共图书馆、少儿图书馆建设具有示范作用，希望国家图书馆发挥行业龙头作用，加强业界合作，引领全国公共图书馆开展未成年人服务。

刘延东强调,各地区和有关部门要进一步加大对公共图书馆、少儿图书馆和中小学图书馆的投入，努力为未成年人提供普遍、均等、公益性的服务，尤其要关注对偏远地区、贫困地区未成年人的服务。要充分利用全国文化信息资源共享工程服务平台、县级数字图书馆推广计划和各种新媒体，总结经验，完善设施，把对少年儿童的数字化服务拓展到全国。

刘延东在考察少儿馆馆区时,同正在阅览图书文献的少儿读者亲切交流,勉励大家养成良好读书习惯，抓住少年儿童时期读书的最美好时光，多读书、读好书，通过读书接受教育、发展智力、获得知识信息、陶冶情操、升华境界，努力成为德智体美全面发展的中国特色社会主义合格建设者和接班人。

文化部部长蔡武、教育部副部长陈小娅、国家图书馆馆长周和平、共青团中央书记处书记贺军科、中国关心下一代工作委员会副主任田淑兰、全国妇联书记处书记张静等出席开馆仪式。

中共中央政治局委员、国务委员刘延东同志为国家图书馆中央社会主义学院分馆揭牌

2010年6月10日，国家图书馆与中央社会主义学院在北京签订合作协议，国家图书馆中央社会主义学院分馆同时成立。中共中央政治局委员、国务委员刘

延东出席签约仪式并为国家图书馆中央社会主义学院分馆揭牌。她指出，国家图书馆和中央社会主义学院要发挥各自优势，共同打造一个资源共建共享、长期协作发展的平台，促进图书馆事业的发展繁荣。

刘延东对这一合作共建形式给予肯定。她说，国家图书馆和中央社会主义学院在推进学习型社会建设中肩负着重要职责，双方共建国家图书馆中央社会主义学院分馆，对于延伸国家图书馆服务范围，促进学习型社会的形成具有积极意义。

刘延东强调，国家图书馆作为国家级文化基础设施，要切实发挥国家总书库、国家书目中心、国家古籍保护中心的作用，依托自身丰富的馆藏资源，进一步加强与中央国家机关、重点科研教育和生产单位的合作共建，探索更好地开展公共服务的有效模式，不断扩大服务领域，提高服务质量和水平，努力满足人民群众日益增长的文化信息需求。

全国人大常委会副委员长、民进中央主席、中央社会主义学院院长严隽琪致信祝贺。文化部部长蔡武、中央统战部副部长楼志豪、新闻出版总署副署长阎晓宏、中央社会主义学院党组书记叶小文、国家图书馆馆长周和平等出席签约和揭牌仪式。中央社会主义学院党组副书记、副院长周宁主持仪式。

原中共中央政治局常委、国务院副总理李岚清同志视察国家图书馆

2010年7月2日，原中共中央政治局常委、国务院副总理李岚清同志来到国家图书馆视察。李岚清同志先后观看了“国家图书馆立法决策服务成就展”、“国家珍贵古籍特展”，并视察了国家图书馆二期新馆。

在“国家图书馆立法决策服务成就展”展厅，国家图书馆馆长周和平对展览内容作了详细介绍。李岚清同志认真了解了建国以来国家图书馆立法与决策服务的工作情况，对国家图书馆近年来立法决策服务工作取得的成绩、呈现的快速发展态势以及在国家法制建设和政策制定中发挥的重要作用给予充分肯定。

随后，李岚清同志观看了“国家珍贵古籍特展”，深入了解了自2007年中华古籍保护计划实施以来，我国古籍保护工作取得的成就。此次展览展出了来自全国86家单位的280余部古籍特藏珍品。李岚清同志在每个单元前都驻足观看，在敦煌本《坛经》、司马光《资治通鉴》手稿、《本草纲目》早期刻本等珍贵古籍前，详细听取了专家的讲解，不时与讲解人员亲切交谈，了解文献的版式、字体以及流传经过等，交流鉴赏心得。李岚清同志还兴致勃勃地观看了国家图书馆馆员进行的碑帖传拓、古籍装裱、古籍修复技艺展演。他对国家图书馆在古籍保护工作方面取得的成绩给予高度评价。

李岚清同志还视察了国家图书馆二期新馆暨国家数字图书馆。

全国政协副主席兼秘书长钱运录到国家图书馆参观考察

2010年7月19日，全国政协副主席兼秘书长钱运录同志一行到国家图书馆参观考察。全国政协副秘书长蒋作君、卢昌华、仝广成、林智敏，文史和学习委员会驻会副主任卞晋平、民族和宗教委员会驻会副主任邓宗良、提案委员会驻会副主任王国卿，以及全国政协有关负责同志60余人一同参观考察。国家图书馆馆长、党委副书记周和平，党委书记、常务副馆长詹福瑞，副馆长、党委副书记常丕军，副馆长陈力、张志清、魏大威接待并陪同参观考察。

在总馆南区多功能厅，周和平代表国家图书馆作了工作汇报。随后，钱运录一行参观了正在举行的“国家图书馆立法决策服务成就展”。钱运录希望国家图书馆提高立法决策服务水平，通过开通“国家图书馆立法决策服务平台全国政协机关平台”，为政协委员履行政治协商、民主监督、参政议政职能，建睿智之言，献务实之策提供获取信息的重要渠道。

全国人大常委会副委员长兼秘书长李建国到国家图书馆参观考察

2010年8月12日，全国人大常委会副委员长兼秘书长李建国同志到国家图书馆参观考察。全国人大民委主任委员马启智，法律委副主任委员刘锡荣，华侨委副主任委员虞云耀，预算工委主任高强，港澳基本法委主任、副秘书长乔晓阳，外事委副主任委员马文普，教科文卫委副主任委员任茂东，农委副主任委员刘振伟，副秘书长张少琴、曹卫洲、王庆喜、李连宁、何晔晖、韩晓武，法工委副主任、基本法委副主任李飞，办公厅研究室主任沈春耀，以及全国人大有关负责同志60余人一同参观考察。国家图书馆馆长周和平，副馆长、党委副书记常丕军、副馆长陈力、张志清接待并陪同考察。

在总馆南区多功能厅，周和平代表国家图书馆作了立法决策服务工作情况汇报。会上，李连宁同志代表全国人大表示，国家图书馆为全国人大提供信息服务不断深化，每年的“两会”期间，国家图书馆的信息服务已经成为“两会”一道亮丽的风景线。相信通过此次李建国副委员长带领全国人大机关有关负责人到国家图书馆参观考察活动，今后全国人大的工作一定能够得到国家图书馆更加强有力的支持。

为深入直观地了解国家图书馆立法决策服务情况，李建国同志一行观看了“国家图书馆立法决策服务成就展”。李建国同志指出，希望国家图书馆进一步提高立法决策服务水平，创新服务形式，利用现代信息技术为人大代表依法履职提供更加方便快捷的获取信息的渠道。

全国人大常委会副委员长、民革中央主席周铁农担任“百年辛亥专题研究系列讲座”首讲嘉宾

2010年8月22日，由国家图书馆和中国国民党革命委员会中央委员会等单位联合主办的“百年辛亥专题研究系列讲座”在国家图书馆嘉言堂拉开帷幕。全国人大常委会副委员长、民革中央主席周铁农担任首讲嘉宾。国家图书馆馆长周和平主持了讲座。

作为“百年辛亥专题研究系列讲座”的盛大开篇，周铁农作了题为《孙中山与辛亥革命》的演讲。周铁农围绕着辛亥百年之际怎样看待孙中山与辛亥革命的关系，如何评价孙中山在辛亥革命中的作用，如何评说辛亥革命的功过是非等几个历久弥新的热点话题作了精彩阐述。

2011年将逢辛亥革命胜利一百周年，为了纪念这一具有深远意义的重大历史事件，国家图书馆举办了“百年辛亥专题研究系列讲座”，并于2010年底前举办17期。

全国人大常委会副委员长、民革中央主席周铁农到国家图书馆参观考察

2010年10月13日，全国人大常委会副委员长、民革中央主席周铁农一行到国家图书馆参观考察。全国人大常委、外事委员会副主任、民革中央副主席齐续春，全国政协常委、副秘书长、民革中央副主席修福金，全国人大内务司法委员会委员、民革中央秘书长兼办公室主任李惠东，以及来自民革中央机关的同志50余人一同参观考察。国家图书馆馆长周和平，副馆长、党委副书记常丕军，副馆长陈力接待并陪同考察。

在总馆南区多功能厅，周和平代表国家图书馆作了立法决策服务工作情况汇报。随后，周铁农同志一行观看了“国家图书馆立法决策服务成就展”，并参观了国家图书馆二期新馆暨国家数字图书馆。

二、《国家图书馆“十二五”规划纲要》编制

2010年是国家图书馆“十一五”规划的收官之年，“十二五”规划的筹划、制定工作随之提上议事日程，在《国家图书馆2010年工作要点》中将制定《国家图书馆十二五规划纲要》（以下简称《纲要》）列为当年的首要任务。

早在2009年初，国家图书馆就开始进行“十二五”规划的前期调研，本馆研究院组织有关人员对美国国会图书馆、大英图书馆、法国国家图书馆、俄罗斯国家图书馆（莫斯科）、俄罗斯国立图书馆（圣彼得堡）、日本国立国会图书馆等

世界主要国家图书馆的发展规划、战略规划等进行了较全面地收集与分析，并形成了《国家图书馆“十二五”规划调研报告》。

2010年初，由周和平馆长召集相关部处人员集中研讨，形成《国家图书馆“十二五”规划起草提纲》。2010年1月21日和2月5日，国家图书馆先后两次召开座谈会，听取了来自文化部系统相关司局领导、省市级公共图书馆、高校图书馆、科研系统图书馆、党校与军队院校图书馆、情报系统的代表对《国家图书馆“十二五”规划起草提纲》的意见与建议。同时馆内召开专门会议，征求全馆各部处负责同志的意见与建议。

4月8日，成立了《纲要》领导小组，馆长周和平为组长，常务副馆长詹福瑞为副组长，成员包括常丕军、陈力、张志清、魏大威，领导小组下设工作小组，业务处处长汪东波为组长，副组长索传军，成员包括张彦、王青云、卢海燕、方自今、王志庚、孙一钢、陈红彦、申晓娟，在《国家图书馆“十二五”规划起草提纲》的基础上着手开始《纲要》文本的起草。与此同时，全馆确定了事关事业发展全局性问题的11个专题，组成专门小组开展专题调研工作，并于5月底陆续完成调研报告，为《纲要》的起草提供依据。

至8月底，工作小组在内部多次讨论修改后完成了《纲要》文本征求意见稿，于9月1日征求领导小组成员意见。10月15日，周和平馆长主持召开领导小组会议，对《纲要》文本进行了讨论，10月22日、25日和28日，分别召开座谈会，征求中层干部、科组长和高职人员的意见。11月4日，在国家图书馆第二次职工代表大会上征求职工代表对《纲要》文本的意见。11月12日，在党委理论中心组学习扩大会议上，党委理论中心组成员、馆党委委员、《纲要》工作小组成员结合党的十七届五中全会精神,对《纲要》文本进行了讨论。11月13日，2010年第31次馆务会审议通过了《纲要》文本，并于11月25日正式下发。

《纲要》共包括15部分内容。第一部分“加快图书馆现代化转型，开创国家图书馆事业发展新局面”为全文总纲，回顾了国家图书馆“十一五”时期取得的主要成绩，深刻分析了“十二五”时期的发展环境，明确了“十二五”时期的指导思想和主要目标。

其后的14个部分规划了“十二五”时期14个方面的重点工作任务和57项具体目标。第二部分“建设国家文献资源总库，提高文献信息保障能力”，提出馆藏文献平均年增长80万册（件）以上，数字资源平均年增长100TB以上，其中自建数字资源较“十一五”期间有较大增长。第三部分“建设国家文献资源总目，加强文献信息资源的整合与揭示”，指出要全面整合各类元数据与对象数据，建立文献信息资源整合、揭示与发现平台，进一步提高文献揭示能力。第四部分“强化立法决策服务，建设多层级立法决策服务工作网络”，提出要建设面向国家立法决策服务的文献信息收藏、研究与服务中心。第五部分“创新服务模式与方式，拓宽服务范围与渠道，不断提高服务水平和服务能力”，提出以用户需求为导向，形成文献信息研究、参考咨询、文献提供、讲座培训等多元服务链。第六部分“实施‘国家数字图书馆推广工程’，催生网络环境下新的文化服务业态”，提出要以国家数字图书馆为核心，在全国范围内实施“国家数字图书馆推广工程”，以技术手段打破不同行业、不同地域图书馆之间的界限，使全国分散异构的数字图书馆系统能够连接为一个超大型数字图书馆，从而推动我国文献信息资源的共建共享。第七部分“拓展社会教育职能，将图书馆建设成为有吸引力的公共文化场所”，提出利用图书馆物理空间、其他社会空间、互联网、移动终端等各种渠道，进一步拓展社会教育职能，以展览、讲座、培训等丰富多彩的文化活动，满足社会公众的多元化的精神文化需求，将图书馆建设成为公民教育的终生学校。第八部分“建设国家文献战略储备库，实现馆藏资源的长期战略保存”，从国家信息资源战略保存高度，提出要建立国家级文献资源保障中心，研究与解决国家图书馆馆藏各类文献保存本的异地战略保存与馆藏数字资源异地容灾备份保存。第九部分“实施总馆南区改造工程，提高物理环境保障水平”，根据国家图书馆事业发展的需要，提出对总馆南区进行全面维修，新建综合服务楼，改善读者与员工生活条件。第十部分“推进‘中华古籍保护计划’，全面提升我国古籍保护工作水平”，提出要以古籍普查、摸清家底为核心，人才培养、科学实验为重点，全面推进古籍保护工作，建设国家级古籍修复中心和中文文献保存保护研究中心。第十一部分“加强科研工作，为事业发展提供理论与技术支撑”，提出建立与研究型图书馆相适应的科研工作体制机制，使科研对业务工作的促进作用进一步增强，要增加科研成果原创性以及具有自主知识产权的科研成果，凸显科研成果转化效果。第十二部分“加强人才队伍建设，为事业发展提供人才保障”，指出要制定国家图书馆人才发展规划，统筹推进人才队伍建设。第十三部分“推进业界交流与合作，扩大行业影响力”，提出要广泛深入地开展对外合作交流，拓展与国内外图书馆的合作领域和合作范围，进一步扩大在国际图书馆事务中的话语权与影响力。第十四部分“建立充满生机与活力的管理体制和运行机制，营造良好的事业发展环境”，指出要根据中央关于文化体制改革的要求，深化内部机制改革，建立充满生机和活力的管理体制和运行机制，推动经费投入显著增长，事业发展政策环境继续优化。第十五部分“加强党的领导，发挥党组织在事业发展中的保障作用，以及工会与群众组织在事业发展中的促进作用”，指出要认真学习和实践科学发展观，贯彻落实党的路线方针政策，围绕国家图书馆事业发展的中心工作，不断加强基层党组织建设，发挥党组织在事业发展中的保障作用。

《纲要》最后号召全馆员工要解放思想、开拓创新、求真务实、敬业奉献，为实现国家图书馆第十二个五年规划而奋斗，谱写国家图书馆事业发展新篇章。

三、援疆工作

2010年5月，国家图书馆以实际行动响应中央新疆工作座谈会和全国文化对口支援新疆工作会议精神，全面启动国家图书馆援疆工作。援疆工作充分利用国家图书馆的馆藏文献资源及专业人才队伍优势，以及国家数字图书馆的建设成果，在文献资源建设、专业人才培养、数字图书馆建设、古籍保护工作等多方面给予了新疆地区图书馆大力的支持和无私的援助。国家图书馆相继推出了“县级数字图书馆援疆行动”、国家数字图书馆新疆分馆建设、面向新疆基层文化工作者提供业务培训、向新疆地区图书馆捐赠图书和开展新疆古籍保护工作等援疆举措。

（一）援疆赠书工作

6月4日，援疆赠书工作全面启动。国家图书馆制订了20万册援疆图书的具体分配方案。6月6日上午，50余名工作人员完成57345册图书的筛选工作，6月7日至8日，完成5万册图书的盖章、打捆、装箱等工作。首批5万册援疆图书在6月16日前运抵新疆自治区图书馆并陆续落实到哈密、克州、喀什、伊犁地区的33家县级图书馆。6月22日，国家图书馆在“县级数字图书馆援疆行动”启动仪式上，将这5万册图书赠送给来自新疆维吾尔自治区基层图书馆、新疆生产建设兵团基层文化中心的代表。7—8月间，国家图书馆与新疆生产建设兵团信息中心多次磨合，确定了接受援助的单位、相关联系人以及援助图书数量等事宜，于8月底完成了向兵团信息中心及下属9个师、团基层文化中心援助图书6万册的任务。10月底完成了援助克拉玛依、吐鲁番、博州地区基层图书馆的任务。12月中旬将剩余9万册图书运抵阿克苏、阿勒泰、巴州、昌吉州、和田和塔城地区。

2010年援疆赠书总量达到了200900册，内容涵盖文学、历史、经济、法律、农业、计算机、自动化等不同类别，并配有部分少儿读物、教参教辅及少数民族语言类图书。援助范围涵盖全疆地区94家省、地市、县级图书馆以及兵团文化中心及下属9个师、团基层文化中心。

（二）县级数字图书馆援疆行动

2010年6月22日，在全国文化文物系统对口支援新疆工作会议期间，由文化部主办、国家图书馆和文化部全国文化信息资源建设管理中心联合协办的“县级数字图书馆援疆行动”正式启动。

“县级数字图书馆援疆行动”推送的资源由国家图书馆精心准备，总量达1TB。其中，汉语资源包括5000种电子图书、200种电子期刊、《百年守望》等

84集视频资源、22万余条政府公开信息数据、反映社会主义现代化建设成果的五大专题网络信息资源；少数民族资源包括550种少数民族语言图书、12种138期少数民族语言期刊、100集少数民族语言视频资源，以及1000余幅少数民族自治区建设成就展图片资源等。为方便少数民族读者阅读使用，该次配送的资源提供了汉、维、藏、蒙、哈5种语言检索。“县级数字图书馆援疆行动”使新疆地区所有县级图书馆都具备了数字图书馆服务能力，并将进一步向乡镇综合文化站、社区和村综合文化活动室延伸，从而形成覆盖全疆的数字图书馆服务网络，推动新疆基层公共文化建设。

“县级数字图书馆援疆行动”从提出到实施，用时20天，完成了新疆维吾尔自治区88个县级图书馆、新疆生产建设兵团71个县级支中心的资源组织与推送任务，并开展了资源安装与使用培训，使新疆地区所有159个县级图书馆都具备了数字图书馆服务能力。“县级数字图书馆援疆行动”受到新疆地区基层图书馆和基层群众的普遍好评，取得了良好的社会效益。

（三） 中国国家数字图书馆新疆维吾尔自治区分馆成立

2010年8月20日，在新疆维吾尔自治区图书馆八十周年馆庆之际，国家图书馆与新疆维吾尔自治区文化厅达成合作协议，共同建设“中国国家数字图书馆新疆维吾尔自治区分馆”。当日，新疆分馆在乌鲁木齐市正式启动并开通服务。国家数字图书馆新疆维吾尔自治区分馆是国家数字图书馆第16家分馆，是新疆维吾尔自治区内国家数字图书馆数字资源的推广窗口、数字化服务的前沿阵地、新型馆员的培训基地和基层用户的教育基地。

中国国家数字图书馆新疆维吾尔自治区分馆的建设是国家图书馆响应文化部开展“文化援疆”工作的重要举措，同时也是继6月全面启动“县级数字图书馆援疆行动”之后，对口支援新疆文化发展的又一个重大行动部署。国家图书馆此次精心组织了总量达4TB的数字资源，包括12.5万种电子图书、4000余种电子期刊、900小时视频资源和40000张数字图片资源等，其中少数民族语言文字资源包括550种电子图书、12种138期电子刊、100集视频资源。分馆网站采取汉维双语对照的方式，提供数字资源的浏览和检索服务，并制作了“分馆资源使用手册”。

（四）开展新疆古籍保护工作

5月的中央新疆工作座谈会召开后，文化部迅即组织规划，开展文化援疆，并把新疆维吾尔自治区古籍保护工作作为中华古籍保护计划的重要内容和重点支持项目，大力推进。国家图书馆馆长、国家古籍保护中心主任周和平在新疆维吾尔自治区进行初期调研后，根据新疆维吾尔自治区收藏的古籍文种多、时间久远，但却底数不清、保护条件薄弱等特点，由张志清副馆长率调研组在新疆调研并筹办新疆历史文献暨古籍保护成果展。调研组主要在乌鲁木齐和吐鲁番两地古籍收藏单位考察古籍收藏保护状况，并组织当地专家就如何开展新疆古籍工作召开座谈会。根据实际情况与新疆文化厅共同商议草拟了《新疆维吾尔自治区古籍保护工作方案》递交文化部，希望有针对性地开展工作，使珍贵古籍文献得到有效保护、合理利用和传承。调研组初步达成在新疆维吾尔自治区博物馆举办新疆历史文献暨古籍保护成果展的意向。

2010年6月22日周和平馆长率队调研新疆古籍保护工作情况

（五）“新疆历史文献暨古籍保护成果展”

2010年8月20日，由文化部、新疆维吾尔自治区人民政府主办，国家图书馆（国家古籍保护中心）、新疆维吾尔自治区文化厅承办的“新疆历史文献暨古籍保护成果展”在新疆维吾尔自治区博物馆开幕。

新疆历史文献暨古籍保护成果展开幕式

本次展览是新中国成立以来首次全面展示新疆珍贵历史文献的大型展览。展出的125件新疆珍贵历史文献及文物，包括出土木简和纸质文书、汉文和各种民族文字古籍、舆图拓片、部分文物等，来自国家图书馆，新疆各图书馆、博物馆、国家民族事务委员会全国少数民族古籍整理研究室、科研高校等13家收藏单位及个人，其中超过半数为现今仅存的孤本。

本次展览还为观众提供生动、专业的多语种讲解。配合展览还举办了古籍修复、碑帖传拓、新疆民间传统工艺“桑皮纸”制作等动感演示；策划了新疆历史与文化系列讲座，不定期组织问答游戏，吸引青少年观众和市民。应观众要求，展览由原定的一个月延长至两个月。

展览留言册

展览期间，超过10万人次的观众到现场观展，有时一天甚至超过2000人次。除新疆当地各机关、企事业单位、民间团体组织干部职工前来参观学习外，一些研究新疆历史文化的国内外专家学者也专程赶赴新疆展览现场。展览也为新疆本地的一些收藏单位在古籍的采集、保护、整理和普查等方面提供了指导，有的单位已经开展行动，着手对古籍进行普查。观众还用汉文、维文、哈文、日文、韩文、英文、俄文等不同的文字留言。展览让人们通过文献了解新疆历史，传播了中国文化，宣传了古籍保护工作的重要性，更激发了全国不同地区、不同民族、不同行业的人们对伟大祖国的热爱，以及民族团结、国家富强的愿望。

（六）“国家图书馆援疆行动”基层公共图书馆员业务培训班

“国家图书馆援疆行动”基层公共图书馆员业务培训班

2010年11月8日至11日，“国家图书馆援疆行动”基层公共图书馆员业务培训班在新疆伊犁哈萨克自治州伊宁市顺利举办。此次培训作为国家图书馆援疆行动的又一重要举措，得到了新疆维吾尔自治区文化厅、伊犁州文体局及相关部门的大力支持。自治区文化厅党组成员、副厅长李建军，伊犁州政府副秘书长叶尔麦克等出席了开班仪式，新疆维吾尔自治区各州、市、县的近150名图书馆员参加了此次培训。

培训班为新疆地区基层图书馆员举办两次现场培训，并将课件上网，随时向未能参加现场授课的新疆地区图书馆员提供远程学习条件；接待新疆地区基层图书馆员来国家图书馆参观、考察和学习；接受新疆地区图书馆干部挂职锻炼。

（七）新疆古籍保护修复专业人才培训

新疆地区学员在第十三期全国古籍修复技术培训班学习

2010年10月第十三期全国古籍修复技术培训班新疆学员修复作品展示

为把新疆古籍保护工作落在实处，解决新疆古籍保护工作面临的人才匮乏难题，国家古籍保护中心在第十三期全国古籍修复人员培训班招生时，向新疆地区倾斜，一次招收了6位不同单位的业务骨干学习古籍修复，其中新疆维吾尔自治区的学员还根据人事部的培养计划在国家图书馆古籍修复中心接受为期一年的培训。为解决新疆古籍工作的实际问题，国家古籍保护中心与新疆维吾尔自治区文化厅协商，为新疆古籍保护特别是古籍普查工作的开展，配置了电脑、打印机、扫描仪、存储硬盘、照相机等设备，初步缓解了设备不足的困难。

6月，人力资源和社会保障部留学人员和专家服务中心致函国家图书馆（《关于协助安排新疆少数民族科技骨干“特培”的函》人留专函［2010］15号），希望协助安排新疆维吾尔自治区图书馆副研究馆员米娜娃尔·阿不都同志到国家图书馆参加古籍修复培训，培训时间为一年。8月，米娜娃尔抵达国家图书馆开始接受培训。

（八）接待新疆生产建设兵团文化工作者来馆参观学习

10月21日至29日，来自新疆生产建设兵团各师以及团场宣传文化部门的文化工作者一行20人来到国家图书馆参观学习。在一周的培训过程中，新疆生产建设兵团学员们先后参观了国家图书馆一、二期和文津街分馆馆舍，深入到国家图书馆中文采编部、参考咨询部、典藏阅览部、数字资源部、计算机与网络系统部等重点业务部门进行图书馆业务交流与实践，并走访了西城区图书馆、北京大学图书馆和清华大学图书馆等北京地区其他图书馆。

新疆生产建设兵团文化工作者到国家图书馆参观学习

四、书香中国：世界读书日系列活动

（一）广场活动

4月23日上午，国家图书馆在总馆北区广场举行“源远流长的中华典籍”大型广场活动，迎接第15个“世界读书日”。国家图书馆馆长周和平，党委书记、常务副馆长詹福瑞，民进中央副主席朱永新等，以及在京图书馆界代表、外国友人、读者、学生及部分国家图书馆的员工约500余人参加了活动。国家图书馆馆长周和平发表讲话，阐述图书馆在全民阅读、建立学习型社会中的使命。中央民族大学教授王尧代表读书人发表致辞，结合自己的经历，与大家分享阅读体验。

仪式之后，文艺表演和朗诵活动拉开帷幕。广场排列大型方阵，儿童、青年参与其中。来自北京西城区银河小学的学生们用稚嫩悠扬的童声合唱了特别创作的歌曲《好书伴我成长》，让人品味“一本本好书伴我成长人生路上无限风光”的美好。佟凡、田岷带来的经典读书诗联朗诵提醒人们珍惜每一寸光阴发愤读书。国务院幼儿园的小朋友们吟诵的《我骄傲，我是中国娃》，陈强与百名国图青年朗诵荀子《劝学》提醒阅读需要日积月累。

4月23日“世界读书日”专题活动之“2010书香中国”广场活动

（二）中国古代书籍史展览

4月23日，作为国家图书馆“2010·书香中国”大型系列公益活动之一，“中国古代书籍史”展览在国家图书馆稽古厅开幕。展览以展板和实物相结合的形式，展现光辉灿烂的中国书籍历史。文字的产生与演变、初期书籍的产生、正规书籍的产生、书籍制作材料的伟大变革、书籍制作方法的变革、中国古代书籍的装帧形式等内容，尽在其中。从商代的“四方风”甲骨到清乾隆年间木活字印本《红楼梦》，多民族各个历史时期的重要典籍尽收其中。独具中国特色的古籍制作技术和古籍装订形式，如传拓、雕版、活字，卷轴装、经折装、蝴蝶装、包背装、线装等，形象展示了中国书籍形制的变迁。展览还展示了在中华典籍史上作出卓越贡献的著作家、整理家和藏书家。展览现场同时免费发放国家图书馆的善本书影。为迎接本届“世界读书日”，国家图书馆推出了3个不同的展览，除“中国古代书籍史”展览外，还有“汉字：文化津梁　中国奇迹”展览和全国“读书”漫画大赛作品展。这3个展览分别从“汉字”、“书籍”、“漫画”3个不同的角度展示阅读的各个方面。

4月23日“世界读书日”活动之展览

（三）非物质文化遗产现场互动展演

广场活动结束后，在国家图书馆学术活动区举行了中国非物质文化遗产技艺互动展演，现场气氛热烈，引发众多读者的热情参与。互动展演现场展示了中国各个时代的雕版，读者现场参与雕版刷印、甲骨和石碑传拓、古籍修复和装订演示等。还为公众提供现场古籍鉴定咨询，使公众了解古籍基本知识。此外，国家图书馆还从“文津讲坛”、“中国典籍与文化讲座”中精选出名家讲座20讲，编辑成《国家图书馆名家讲座活页文选》，现场免费提供读者阅读。

4月23日“世界读书日”活动之拓片演示

（四）“文津读书沙龙”特别活动

国家图书馆主办的“文津读书沙龙”公益性文化活动，是围绕建设学习型社会和倡导全民阅读而开展的读书活动。2010年4月23日，国家图书馆举办了两场“文津读书沙龙”特别活动。上午10点30分，由民进中央副主席朱永新先生担任主讲嘉宾，探讨“阅读的力量”这一话题。下午14点，由中央民族大学教授郭英剑先生主讲“经典阅读：读，还是不读？——当代中外阅读的现状与前景”。

（五）世界读书日“2010·书香中国”特别节目

2010年4月23日晚上21点25分，中央电视台科教频道

（CCTV-10）播出世界读书日“2010·书香中国”特别节目，与全国的爱书人共同庆祝这个属于读书人的节日。这是国家图书馆第一次与电视媒体合作举办的以全民阅读为主题的专题节目，也是中央电视台首次举办以读书为主题的大型特别节目。“2010·书香中国”特别节目由文化部、新闻出版总署、国家广电总局指导，国家图书馆、中央电视台、新闻出版总署新闻出版管理司联合主办，中国图书馆学会、中国数字图书馆有限责任公司协办。节目以“推动全民阅读，共建学习型社会”为宗旨，以“今天，你读了吗”为口号倡导大众阅读，讲述“中国人阅读故事”。节目探秘国家图书馆馆藏珍品，近距离接触国宝，还原消逝的古代吟诵方式，讲述名人的真实阅读故事，介绍城市的阅读推广经验，通过各个层面呈现中国人今天的阅读，既专业化又大众化，既有知识性又有趣味性，充分展示阅读和书籍之美。

五、国家图书馆少年儿童图书馆暨少儿数字图书馆

经过近两年的文献积累与场地规划，2010年5月31日，国家图书馆少年儿童图书馆暨少儿数字图书馆正式开馆。少年儿童图书馆位于国家图书馆总馆北区东侧，占地面积约650平方米，全馆分为图书区、阅览区、展示区、主题活动区与数字共享空间5个区域。馆藏少儿文献2.2万册，内设阅览座位135个。此外，少年儿童图书馆还专门设置了数字资源用机、电子触摸屏、虚拟阅读机等多种先进设备供小读者使用。

周和平馆长等与少儿馆工作人员合影

（一）馆区设计和资源配置

国家图书馆未成年人服务历史由来已久，自2000年文津街分馆少年儿童阅览室对外开放至2010年少年儿童图书馆揭牌成立，已整整十年。期间由于图书馆馆区改造，少儿阅览服务一度停滞。2010年5月19日，馆长专题办公会决定设立国家图书馆少年儿童图书馆。

经过对少儿数据资源进行全面调研，少年儿童图书馆选择了11个商业数据库、1个公益性数据库和13种导航资源。对馆藏1101册儿童文献及连环画进行数字化加工，资源总量约10TB，资源类型涵盖普通中文书刊、动漫图书、连环画、经典

诗文赏析、中英文学习软件、音乐欣赏等，其中公网免认证访问的资源量达到4500种图书、854课时、70000余课件。同时，组织数据库商为少儿数字图书馆阅览室工作人员提供数据库培训4场，并在开馆后，陆续提供数字资源宣传资料2000份。

少儿读者正在使用国家图书馆少年儿童图书馆的触摸屏设备

少年儿童图书馆由于服务对象的特殊性，如何在国家图书馆馆舍现有硬朗的设计风格中融入活泼美观的元素，创造符合少儿的阅读环境，同时还需兼具安全性与可恢复性，是非常重要的问题。经过反复讨论，确定了设计方案，即部分墙体粉刷后进行手绘处理，同时大理石墙面采用包布后绘画的方式调节色彩与氛围。专门抽调了相关工作人员集中查找手绘内容，提供给设计公司作参考。2010年5月28日，少年儿童图书馆设计工作完成。

针对少年儿童发展特点，少儿馆安装了适合青少年使用的软件，较好地解决了软件与系统的兼容性问题，并组织完成少年儿童图书馆外购镜像数字资源的安装、客户端调适、部署上线工作。此外，国家图书馆还为少年儿童提供光盘阅览服务，为到馆的少年儿童读者提供资源使用培训和上机指导。

为了给少年儿童创造丰富有趣的网络信息阅读环境，使其能够利用绿色网络获得丰富的文化知识，国家图书馆专门建设了国家少儿数字图书馆网站。网站建设以“书香相伴，快乐成长”作为发展主旨，以拓宽视野、辅助学习为目的，提供在线图书阅读、传统经典普及、科普文化教育、辅助教学课件、动漫等服务。2010年10—12月期间，在调研小读者与家长使用需求的基础上，国家少儿数字图书馆网站又进行了全面改版，从内容架构到表现形式均做出较大调整，设有活动公告、资源搜索、小读者指南、书刊阅读、国图漫步、校园课堂、在线展览、视频讲座、我爱动漫、才艺展示等栏目。

少儿数字图书馆触摸屏

（二）丰富多彩的活动

自2010年5月31日开馆以来，少年儿童图书馆开展了丰富多彩的少儿活动。组织了“今天我当班”小小志愿者活动、教师节DIY送祝福、“祖国我爱你”手抄报活动、“闻书香，结书缘”活动、参观国家图书馆活动等，参加人员逾千人次。

“今天我当班”小小志愿者活动招募一开始便受到了小读者

和家长们的热烈欢迎。通过实际到馆工作，小读者们了解了图书馆的基本知识，掌握了图书馆的基本使用方法，锻炼了动手能力和沟通协调能力。工作之余，少儿馆的工作人员还组织小志愿者参观国家图书馆成人馆，使之更加全面地了解图书馆，培养了小读者们从小爱读书的良好习惯。

儿童文学知名父女作家葛冰、葛竞做客“文津少儿讲坛”

国家图书馆还特别设立了“文津少儿讲坛”，邀请著名作家、教育家、学者、少儿工作者，根据少儿身心成长的特点，定期举办系列公益讲座，以促进并引导少年儿童多读书、读好书。2010年10月30日，当代著名作家、北京大学教授曹文轩作了题为“阅读是一种信仰”的开坛首讲，800余名小读者及家长到场聆听。此后，少年儿童图书馆还举办了儿童文学知名父女作家葛冰、葛竞带来的题名为“快乐阅读、快乐写作”的公益讲座。

少年儿童图书馆开馆首日，读者接待量突破1500人次。暑假期间，日接待峰值量高达900人次，平均日接待量约为550人次。截至2010年12月，少年儿童图书馆共计接待各界少儿读者及业界同行参观146批次，接待参观人员5559人次。

六、县级数字图书馆推广计划

（一）“县级数字图书馆推广计划”实施过程

2010年2月，文化部启动了“县级数字图书馆推广计划”，通过该计划逐步建成覆盖全国的数字图书馆服务网络。为落实项目规划，国家图书馆构建了总量达1TB的数字资源内容，包括电子图书、电子期刊、图片资源、视频资源和网络资源，开发应用系统，将资源整合封装推送，创新服务方式。

2月完成“县级数字图书馆推广计划”第一期活动，首批向320个分布于全国各地的县级图书馆分别推送了1TB数字资源。

“县级数字图书馆推广计划”启动仪式

2010年3月，在四川省北川县完成第二期活动，即“县级数字图书馆推广计划”灾区援建行动，向汶川地震中50个极重灾区、重灾区、对口支援县分别推送1TB数字资源，为灾区重建工作提供必要的文化支持和智力援助。

2010年6月，“县级数字图书馆援疆行动”在新疆乌鲁木齐启动，在汉语通用性资源的基础上，国家图书馆组织类型全面、内容丰富的少数民族语言数字资源，并设计4种少数民族语言界面，推动构建覆盖全疆的数字图书馆服务网络。

2010年7月，山东省在全国率先实现“县级数字图书馆推广计划”全面覆盖，使全省17个地市、140个县区级公共图书馆都具备数字图书馆服务能力，带动1861个乡镇（街道）综合文化站提升服务能力。

“县级数字图书馆推广计划”灾区援建行动

（二）“县级数字图书馆推广计划”工作重点

“县级数字图书馆推广计划”是一项全新的公共文化服务项目，地域覆盖范围广，涉及的数字资源和用户层次复杂，在全国基层图书馆建设和服务领域影响重大。为更好地开展有针对性的服务，国家图书馆在广泛走访、座谈、电话访谈和互联网信息调研的基础上，深入分析“县级数字图书馆推广计划”面临的环境与需求，探索适用、科学的项目建设和管理方法，创造一种全新的资源整合推送服务模式，为基层服务工作积累实践经验，推动国家图书馆数字资源建设、服务和推广能力大力提升。

1.调查与部署

针对我国广大基层群众的文化信息需求，“县级数字图书馆推广计划”以精选优秀数字资源为主线，以开发便捷应用系统为手段，以提供全面服务为保障，搭建起覆盖全国的数字图书馆服务网络，为促进我国公共文化服务体系建设和各民族文化共同繁荣发展做出切实贡献。针对“县级数字图书馆推广计划”涉及层面广、建设质量要求高的特点，国家图书馆组建了跨单位、跨部门的联合项目组，多次主持召开协调会，科学策划，周密组织，研究制定切实可行的工作方案。

“县级数字图书馆援疆行动”启动仪式

2.遴选与整合

在充分调研的基础上，国家图书馆精心筹划和遴选，采用采购、许可授权与自主数字化相结合的方式，开拓资源建设渠道，打造以优秀汉语资源为基础、有针对性突出少数民族语文资源的综合数字资源体系，达到资源针对性强、适用范围广的要求。

山东省“县级数字图书馆推广计划”全覆盖启动仪式

为保证所推送数字资源的优质性和适用性，深入研究各种类型数字资源的结构和特征，专门制定十余项资源遴选和加工标准规范，创新技术措施严格把关，确保资源内容、数据质量和版权状态无瑕疵。为提高元数据质量，组织人员集中攻克资源整合、系统配置和资源封装等一系列技术难关，实现多类型资源的统一调用，最大程度提高了应用系统的易用性和兼容性，并不断完善用户界面细节设计。在“县级数字图书馆援疆行动”系统开发中，针对每种语言不同的阅读习惯制作特别模板，处理近400条少数民族语言条目，聘请少数民族语言专家进行初审、校正、二审、再校正和终审5个环节的质量把关。

3.培训与指导

国家图书馆面向县级图书馆系统管理员开展理论与实践相结合的培训指导，制作配送管理员手册和使用指南光盘，在“县级数字图书馆援疆行动”中，特别印刷汉语、蒙古语、藏语、维吾尔语、哈萨克语五种语言版本的读者指南。国家图书馆委派技术人员赴各地进行现场辅导，并将培训课件、课程视频等资料发送至省馆和基层馆管理员。同时，对县级图书馆进行及时、持续的跟踪指导，咨询专线、用户服务专线和技术支持专线电话持续运行，建立在线交流群，即时解答各馆提出的咨询问题，注重发现总结用户需求以及常见问题及其解决方法，加强技术指导，提高资源推广效率。

“县级数字图书馆推广计划”宣传画

（三）“县级数字图书馆推广计划”工作成效

国家图书馆设计明信片调查问卷，同时也通过专线电话收集基层管理人员和用户的反馈意见，对其中3616份有效调查信息进行了深入分析。调查显示，“县级数字图书馆推广计划”引起了强烈的社会反响，89.26%的用户对“县级数字图书馆推广计划”表示“非常满意”或“满意”，各类资源及服务平均使用率达到33.3%，适用于学生、教师、农民、工人等主要行业人群，能够很好地满足基层用户的信息需求，具备良好的持续发展基础，基层图书馆和用户对此类推广项目和培训指导需求强烈。

国家图书馆在“县级数字图书馆推广计划”实践中不断探索、积累和总结经验，为开展和完善数字图书馆推广工作收集大量的第一手资料，对基层用户的文化信息需求有了更深入的了解和把握，逐步摸索建立贯穿数字图书馆推广工作全流程的建设和管理机制，突破数字图书馆推广中资源建设和服务模式设计的若干难题。在数字图书馆建设发展的新阶段，“县级数字图书馆推广计划”所探索的建设管理模式、资源构建模式、宣传推广模式等，体现出较好的实践效果，具有推广扩大、深化发展的价值，为未来建设我国公共文化服务资源库群、充分发挥国家图书馆数字资源优势提供了重要参考，成为“国家数字图书馆推广工程”策划实施的实践基础。

“县级数字图书馆推广计划”汉语资源配置列表

	栏目	资源说明	建设方式
书刊资源	百年守望	梳理百年国图前世今生，揭秘百年国图传世典藏，讲述国图人守望文明、传承文化的光荣与梦想。 8集，38分钟／集。	自建资源 按需整合
	馆藏故事	海内外首部图书馆“影像史记”。百余位专家讲述馆藏珍品在征集、保存、利用中鲜为人知的故事。 40集，15分钟／集。	获赠使用
	文明与创造	详尽演绎古今技术，记录中华文明递进脚步，以“新、奇、特”的角度，再现古老灿烂的传统文化。 36集，27分钟／集。	商业采购
书刊资源	年画撷英	339张杨柳青、朱仙镇等地制作的年画作品，题材丰富，多以木刻彩色套印加彩绘而成，体现了年画的艺术内涵和观赏价值。	自建资源 按需整合
	前尘旧影	3080张老照片真实地记录了当时的社会事件、历史人物、城乡面貌和建筑艺术等，具有重要的历史价值和文化价值。	自建资源 按需整合
书刊资源	电子图书	2007年以后出版的5000种中文图书全文。	商业采购
	电子期刊	2009年出版的200种、2608期人文社科类期刊全文，原版原貌呈现。	
网络资源	政府信息	国家图书馆“政府公开信息整合”项目的部分成果（21万余条信息）。	网络采集
	中国事典	国家图书馆“网络信息采集与保存”项目的部分成果（5个专题）。	网络采集
特殊资源	——	汶川、北川、都江堰三县市的地方志复制品。	按需印刷

“县级数字图书馆推广计划”少数民族语言资源配置列表

	栏目	资源说明	建设方式
电子图书	民族语文图书	550种维、哈、蒙、藏文等民族语文图书，内容涉及政治历史、文化艺术、职业技能等方面。	商业采购
电子期刊	民族语文期刊	2009年出版的维、哈、蒙、藏文等语文版本的12种138期期刊。	许可授权 自主数字化
视频节目	民族语文视频	民族语文视频100集维、藏、哈语文的视频节目，内容涉及职业技能、农业生产等方面。	商业采购
图片	民族成就展	1200余幅展现自治区建设成就的展览图片。	网络采集

七、新入藏珍贵文献

（一）摇篮本《纽伦堡编年史》

4 月在海外采访购得摇篮本《纽伦堡编年史》（Nuremberg Chronicle）。《纽伦堡编年史》，1493 年纽伦堡出版，拉丁文。编撰者哈特曼·舍德尔（Hartmann Schedel），纽伦堡人，德国历史学家、物理学家。1462 年在莱比锡获文学硕士，随后在意大利继续从事人文主义和医学研究，是最早学习古希腊语的德国人之一。1466 年他获得博士学位后返回纽伦堡，开始致力于《纽伦堡编年史》的编撰工作。该书是一部配有丰富插图的世界历史著作，被公认为是早期印刷业最优秀的范例之一。书中以《圣经》为基础记载了从创世之初直至 1493 年历史上的许多事件，同时也插叙自然灾害、皇家族谱和一些重要西方城市的历史。拉丁学者通常将此书拉丁语版本首页介绍中的短语 Liber Chronicarum（意为“编年史之书”）作为该书的名称。英语中，则一直使用该书出版的地点将其命名为 Nuremberg Chronicle（《纽伦堡编年史》）。德语中，则是以作者舍德尔的名字将这本书命名为 Die Schedelsche Weltchronik（意为“舍德尔世界历史”）。这本书是早期印刷书籍中编制最完善者之一。许多副本中的插图是出版后再人工上色的，此次入藏国家图书馆的为无色版本，保持了 15 世纪出版时的原貌，封二上有铅笔题字“A perfect copy”。有木刻版画插图 1804 幅，由当时著名艺术家迈克尔·瓦格缪特（Michael Wohlgemut）和威尔海姆·普莱登沃夫（Wilhelm Pleydenwurff）雕刻。由于使用了不同的绘画图版，并且文本和图版以多种方式交织在一起，使得这部编年史成为 1500 年之前最复杂的一部印刷书籍。目前所知中国所藏“摇篮本”仅 12 种 13 册，分别收藏在中国国家图书馆（3 种 4 册）、上海图书馆（2 种 2 册）、私人（1 种 1 册）、台湾（6 种 6 册）。

（二）彝文古籍

彝文古籍是反映彝族历史文化的重要载体，主要保存在云南、四川、贵州等地。彝文古籍多是毕摩（彝族中专门替人礼赞、祈祷、祭祀的祭师）在做各种仪式时使用的经书，这些经书传给从直系亲属中指定的毕摩，且传男不传女。大部分经书都由新的毕摩抄写后烧掉，只有很少的经书会流传下来，所以彝文古籍年代早的比较少。彝文古籍多数为手抄本，随着时间的推移，其散佚或损毁的现象日益严重。国家图书馆历来重视彝文古籍的收藏，彝文古籍现已成为少数民族古籍收藏的重要组成部分。

2010 年 7 月，国家图书馆在贵州省威宁县一毕摩家购得 40 册彝文古籍。这批彝文古籍是由三位毕摩传承下来的，包括书主的祖父和外祖父，他们都是毕摩，并且外祖父的那部分传给了女儿，才得以留到书主家。还有一部分是因为有一户人家认为自己无力传承，转给了书主。这种传承脉络清晰，且由女儿传承的经书非常罕见，故更显其珍贵。

在这批彝文古籍内，有明代至清乾隆年间的抄本，这在之前的征集中非常罕见。其中还有几部书带有年款，这在彝文古籍中也是不太常见。这批彝文古籍的内容涉及宗教、哲学经文、诗歌辞赋、历史、天文、地理、算学等。大部分抄本书写字体工整，在版本和装帧形式方面有其独特性和多样性，特别是有些典籍的书脊处用竹片压实后再用线装订，有些典籍用动物毛皮、麻布、纸张做书皮。这些典籍具有重要的历史资料价值和文献学价值，是研究彝族历史文化、彝族世袭传承和彝文古籍装帧形式的珍贵实物，有极高的文献收藏价值。

专家在鉴定石窟寺高浮雕石刻拓本

（三）石窟寺高浮雕石刻拓本

石窟寺位于河南省巩义市，开凿于北魏熙平二年（517），现存洞窟5个，造像题记及其他铭刻186则，四壁和窟顶雕刻有大量北魏时期的精美浮雕，其中如北魏帝后礼佛浮雕在全国极为罕见，蜚声海内外，在雕刻艺术史上占有重要地位。

河南李仁清精于高浮雕传拓技艺，为了申报丝绸之路为世界文化遗产，2009年河南省特邀李仁清对巩义石窟石刻作全面传拓，经协商，李仁清同意把其中一部出售给国家图书馆。石窟寺高浮雕石刻拓本的入藏，在国家图书馆石刻拓片的采访史上乃至石刻拓片收藏历史上都具有开创性的意义。这批拓片具有以下特点：

1.完整性。这批拓片总计229张，面积541.7平方米，包括石窟寺五窟的全部内容、窟外的题记、石窟寺陈列室内所有石刻以及巩义市博物馆藏石窟寺残件，是目前已知最全、最完整的石窟寺全份拓片。

2.珍稀性。出于对石窟寺石刻和造像的保护，石窟寺高浮雕仅拓得三部整套拓片，这是巩义石窟的第一次全面传拓，也很可能是最后一次全面传拓。即使再有机会传拓，由于石窟寺为页岩，石质较为酥松，且窟内多处渗水，剥泐十分严重。此次所拓造像和1965年文物出版社影印本照片相比，已经残泐不少，几十年之后再拓，也和今日拓本无法相比。因此这套拓片非常珍贵。

3.艺术性。高浮雕的拓本技术难度大，艺术水平高，具有震撼人心的力量。高浮雕的传拓是历史上比较少见的，之前的造像一般只传拓平面刻的题记，极少传拓佛像，即使有个别拓像者，也仅仅拓几个点表示一下。高浮雕的传拓难度大大高于平面刻石的传拓，包括上纸、剪开、按纸、上墨、揭纸等工序，除需特殊的技艺外，上纸和拓制都需要很高的技巧，所费工时也远远多于平面刻石。一般平面刻石拓本无需后期处理，高浮雕拓制下来的是碎片，还需要后期繁杂细致的粘接工序。这批拓片拓工精良，是拓片中的精品，更是难得的艺术品。以墨拓为主，还有朱墨拓本。高浮雕拓片尤其精彩，人物形象栩栩如生，细节处理完善精致，人物的眉眼表情，衣饰和器物的深浅明暗，都表现得细微传神。

4.资料性。石窟寺高浮雕石刻拓本是不可多得的研究北魏历史、宗教、艺术、绘画、雕刻的宝贵资料。整体施拓是这批拓片的特点和难点，其中面积最大的一张近25平方米，最长的一张达11米。之前的造像题记多数都是一款一张，无法看出它们的先后、上下、避让等关系，整体施拓使这批拓片的资料性得到最大的保存，学者可以从中看到各个题记的关系，整个石窟寺的历史在这张完整的拓片上得到体现。同时，根据这样一套拓片，我们可以恢复出一个完整的石窟寺来。

此外，造像题记是宝贵的历史资料，可见当时的社会习俗及生活，为清代以来的学者所重视，石刻拓片的采访也是国家图书馆历来重视的工作，石窟寺高浮雕石刻拓片为后人保存了完整的南北朝时期佛教造像艺术珍品。

（四）内部地图资料

2010年采访的内部地图资料共计451种630件，具有如下几个特点：

1.独特的编制机构。内部地图资料中，不少是全国范围的大型专题地图集，这些大型专题地图集多是在国家有关部委的统一部署下，在省、市人民政府的领导下，进行大量调查研究后编制而成。如：《江苏省海岛资源综合调查地图集》，全面、系统、直观地反映了江苏省海岛及其周围海域的自然环境特征、自然资源分布规律、开发利用和海岛经济状况。

2.有限的使用范围。内部地图资料的保密性决定了它的交流范围仅限于“本系统、本行业、本单位内部”，只能为相关的各级部门提供直观形象的参考信息资料。如：《农村经济图集》是一部综合性参考资料，内容包括农村自然条件与自然资源图

工作人员在整理内部地图

组、农业与农村生产条件图组、农业生产与农村经济图组。资料单元拓展到了乡镇一级，既反映了农村经济发展取得的成就，又反映了农村综合环境的区域分类，对进一步综合开发资源，调整产业结构，推进农业产业化经营，发展市场农业，加快农业和农村现代化建设步伐尤其具有现实指导意义。

3.重要的参考价值。内部地图资料在社会发展历程中发挥的作用不可低估。如：《中国煤矿主要矿区图集》，包括27个省、自治区、直辖市的134个主要生产矿区、在建矿区及规划开发的新矿区的经济概况、煤炭资源、煤田地质、开采矿井、在建矿井、规划矿井等情况，是从事经济管理特别是煤炭管理的工作人员的重要参考资料。《灌溉图集》内容侧重于水资源和水利建设的地理条件，反映制图区内各灌区的灌排状况，较全面系统地阐明了地区水资源开发与利用，揭示区内地表及地下水的特征和规律，是制订远、近期水利发展规划和水利科学管理工作的重要资料和依据。

基础业务工作

- 信息资源建设
- 信息资源组织
- 信息系统建设
- 年度掠影

基础业务工作

一、信息资源建设

（一）中文文献

本着中文求全，国内出版物求全的采选原则，通过缴送、购买、赠送、交换等多种方式开展信息资源建设工作。2010年，缴送图书共161592种，504715册；购买图书139187种，285367册；赠送图书共3264种，7504册。采访学位论文共计165755种，比去年增长20.3%，其中博士论文48740种，硕士论文114365种，博士后报告2300种，海外学位论文350种。采访台港澳图书共计19065种，19268册，其中赠书1819种，1924册；交换285种/册。台港澳期刊8817册，报纸27510期次。预订2011年中文期刊9567种，中文报纸948种。采访中文资料共计6444种，7169册。

（二）外文文献

通过采选购买、国际交换、赠与等方式，根据国家图书馆的性质任务、购书经费及读者需求，全面了解掌握外文图书资料、外文连续出版物、外文网络型电子资源以及国外相关出版商的出版信息，科学采购，并特别加强了对海外中国学、法律、古籍及其他重点学科图书的采选，同时针对纸本文献的减少趋势，积极开展数字资源建设并卓有成效。全年采选：

①西文图书33437种，36639册，较2009年增长65.7%。补藏海外中国学图书817种。②日文图书14732种，14856册，较2009年增长8.8%。胶卷468种，补藏日本中国学、法律、日本古籍类图书合计1400余种。③俄文图书5488种，5488册，较2009年增长4.8%。重点采选中国学图书428册，法律类图书310册。④阿拉伯语图书1227种，1279册，较2009年增长0.2%。马来语图书136种，136册，印尼文686种，686册，越南文3种，3册。⑤外文期刊52165册，较2009年减少7.8%；外文报纸24093期，较2009年减少5.7%；完成2011年外文期刊续订、增订和补遗5987种。⑥引进外文数据库共112个，数据库总量比上年同期增长10%。其中增订电子图书10909种，学位论文6120篇；开展全国授权数据库的开通工作，截至2010年底，Emerald全文回溯数据库开通487家图书馆，SAGE全文回溯数据库开通152家图书馆。⑦国际组织和外国政府出版物8190种，15747册件，载体包括图书、缩微、期刊，较2009年减少10%；接受托存数据库2个；采购数据库1个。⑧出版物国际交换，交换到馆文献共计8568种，

20031册件，较2009年减少4.6%；向交换单位寄发文献共计16546种，96075册份，较2009年减少4%。

（三）古籍文献

年初制定了采访调研方案，包括古籍特藏类文献的采访调研方案、外文善本采访调研方案。2010年度购买中文地图1568种2812册，外文地图609种866册，老照片13种313张；善本书175种368册1叶；新善本书153种228册97件；精装精印3种3册；手稿24种3册21件；民族语文古籍41种41册；西域文献1种1件；石刻（含铜器）拓片825种997件；旧方志3种6册；新家谱142种517册；旧家谱8种27册；普通古籍242种548册；外文善本11种14册，彝文古籍40种40册件。此外，本年度接受捐赠数额较大，包括：善本56种4827册、文物97件；名家手稿接受捐赠6种119册3叶。

（四）数字资源

数字资源建设是国家数字图书馆建设的基础工作。国家图书馆通过多种途径进行数字资源建设，截至2010年底，数字资源总量已超过480TB。参见“国家数字图书馆建设”。

（五）缩微文献

完成拍摄民国书974598拍，报纸424848拍，共计1399446拍。其中本馆拍摄民国书620607拍，报纸178839拍，总计799446拍，同时完成母片拷底23538卷，拷贝15425卷/片。此外，自2005年起，开始馆藏民国图书胶卷转换数字资源任务，2010年完成民国图书3896种，3997册，701246单画幅影像数字化制作。善本彩色缩微工作是2010年新增工作任务。该项工作在国内图书馆界尚属首次，从3月正式开拍，2010年共完成70121拍明清善本套印彩色缩微工作。

（六）学术讲座资源

2009年开始“学术讲座摄像编辑及资料数字化制作”工作，拍摄并编辑制作优秀学术讲座视频产品。2010年，解决了讲座馆域网发布版权100场，并完成了这100场讲座的摄像编辑和数字化制作。全国公共图书馆讲座联盟由国家图书馆牵头成立，总秘书处设在国家图书馆社会教育部，并由国家图书馆建立全国公共图书馆讲座信息交流网站和软硬件平台支撑环境，供全国各图书馆独立建立、管理、发布讲座信息和专家资源。截至2010年12月，全国公共图书馆讲座资源数据库成功上传讲座题录和主讲人数据16657条，供成员馆免费使用。

二、信息资源组织

（一）中文资源

2010年制作中文图书书目数据163147种，新建名称规范数据83357条，完成规范书目与书目数据的同步挂接。中文图书加工606677册，其中新书336101册，复本270576册。学位论文编目加工454362种，其中博士论文35844种，硕士论文415838种，博士后报告2200种，海外学位论文480种。台港澳图书编目加工18219种/册。新增台港澳期刊书目数据103种，维护书目数据632种。新增台港澳报纸书目数据3种，维护书目数据76种。新增中文期刊书目数据461种，维护书目数据4777种。新编中文报纸书目数据73种，维护书目数据938种。中文期刊加工434852册，记到后剔除121679册，直接剔除70817册。中文报纸加工344313期，其中保存本279964期，阅览本62554期，直接剔除204285期。完成2007—2008年期刊合订本62045册挂接、入库及2009年度期刊合订本52280册下架工作。2009年度报纸精装合订1143册，平装合订2264册。中文资料编目加工14056种。完成32006册刘国钧号民国图书合流工作、27947册刘国钧号民国图书核对工作及12306种民国图书数据补编工作。完成31.8万册1992—1999年基藏本库中文图书的核查改错和基藏库内5385种6203册中文资料编目加工。

（二）外文资源

西文图书编目、加工34171种，38483册，其中附盘37张，较2009年增长4.4%；西文缩微文献编目、加工3532种，7087卷片；日文图书编目、加工13589种，14761册，较2009年减少0.6%，附盘247张；日文缩微文献编目加工468件；阿拉伯语、印尼语、马来语、越南语图书的编目、加工2052种册，较2009年减少4.7%；俄文图书编目、加工6000种，6032册，与2009年持平；联合国各机构出版物、外国政府出版物编目、加工图书2594种，2749册，文件505份，刊314册，平片5012种，12137片，光盘83种，235盘，较2009年减少14%；报、刊编目299种，较2009年增长67%；旧日文图书书目数据回溯制作及馆藏挂接87769种，88750册；旧西文图书回溯编目、标引及加工21250种，25301册；国际组织和外国政府出版物室藏缩微平片回溯编目12732种，14201件；海外博士论文缩微文献书目数据制作36180种；俄文期刊合订本除尘、查重、馆藏挂接、著录、标引及加工404种，10768册；清理约66000册西文期刊。

（三）缩微文献

制作拷底片书目数据10285条，其中回溯数据1372条；拷贝片数据9675条，其中回溯数据3475条。拷底片挂接33704卷，拷贝片挂接22904卷。

三、信息系统建设

（一）Aleph500系统

Aleph500系统是支持国家图书馆的主要业务工作和读者服务的核心业务系统，除了做好管理优化和技术支持等常规性工作之外，还注重对Aleph500系统的深度挖掘和服务拓展，根据使用过程中的实际需求定制不同的特色功能和服务内容，提升国家图书馆的精细化服务水平。

OPAC系统作为图书馆自动化集成系统的重要组成部分，是馆藏资源揭示和服务的关键平台。2009年11月Aleph500系统20版升级过程中，为了保证升级的进度和质量，OPAC仍然沿用16版的界面和工作流程。为了提供更加多样化、高质量的服务模式，2010年进行了Aleph500系统OPAC的改版工作，融合Web2.0的理念和关键技术打造了新版的OPAC系统，增加了智能化的检索提示功能，增加分面和分类导航功能，加强人性化和科学的检索和导航；增加封面、外部评论的链接信息功能，增加Web2.0相关的标签、评论和评级、荐购功能，增加新书传递、馆员推荐、热门评论等信息的挖掘和传递，在书目信息建设、检索机制、结果显示方式、个性化设置以及帮助等方面进行改进和提高，从而使OPAC系统成为国家图书馆一个先进的、以读者为中心的、可与读者进行互动的智能化资源揭示平台，给读者以全新的视觉感受和使用体验。

为了与“全国联合编目系统”共用国家图书馆的规范控制库，同时规范和统一国家图书馆的主题规范控制，解决以往存在的书目数据与主题规范控制不一致的问题，国家图书馆于2010年8月29日至9月2日，进行了Aleph500系统正式升级操作，在保证系统稳定、数据安全的前提下完成主题词二版的升级。

（二）新一代全国联合编目系统

鉴于国家图书馆及各个成员馆普遍存在编目成本高、编目工作质量难以控制、大规模书目数据资源重复建设等问题，2010年国家图书馆基于Aleph500系统开发了新一代的联合编目系统并正式上线。新一代全国联合编目系统与国家图书馆的编目模块紧密结合，在国家图书馆714万条书目数据以及60万条旧联合编目系统的数据的基础上进行灌装和索引抽取，形成一个全国性的图书联合目录，实现了图书馆之间、跨系统甚至跨行业的信息资源共建共享。

（三）网络安全系统

从2010年初起，先后部署了十四款网络安全产品，具体产品如下：防DDOS设备、边界防火墙、防病毒网关、边界IPS系统、上网行为管理系统（边界区域）、流量管理设备、SSL VPN网关、千兆防火墙业务板、IPS板卡、千兆漏洞扫描设备、Web应用防护系统、网页防篡改系统、局域网防病毒软件、桌面管理系统、网络分析系统。

网络安全产品采购和部署为国家图书馆有史以来规模最大的一次。产品对互联网边界、数据中心、桌面终端区域进行由内到外、由外到内的双向全方位监测和防护。其中，卡巴斯基防病毒软件、IPS系统、防DDOS设备、SSL VPN系统、Fluke网络测试仪对国家图书馆原有同类产品进行了升级换代；上网行为管理系统、流量分析控制系统、内网防火墙板卡和IPS板卡、网页防篡改系统、桌面管理软件、网络分析系统等从整体上提高了国家图书馆网络安全的监控、防范能力，并且对及时了解国家图书馆设备、带宽使用情况，保障国家图书馆业务稳定高效运行，提高数字图书馆建设和服务水平都起到积极作用。

（四）卫星数据广播系统

卫星数据广播项目是国家数字图书馆工程项目的重要组成部分。目前该项目已顺利通过初验，使国家图书馆具备了视频节目、数据文件通过卫星进行传输的能力，还实现了与馆内原有视频会议系统的结合，可通过卫星进行会议信号直播。

（五）开通无线网互联网访问功能

10月26日，开通对到馆读者的无线网互联网访问功能。通过对读者使用习惯、读者界面友好度等方面的调研，对认证界面、读者帮助手册上的文字、图片内容均进行了大量修改，力求规范用语、消除歧义、简明易懂，让读者能够迅速掌握无线上网流程。实现访问国家图书馆自建或外购数据库资源免费服务，访问普通互联网资源有偿服务。

（六）新媒体服务系统

1.手机门户网站。随着3G的开通以及普及，移动终端的快速发展以及移动资费成本的逐步下调，利用手机等移动设备上网越来越为读者喜爱。为了更好适应移动终端的变化、移动技术的发展以及满足读者需求的变化，国家图书馆手机门户在2010年9月9日进行了全面升级改版。新增了读者服务功能，包括读者借阅信息查询、催还提醒、预约、续借、一卡通信息查询等传统图书馆服务，并支持读者注册成国家图书馆虚拟卡用户；扩充了文津图书奖版块，增加了读者注册、投票、参评图书阅读等功能，已经具有Web版文津图书奖网站的全部功能。在资源检索方面，新版手机门户WAP网站优化了OPAC检索功能和馆藏资源检索功能，提高了检索性能，改进了用户体验，读者可以通过OPAC检索获取图书详细信息和单本图书状态，继而进行预约。新版手机门户WAP网站在资源建设方面新增了在线讲座功能，将国家图书馆文津讲坛部分讲座以音频和视频的形式通过手机发布；新版手机门户WAP网站在用户体验方面充分考虑绝大多数手机用户的实际状况，针对老款手机、智能手机、3G手机等分别设计了适用于不同终端类型的页面，形成3个WAP网站版本，分别为简版、彩版和3G版，根据访问者手机的不同，系统自动为用户展示最优的版本，以期达到最优的用户体验。另外WAP网站采用了负载均衡机制和缓存机制，提高了响应速度。新版手机门户WAP网站无论在用户体验还是在读者服务和资源方面都有了很大提高。

2.手持阅读器。大力开展手持阅读器建设，与有关企业合作开发掌上国图手持阅读器，搭建信息发布平台，将文津图书奖、送书下乡、老照片、拓片、部级领导干部历史文化讲座、文津讲坛等资源加工后通过手持阅读器发布。

3.基于手机应用程序商店的应用。2010年新媒体服务不断创新服务形式，结合用户使用习惯，尝试基于手机应用程序商店的服务模式。将读者经常使用的OPAC检索、读者个人信息、借阅信息、读者指南，通知通告、讲座预告等做成读者服务手机应用程序，发布到AppStore；为方便读者对国家图书馆手机门户进行访问，不用每次都输入网址，将国家图书馆手机门户也做成了手机应用程序提供服务。

4.战略合作。扩展与中国电信、中国联通等多家移动运营商的合作。与中国移动签署战略框架协议，通过中国移动阅读平台为读者提供服务。与中国网络电视台CNTV合作建设网络电视频道、互联网读书频道和手机网站，精心挑选文化播报、中文图书、华夏记忆、讲座资源、馆藏故事等数字资源，以文字、图片、视频相结合的方式，全方位、立体化呈现国家图书馆的资源和服务。

（七）IT保障信息平台建设

国家图书馆IT保障信息平台已经完成了开发、测试，准备上线。国家图书馆IT保障信息平台是国家图书馆数字化和信息化建设的重要专业门户。平台面向全馆及时报道国家图书馆和图书馆界的数字化信息化建设新闻。密切关注图书馆界以及IT界发展动向以及相关的前沿知识和课题，为国家图书馆数字化信息化建设提供及时准确的情报。平台还将面向国家图书馆员工提供IT支撑服务。

（八）数字资源整合服务系统开通运行

经过长达一年多的筹划调研、设计研发、系统调试与技术改进，4月28日，国家图书馆“数字资源整合服务系统”正式上线试运行。系统架构采用模块化设计、集群式部署，实现了海量资源数据的随需扩展；采用冗余设计，确保系统安全稳定运行，为用户提供平滑服务；采用了集群和负载均衡部署，系统性能得到了大幅提高。本系统还整合了国家图书馆其他应用系统，加强资源间的关联关系，更深入地揭示了馆藏资源。

年度掠影

【开展集中催缴工作】

开展了2008年未缴送书刊报的集中催缴工作。此项工作前后历时4个月，共发出催缴信函和法规文件1128封，涉及出版社525家，涉及期刊362种，报纸556种。补缴图书8479种，19339册，补缴期刊160种，5423册，补缴报纸228种，合订本2211册。

【开展数字化补藏工作】

为了使图书保存本得到更好的保护，2008年国家图书馆启动了数字化补基藏本工作。截至2010年底251506种缺基藏本文献数据初步核查完毕，通过购买渠道补藏到原本文献共计2443种，通过数字化保存本方式补藏文献共计38683种。

【配合国务院学位委员会抽检博士学位论文】

国家图书馆是国务院学位委员会指定的全国唯一负责全面收藏和整理我国学位论文的专门机构。2010年1月27日国务院学位委员会第二十七次会议确定“为保证博士生培养质量，今后博士学位论文抽检每年进行一次，抽检工作不再发文部署，抽检论文将从国家图书馆直接调取”。国家图书馆对分散在采访到馆、装订、编目加工、待送阅览及保密库房等多环节工作流程中的博士论文进行查找，按要求向国务院学位办提供了相关博士论文电子文档1000余种。

【硕士学位论文集中编目加工完成】

为了履行国家总书库的职责，丰富国家图书馆馆藏，国家图书馆加大了对硕士学位论文的入藏力度。截至2010年底共入藏硕士论文近60万种。国家图书馆调整简化了硕士论文著录款项后，通过制作公司制作数据，质检公司验收数据，国家图书馆终验数据的三级监管制度，确保硕士论文编目加工的质量，并于2010年底全部完成硕士论文编目加工工作，已全面提供读者服务。

【通过OCLC平台共享馆藏书目数据】

2010年4月国家图书馆正式加入OCLC的WorldCat资源共享网络。通过这一服务平台，国家图书馆丰富的馆藏资源进一步实现了全球共享，提高了馆际互借服务的质量和效率。此后，通过反复测试、修改、调试，国家图书馆于2010年8月再次向OCLC提交了近110万条馆藏西文数据，丰富了WorldCat数据库里中国国家图书馆的书目数据资源，揭示了国家图书馆的外文馆藏。随着馆藏书目信息的不断上传，借由OCLC的服务平台，国家图书馆的馆藏文献将在全球范围内得到充分共享，中华民族的文化遗产将在全世界范围内更广泛地流传。

【《中国分类主题词表》Web版正式发布】

6月15日，《中国分类主题词表》Web版（http://cct.nlc.gov.cn）在互联网上正式发布。该版是通过互联网技术为《中国图书馆分类法》、《汉语主题词表》、《中国分类主题词表》（以下简称CCT）的广大用户（包括图书馆业界和读者）提供各类信息资源的知识组织、知识检索、学科导航和实时更新的一个通用的数字型知识组织系统服务平台。该平台是在知识组织系统网络化应用研究的基础上，为各类型知识组织工具及应用开发提供一个可伸缩扩展、可交换的国内最大最全面的知识体系，为我国乃至世界中文信息资源内容整合、重组、检索、共享发挥不可替代的作用，解决了在互联网环境下的知识组织系统的构建维护用户、标引用户、资源检索用户的一些实际应用问题，不仅对国家图书馆而且对全国业界的信息组织和广大读者信息资源检索提供了便利。

【非正式出版文献资源建设稳步推进】

2008年3月，国家图书馆正式成立中文资料组，不断完善非正式出版文献资源建设的布局和组织，优化文献采集渠道，细化文献收藏范围，修订和完善了采访、编目和加工细则，文献质量逐步提升，文献数量稳步增长。截至2010年底，文献收藏总量累计19441种23037册。形成以会议论文、研究报告、民间诗文集和资料汇编等为主的特色藏书体系。

【外文采编部西文规范控制工作初见成效】

2010年，国家图书馆加大了西文规范控制工作的力度。首先，大力加强规范控制的研究，在体系比较成熟的西文规范控制领域继续加大规范控制的实施力度。在原有个人、团体、会议、丛编检索点规范控制的基础上，加强对统一题名和主题词检索点的控制，使所有受控检索点都严格纳入规范控制的范畴，提高了书目数据的规范化程度，更好地实现了目录的汇集功能，提高了OPAC西文文献的查全率和查准率。其次，借助国家图书馆自行研发的LC规范数据装载软件，成功解决西文规范数据库的数据导入定期更新问题。完成了2006年至2009年外购规范数据272期更新导入系统的工作，并实现了西文名称和主题规范数据的同步更新。截至11月，共完成356期名称和主题规范文件的更新，更新记录量达300多万条。

【外文文献回溯工作基本完成】

国家图书馆外文文献数量庞大，语种众多。由于人员力量、系统环境等原因，其中约150万种/册或仅有卡片目录，或完全尚未编目而尘封已久。国家图书馆“十一五”规划纲要的主要任务之一就是“有计划地进行馆藏文献卡片目录的机读数据转换”。为尽快揭示馆藏，2007年，国家图书馆通过招投标方式外包外文文献回溯书目数据制作及馆藏挂接工作。成立了专门的回溯工作领导小组，通过前期培训、同期控制和反馈机制的综合运用，建立健全一整套行之有效的外包工作管理机制。经过4年的努力，国家图书馆外文文献得以彻底厘清，截至2010年底，国家图书馆俄文、日文文献已全部回溯完毕。共完成俄文回溯447994种，日文回溯616207种。国家图书馆馆藏日、俄文图书目录已全部实现可机读。另外，国家图书馆西文文献的回溯外包工作也已进入扫尾攻坚阶段。

【《赵城金藏》书盒制作完成】

《赵城金藏》是国家图书馆最重要的专藏文献之一。它以《开宝藏》为蓝本照式翻刻，开雕于金皇统八年（1148），讫工于大定十八年（1178），历经30年。这部佛经因刻于金代，曾长期保存在山西赵城县的广胜寺，故称为“赵城金藏”。1949年4月30日，国家将几经曲折保存下来的《赵城金藏》拨交国立北平图书馆正式入藏。由于保存环境恶劣，许多经卷已经发霉粘连。国家特意邀请琉璃厂数位装裱师傅小心揭裱，以15年的精心工作，到1964年将经卷全部恢复了原貌。2003年，为改善敦煌遗书存放条件，财政部拨款建成了敦煌遗书专藏库，解决了敦煌遗书的函盒和书柜、《永乐大典》以及《赵城金藏》的书柜等问题。2009年10月，国家图书馆决定为《赵城金藏》4813件经卷制作单独收藏的楠木盒。2010年7月23日至12月18日，书盒分三批全部到货。《赵城金藏》的保存条件得到改善。

【吕正操藏书整理工作完成】

5月，吕正操家属向国家图书馆提出帮助整理吕正操藏书的请求，并对整理工作提出了几点希望：一、清点吕老藏书的种数和册数；二、辨别藏书价值，将特别具有收藏价值的书籍遴选出来，剔除复本，淘汰价值不大的图书；三、登记造册；四、合理摆放，便于查找。6月17日，国家图书馆派出工作小组，前往吕正操将军家正式开展整书工作。整理工作持续一个月，工

工作人员在整理登记吕正操藏书

作小组共整理、翻阅、编目、上架吕老家藏图书3477种9242册，并向吕老家属提交了《吕正操家藏图书登记表》、《吕正操将军家藏图书整理简况》，说明图书价值和摆放布局，绘制了架柜图，并提供了反映图书架柜摆放的电子照片。

国家图书馆向杨炽女士颁发捐赠证书

【杨宪益藏书捐赠国家图书馆】

由杨炽女士捐赠的杨宪益藏书共390种465册，其中英文书322种389册，中文书68种76册。从年代上来看，最早的为1854年，19世纪以前的书共12种，其余均为20世纪以后出版的书籍。从内容上来看，涵盖文学、历史、古典学、自然科学以及游记类书籍，其中文学和古典学书籍所占比重较大。从版本来看，国家图书馆缺藏170种，版本不同的有56种，缺藏率达57%。此外，不少书籍为作者签名本。

【征集数字报纸】

国家图书馆数字报纸典藏项目（Digital Newspapers Repository，简称DiNeR）于2005年正式启动，目的是长期并完整保存网络数字报纸，为公众提供公益性服务。数据获取方式包括报社征集、网络采集及数据库采购。该项目自建设以来，资源总量稳步提升，服务方式逐步拓展。累计征集数据已超过3TB，所征资源经整合发布，可为读者提供网络导航、读报系统浏览及触摸屏浏览服务，并可自行下载保存。2010年，国家图书馆数字报纸典藏项目继续稳步推进。截至2010年底，征集数字报纸库累计报纸种数76种，累计容量达到3155.2G，其中，通过报社征集方式共获取数字报纸数据1133.4G，较2009年增加56.06%。数字报纸获取方式包括网络传输、报社邮寄光盘、直接从报社拷贝等。其中，通过网络传输共获取数据554.73G，通过直接去报社拷贝共获取数据578.67G。截至2010年底，与15家报社签订了授权书，其他报纸通过口头授权的形式，获权对数字报纸进行长期保存及公益性使用。

服务工作

- 立法决策服务
- 重点教育科研和生产单位服务
- 社会公众服务
- 业界服务
- 年度掠影

服务工作

一、立法决策服务

2010年，国家图书馆以“抓住基础、突出重点、创新发展”为主线，不断深化立法决策服务内容，创新服务方式，扩大服务影响，呈现出服务方式多元化、服务产品系列化、服务效果品牌化的特征。

（一）基础性业务建设

1.专藏文献建设。重视法律与中国学专藏文献的收藏、阅览与服务工作。理顺业务流程，建立了中文法律类图书的独立采访渠道，开展读者文献使用流通等相关基础业务工作的统计与调研；以专题文献资源挖掘和信息梳理为基础，编辑《海外中国学文献研究中心通讯》和《国家图书馆法律文献导航手册》等。

2.咨询档案整理。完成2009年全年咨询纸质档案登记、电子档案数字化录入工作，并及时完成2010年档案建档和数字化工作。

3.专题数字资源库建设。完成立法决策服务平台功能完善与日常维护。通过平台账号检测制度，对10个账号进行实时监控，并对发现的问题及时修改，归纳存档；新增栏目的部署与维护。

4.部级领导干部历史文化讲座。包括讲座选题策划、专家聘请、编辑讲座提纲、制作讲座课件、整理讲座字幕稿、编辑活页文选、光盘质量审查、光盘制作等。其中，讲座提纲编辑字数总计20余万字，字幕稿整理总计40余万字，编辑活页文选字数总计20余万字，光盘审校字数总计38万余字等。对以往讲座音频进行衔接、删减等加工工作，全年累积灌制讲座音频MP4共2600余场，共计410G左右。

5.“部级领导干部历史文化讲座网站”建设。导入2007—2010年部分讲座元数据，并在小环境内试运行，同时对数据库的页面设计、板块设置、功能实现等进行调整和升级；完成数据库的视频转换工作112场（2002—2009年度），音频转换84场（2002—2007年度），确保数据库基础工作的顺利开展。

（二）重点服务项目

1.“两会”服务。创新服务形式，拓展服务领域，提升品牌质量是2010年“两

国家图书馆两会咨询服务处参考咨询工作人员在工作

工作人员在北京国际饭店安装触摸屏

会”服务的主要特点。“两会”期间，完成专为“两会”服务订制的四大主题、18个专题53个子专题的《2010年“两会”专题、热点问题汇编》，并纳入“两会”服务代表查询系统，为会议期间的“两会”代表提供全方位服务。

完成触摸屏应用系统设计，“国家图书馆立法决策服务平台”页面改版、栏目设置、数据更新等工作，并于大会正式召开前全部完成驻地进入、设备安装与调试工作，为“两会”召开做全方位准备。在7处委员驻地配置了以“国图信息加油站”命名的电子触摸屏，通过数字化方式向委员提供信息服务。参会委员可以通过电子触摸屏，实时浏览国内主要报纸新闻，同步阅读《国家图书馆“两会”专题信息专报》、《2010年“两会”专题、热点问题汇编》和部分国家图书馆馆藏精品，享受国家图书馆的专业信息服务。

推出《国家图书馆“两会”专题信息专报》，分期分批送达16处全国人大代表驻地和7处全国政协委员驻地。该专报总计8期，近4万字。主要包括两方面内容：一是国内外文化事业发展综合统计信息，二是非物质文化遗产保护。其中，有关文化类的统计信息，涉及英、美、法、德、俄、日、韩等世界上主要国家的文化政策和政府对文化事业的投入，丰富了“两会”服务相关统计信息资料的内容，受到政协委员和代表的好评。

“国家图书馆立法决策服务平台”进入全国人大网站代表专区，为人大代表提供全年常态化服务。标志着国家图书馆为“两会”代表服务由传统服务模式向以信息网络技术为支撑的现代化服务的转变。

2.国家立法决策服务。2010年累计完成为中央国家立法决策专题咨询2183件。通过向全国人大专门委员会（工作委员会）报送专报的形式继续拓展全国人大的服务层面，形成了民族、教育、科技、文化、卫生、教科文卫综合、内务司法、宗教、环境与资源、港澳台社情、外交与国家安全等11种专题信息专报。根据用户需求不断深化咨询服务，推出了15个专题的《国家图书馆决策参考》及《要闻专报》，同时，根据服务对象分化咨询类型，形成不同层次的信息产品。根据专题跟踪情况，主动为专门委员会报送《新中国民族政策60年研究资料》、《香港“五区公投”报道选编》等专题资料78件。

3.部级领导干部历史文化讲座。在对历年讲座选题和主讲人进行认真分析的基础上，结合部级领导干部历史文化讲座的特点，提出2010年部长讲座选题策划建议方案。部级领导干部历史文化讲座被列为中宣部2010年学习型党组织建设的重点宣传内容。2010年共举办11场历史文化讲座、2场艺术讲座、5场参观展览类讲座和2场其他类型讲座。从2002年创办至2010年12月，已举办讲座158场，听讲部级领导两万余人次。

4. 国家图书馆部委分馆建设。建国以来，国家图书馆就开始为中央和国家领导机关提供立法决策服务，在国家许多重大政策决策中发挥了积极的作用。近年来，随着国家决策民主化、科学化水平的提高，国家图书馆立法决策服务取得很大的进展。1999年起，国家图书馆开始建立部委分馆，部委分馆作为国家图书馆设在各部委的立法决策服务前沿阵地，依托国家图书馆的资源优势，成为相关部委业务领域重要的文献信息查询基地。已经成立的部委分馆有（原）人事部、财政部、民政部、交通运输部等10家。

2010年国家图书馆分别与中央社会主义学院、中央机构编制委员会办公室、国家行政学院签署协议，建立中央社会主义学院分馆、中央编办分馆、国家行政学院分馆。

5.立法决策服务平台的推广与服务。国家图书馆立法决策服务平台于2008年12月正式发布，已在全国人民代表大会、中央政策研究室、中央统战部，以及国家发展与改革委员会、人力资源和社会保障部、民政部等机构开通立法决策服务平台，2010年开通了中央社会主义学院平台，实现了国家图书馆面向中央国家领导机关的立法决策咨询服务从传统向现代化服务的转变。

“国家图书馆立法决策服务平台——中央社会主义学院平台”是一个以提供综合性立法决策参考信息为宗旨的数字化信息服务平台，以中央社会主义学院用户在图书文献信息方面的需求为基本服务内容，以国家图书馆丰富的数字资源和在信息服务方面的经验特长为依托，为用户创造符合个性化需求的信息服务环境。该平台主要包括专题文献、国图推荐、实时报刊、电子书库、文化长廊等7个一级栏目，包含了电子图书、电子报纸、电子期刊、专题咨询、专题数据库等多种内容，并提供了文字、图表、数据、图片、动画（flash）、音视频等丰富的表现形式，可在线浏览、检索。通过这个平台，中央社会主义学院用户可以全面、及时、准确、有效地获得国家图书馆的信息咨询和决策参考服务。

2010年，以民政部分馆为国家图书馆部委分馆示范馆，通过“外网推资源、内网推服务”的服务策略，开展立法决策服务平台的推广和人员培训服务工作，通过《立法决策服务平台季刊》等形式，分析用户需求，将平台服务的最新动态及最新资源推向用户。

6.中国学网站建设。完成中国学网站所有层级页面设计和修正；各栏目浏览分类和检索点配置；完善网站栏目结构和资源库结构设计；制定资源库的著录规范并完成软件使用培训。形成以中心资讯、学术信息、学术专论、文献研究、网络导航、新书推荐等6个信息类栏目和一个自建资源发布栏目（数字资源）为主体的网站内容架构。设置专家学者库、中文书目库、论文题录库、讲座音视频库和背景资料库等5个自建数据库。该网站于11月开通试运行服务。

二、重点教育科研和生产单位服务

2010年完成社科类咨询884件，其中代检索课题比2009年同期增长了103%，完成的代检索课题中，重点科研、教育、文化、生产单位的代检索课题占90%，为这些单位完成的个性化深层次服务项目显著增加；完成科技类专题咨询3464件，同比增长37%。在完成一般读者一般性咨询及代检索课题的基础上，与重点用户联系沟通，维护了一定规模的长期合作用户群，如中国法学会、国务院法制办信息中心、首都规划委员会、上海浦东新区图书馆、中国广播艺术团、北京古代建筑研究所等；在调研、跟踪、分析用户信息需求特点基础上，咨询服务用户有所扩展，如新增了文化部文化产业司、中国社会科学院中国现代化研究中心、中国电视艺术委员会、民政部减灾中心等重要用户，咨询类型有所增加，服务深度有所拓展，服务质量有所提高。

着力创建面向企业和科研的服务品牌，咨询服务数量显著上升，全年完成咨询1147件，制作剪报1164期，实时监测制作新闻报道66856条；撰写“企业用户行为及服务模式分析报告”，对用户所提出的行业深度问题聘请行业专家进行可行性分析，共撰写分析综述报告38篇，计1667304字。用户群体规模不断扩大，层次逐步提升，积极拓展与企业用户的服务，与江苏省武进嘉泽农博园、昌平区文化创意产业促进中心、中国检验认证集团和北京金风科创风电设备有限公司，策划了“共建企业图书馆”活动，拉近国家图书馆与企业之间的距离，为实现面向企业开展多层次服务奠定了基础。在维护企业用户长期项目的同时，继续加强对政府机构媒体监测服务。

2010年完成文献提供54308件，其中馆际互借20282件，国际互借216件，同比增长110%。推动“全国文献保障中心”的组建，立足为文献提供组的发展搭建新的平台，完成与NSTL、CALIS、中国科学院等文献拥有机构开展联合检索、共享用户等方面的合作；加入OCLC馆际互借系统，加强国际合作，扩大国家图书馆文献提供中心的国际影响；增强国家图书馆与其他系统及图书馆联盟的交流，与北京地区高校图书馆文献资源保障体系（BALIS）馆际互借中心开始业务合作，于6月底完成培训工作，9月份正式开通服务，开展以国家图书馆为中心、以地区文献传递联盟为支点的全国馆际互借与文献提供保障体系的建设；完成将国家图书馆文献传递与馆际互借业务推广至所有“211”重点院校工作，并在此基础上继续向省部级高校图书馆延伸；完成国家图书馆馆际互借与文献传递系统网银系统功能的建设；积极推进文献提供协作网建设，加快费用结算流程，提高服务效率。

全年为解放军军乐团、北京工业大学国际动漫基地、空军政治部编研室、北京山水心源景观设计院等高校及科研单位集体办理读者卡共计493张；在3月3日至15日两会服务期间，办证处接待两会代表共计22人次，解答各类咨询22件次，为两会代表办卡12张。

三、社会公众服务

（一）到馆读者服务

2010年，接待到馆读者5329889人次，与2009年相比增加2.32%；文献流通量28263508册次，与2009年相比增加5.01%；各类咨询总量53.17万件，与2009年相比增加27.26%；接收文献2084024册件，与2009年相比增加33.66%；调拨文献398372册件，与2009年相比增加33.60%。

2010年办证处共办理各种读者证卡21.08万张，与2009年基本持平。先后有2台自助充值机和5台自助充值办证机投入使用，自助办证充值机共计办理读者卡约91598张，增加外借功能约30418件次。

（二）新媒体服务

2010年3月开展手持阅读器的用户调研，发放问卷30份，回收有效问卷21份。5月开展音视频读者需求调研，发放网络及纸质问卷200份，回收有效问卷169份。2010年，国家图书馆完成了33个专题网站的设计、制作和发布，是2009年的2.37倍。国家图书馆主页全年更新和维护将近5000次，是2009年的1.7倍；页面数量达到3万个，是2009年的1.5倍。截至2010年底，全年网站访问量8.37亿次，是2009年的1.78倍。国家图书馆手持阅读器全年借阅量为610部，每部手持阅读器年均流通7.6次。2010年10月，国家图书馆与中国网络电视台联合，开始推进基于IPTV平台的电视图书馆项目建设。2010年12月，国家图书馆设计制作的多期节目已经正式亮相云南。截至2010年

工作人员发放调查问卷

底，“国图空间”发布视频资源累计超过500小时，信息数据超过12000条，通过有线电视网络向用户免费提供服务。

（三）参考咨询服务

呼叫中心全年累积接待读者38141人次，其中人工解答读者咨询累计26311人次，语音系统为读者提供自助服务累计11830人次，同比咨询月均量及人工解答月均量分别增长56%、132%。全年114国家图书馆专席话务员共接听读者电话2587人次，为读者转接国家图书馆热线615人次，解答咨询1972人次。网上咨询台共接受179842次点击，148370次浏览，成功接入7085次实时对话咨询，有效作答咨询表单2314例。共处理webmaster读者信箱读者邮件1329封，同比处理邮件总量增加近49%。全年FAQ读者导引系统作用显著，更新国家图书馆主页“常见问题”109条，新增条目31条。2010年，各咨询台累计接到读者口头咨询544127人次，OPAC机检177492人次，现场代查38789人次。

数字共享空间为到馆读者提供馆藏数字文献信息、音视频光盘及互联网信息的阅览、检索与咨询服务。2010年数字共享空间接待读者221951人，652409人次，读者口头咨询共计104813条，答复各类读者咨询信件及馆长信箱信件共计159件。截至2010年底，为读者提供266465张音像及多媒体光盘的预约与阅览，2010年为读者提取阅览光盘1283张，937人次。2010年各分散区通过电子阅览管理系统统一管理的读者289548人，827985人次。

（四）少儿服务

2010年5月31日，国家图书馆少年儿童图书馆暨少儿数字图书馆正式开馆。参见“特别记载·国家图书馆少年儿童图书馆暨少儿数字图书馆”。

数字共享空间工作人员指导盲人读者获取网络信息

（五）弱势群体与残障人士服务

2010年共接待社会弱势群体180余人次，解答有关土地、房产、劳动争议、保险福利、人身伤害等问题相关咨询67件。数字共享空间作为中国残疾人信息无障碍关键技术支撑体系示范应用基地，专设特殊服务区，为视障读者配备读屏软件及外置电脑硬件，辅助残障人士上机查阅资料。2010年数字共享空间共接待残障读者726人。

中国盲人数字图书馆是“中国残疾人信息无障碍关键技术支撑体系及示范应用”项目的重要内容。2010年，中国盲人数字图书馆发布电子书950册，音乐1529首，讲座58场，网站访问量累计达3700万，用户遍布全世界131个国家。

（六）讲座、培训、展览

培训。举办馆内员工继续教育培训62场，培训员工8863人次，与2009年相比增加178%；举办面向全国图书馆界业务辅导培训22场，培训学员1410人，与2009年相比增加35%；完成首都联合职工大学国家图书馆分校“文物鉴定与修复（古籍鉴定与修复方向）”专业招生16人，与2009年相比下降66%；完成国家图书馆培训中心与北京大学合办的信息管理专业在职研究生学历教育招生26人，与2009年相比增加20%。数字共享空间共开展培训讲座34场，承办馆外预约培训4讲。

讲座。面向社会公众举办各系列讲座及活动共169场，参加人员达6.8万人次。其中世界图书馆馆长论坛2场、文津读书沙龙65场、国图艺术家讲坛15场、科学家讲坛13场、国图教育家讲坛6场、联合国与中国讲坛11场，中国研究专题讲座3场、地方文献与地方文化系列讲座9场，百年辛亥专题研究系列讲座17场；与中关村管委会合作举办中关村创业论坛28场。与2009年相比，讲座场次增长55%，接待读者人次增长约50%。此外，“文津讲坛”已举办51场，听众达10990人次，出版3辑《文津讲演录》；“中国典籍与文化”系列讲座已举办29场，听众达2682人次，出版讲座丛书3辑。

工作人员为到馆读者进行数字资源使用培训

展览。接待社会各界人士参观国家图书馆，在国家法定节假日接待未成年人参加，累计参观人数为2345人，比去年下降46%。2010年社会教育部自主办展17场次，其中，“汉字：文化津梁　中国奇迹”展览、国家珍贵古籍特展为两场大型文献展览。完成对外合作展览活动14场次。包括“香港书展巡回推广宣传活动”、低碳生活动漫科普宣传展、中韩残疾人美术作品交流展等。共完成巡展工作24场次，巡展场地包括：首都图书馆、上海图书馆、天津泰达图书馆档案馆、陕西图书馆、四川省图书馆、浙江温州图书馆、广西桂林图书馆、江苏泰州图书馆、广西壮族自治区图书馆、广西桂林图书馆、江西图书馆、青海图书馆、四川图书馆等。古籍馆承办或主办公开展览10余场，包括“4·23世界读书日”展览和广场活动，承办“第三批珍贵古籍特展”、“新疆历史文献暨保护成果展”等重大展览，“文津讲坛五百期纪念展”暨专家座谈会、“升平署、百子图、水浒传”版画贺年展、“本草纲目、黄帝内经”申报世界记忆名录汇报展和世界记忆名录专家座谈会、“古籍特藏文献数字化成果展”等专题展览；接待领导参观筹备的临时特展4场，筹备2011年重大展览5场。

（七）大众阅读活动

2010年国家图书馆开展了“4·23世界读书日系列活动”、“第六届国家图书馆文津图书奖评选”等大众阅读活动。“4·23世界读书日系列活动”参见“特别记载·书香中国：世界读书日系列活动”。

“国家图书馆文津图书奖”设立于2004年，是国家图书馆主办的公益性图书评奖活动，每年举办一次，迄今已举办六届。2009年11月2日，获得了由中宣部、中央文明办、新闻出版总署颁发的“全民阅读活动优秀奖”。第六届评选活动于2010年5月正式启动，评选图书范围为2009年7月1日至2010年6月30日，由国家出版行政管理部门批准成立的出版机构在国内正式出版、公开发行（包括限国内发行）的汉文版图书。读者、作者、专家等各界人士和全国11家图书馆、70家出版社共推荐参评图书708种。在广泛征集读者和专家意见的基础上，组委会综合读者网上投票并组织初审专家和全国11家图书馆进行评审，有60种图书入围终评。经过终评会议的投票，最终确定了10种获奖图书及48种推荐图书。2010年12月20日下午，第六届“国家图书馆文津图书奖”暨2010年度“国家图书馆文津读者奖”颁奖仪式在国家图书馆举行。国家图书馆常务副馆长、“国家图书馆文津图书奖”组委会主任、“国家图书馆文津图书奖”专家评审委员会副主任詹福瑞，光明日报报业集团新天地杂志社社长、总编夏欣等专家、学者和获奖作者、获奖出版社，以及第六届“国家图书馆文津图书奖”联合评审图书馆代表、2010年度“国家图书馆文津读者奖”获奖者等相关人员出席了颁奖仪式。

常务副馆长詹福瑞在颁奖仪式上致辞

四、业界服务

国家图书馆承担着为图书馆界服务的责任与义务。指导并促进全国图书馆的标准化、规范化、数字化和网络化建设，推动图书馆事业发展研究和法制建设，实践公益性、均等性、便捷性服务是国家图书馆长期以来坚持的服务理念和指导思想。

（一）完善全国图书馆联合编目中心，为制作国家书目打下坚实的基础

隶属于国家图书馆的全国图书馆联合编目中心成立于1997年10月，是国内第一家全国性联合编目机构。中心本着为全社会文献信息机构服务的宗旨，切实履行公益性服务理念，以“资源共享、优势互补、互利互惠、自愿参加”为原则，采用中心—分中心—成员馆的组织机构，通过统一规划、统一标准、合作建设、协调管理，持续发展，最终实现跨行业、跨系统、跨地域的文献资源共建共享，为构建全国文献资源保障体系及制作国家书目打下坚实的基础。

2010年5月24日，在广州举行的全国第15届“群星奖”颁奖大会上，全国图书馆联合编目中心少年儿童图书馆中心获得“群星奖”。该奖项是文化部为繁荣群众文艺创作，促进社会文化事业的繁荣与发展而设立的全国社会文化艺术政府奖。“全国图书馆联合编目中心少年儿童图书馆中心”（以下简称少儿中心）成立于2007年10月，作为全国联合编目中心的分中心之一，由天津市少年儿童图书馆承担少儿中心的日常工作。截至2010年底，少儿中心发展成员馆9家，集团用户26家，上传数据量67622条。

全国图书馆联合编目中心2010年工作会议在南京召开

5月27日，全国图书馆联合编目中心2010年工作会议暨江苏省分中心揭牌仪式在南京图书馆学术报告厅隆重举行，共有来自全国各省市自治区的46家图书馆和数据单位的80余位代表参加。2009—2010年度工作报告从用户拓展、数据上传和下载、数据质量控制、业务培训几方面进行了总结，汇总了各个分中心的工作，并围绕新系统的开发及新系统启用后的一系列问题展开讨论。参会代表一致表示，建立全国范围的联合目录意义重大，各馆都愿意积极参与联合目录的建设。借助联合目

录，一方面能为馆际互借、文献传递提供平台，建立起全国范围的文献保障体系；另一方面也为今后基层图书馆数字资源服务扫清障碍，充分发挥国家图书馆的龙头作用。新系统为联合编目提供了诸如规范控制、馆藏显示、Web OPAC检索等全新功能，借助此平台联编工作将迎来新的发展机遇。

7月，Aleph联合编目系统（以下简称UCS系统）投入试运行。UCS系统的启用，将汇集全国图书馆编目员的力量实现真正的联机联合编目，加强书目数据的标准化和规范化；促使联合编目业务完成由单一的数据服务向构建完善的文献资源保障体系的转变，通过联合目录的建立，形成包括多种资源类型、多种服务方式的资源保障能力；在此基础上，依赖系统的开放性和扩展性，把联合目录与文献提供系统、参考咨询系统、数字资源分发系统等其他文献揭示系统的服务有机结合起来，形成整体性资源建设和共享机制；通过跨行业合作，全国的读者在任何一个终端都可以通过统一的服务平台检索到所需要的文献信息资源，并从检索结果中查找到距离自己最近的图书馆或出版社、书商等信息机构，选择到馆阅览或在线浏览，也可通过文献传递的方式远程获取数字资源或通过网上商城直接订购纸本或数字图书，真正实现信息服务的零距离。

截至2010年12月，中心的数据总量已突破800万条。其中中文文献25种，近450万条，包括图书、期刊、报纸、学位论文、音像资料、电子资源、缩微文献等；西文文献20种，280余万条；名称规范和主题规范共计108万余条。数据用户累计达1198家，其中成员馆744家，遍及全国各省市、自治区、直辖市和特别行政区。

（二） 开展国内交流与合作，注重发挥行业引领与指导作用

1.成立全国公共图书馆讲座联盟，举办“公共图书馆讲座联盟工作”业务研讨会

讲座作为图书馆履行社会教育职能的重要手段，是图书馆服务的延伸，受到越来越多的关注，逐渐纳入图书馆核心业务工作。很多讲座已成为知名文化品牌，社会影响力和辐射力日益扩大。国家图书馆形成了“部级领导干部历史文化讲座”、“文津讲坛”、“中国典籍与文化”三大讲座品牌。

12月16日，作为全国图书馆创新服务工作座谈会的重要内容之一，“公共图书馆讲座联盟工作”专题研讨会暨讲座联盟成立大会在北京召开，国家图书馆前期做了大量准备工作，包括策划“地方文献与地方文化系列讲座”，组织9家公共图书馆来京展示精品讲座，并为福建省图书馆、山西省图书馆、广西壮族自治区图书馆、内蒙古自治区图书馆、天津图书馆、广州图书馆推荐专家举办讲座数十场，完成了全国公共图书馆讲座联盟资源数据库建设，上传数据1.6万余条。

国家图书馆将以讲座联盟为平台，实现全国公共图书馆讲座业务的共同发

展，着力搭建全国公共图书馆讲座资源共建共享平台；推广有地区影响力的讲座，打造有行业代表性的文化品牌；注重讲座成果整理和衍生品开发，扩大讲座的社会影响；加强人才培养，开展业务培训与交流；加强业务研究，促进讲座业务的专业化与标准化。

2.召开全国图书馆少儿服务工作座谈会

为了学习贯彻中央领导同志关于加强未成年人思想道德建设的指示精神，落实文化部“全国少年儿童图书馆工作会议”精神，交流各地图书馆为少年儿童服务的经验，努力“使图书馆成为推动少年儿童阅读的教育阵地，开展少年儿童活动的文化中心，培养少年儿童信息素养的重要课堂”，共同探讨我国少儿图书馆事业的发展思路，策划推动我国少儿图书馆事业发展的合作项目，10 月 21 至 22 日，国家图书馆举办了“全国图书馆少儿服务工作座谈会”。

国家图书馆馆长周和平，文化部社会文化司巡视员刘小琴，国家图书馆副馆长陈力，来自国家图书馆少年儿童图书馆、部分国内独立建制的少年儿童图书馆、各省市级公共图书馆、中小学校图书馆的负责人以及业内专家近 100 人参加了会议。国家图书馆少年儿童图书馆、湖南省少年儿童图书馆、天津市少年儿童图书馆等 11 个单位的负责人分别作了大会主旨发言，介绍经验，交流心得，提出发展建议。周和平所作《总结经验，开拓创新，推动我国少年儿童图书馆事业的发展》的讲话，以详实的调查数据回顾和总结了我国少儿图书馆事业的发展历程和取得的成绩，深刻分析了当前我国少儿图书馆事业发展中存在的问题与不足，在广泛征求全国图书馆界代表意见建议后，提出了下一步发展的基本思路。

全国图书馆少儿服务工作座谈会

3. 举办 2010 年全国图书馆企业信息服务年会

企业创新是国家创新体系中的重要环节。1998 年国家图书馆成立“剪报中心”，2005 年更名为企业信息服务中心，促进企业与图书情报等相关信息服务机构之间的沟通与协作，增强企业的信息发现、获取和利用能力，促进企业的创新发展，是国家图书馆为企业服务的宗旨。

国家图书馆基于自身在国内外图书情报领域的重要结点作

用，通过年会的方式创立中国一个高端跨界信息交流平台（跨图书情报界、企业界），2007年“面向企业的图书馆创新服务模式”研讨会在苏州工业园区召开，全国数十家图书馆共同发表苏州宣言，筹组全国图书馆企业信息服务联盟，号召全国各级各类图书馆主动面向企业提供信息服务。此后，“国家图书馆企业信息服务年会”升级为“全国图书馆企业信息服务年会暨国家图书馆企业信息服务年会”。

2010年11月26日，由国家图书馆、中国图书馆学会、中关村科技园区管理委员会共同主办的“2010年全国图书馆企业信息服务年会暨第六届国家图书馆企业信息服务年会”在北京举行。来自国内竞争情报领域的知名专家、跨国公司首席情报官及中关村示范区科技型中小企业的代表共200余人参会。

2001年全国图书馆企业信息服务年会暨第六届国家图书馆企业信息服务年会召开

本届年会以“数字时代的信息服务和企业创新发展”为主题，与会代表从各自专业背景出发，就竞争性商情领域最新研究成果、知识产权如何提升企业创新能力等相关主题同参会企业进行了深入研讨和互动交流，分享了信息服务与企业发展方面的前瞻理念和实战经验，使图情研究专家、信息服务机构和企业界在信息服务的方式、内容、作用和前景方面达成深层理解，加强三方的沟通与协作，为企业搭建信息咨询服务的公共平台，帮助科技型中小企业更好地利用国家图书馆的相关资源和服务内容，助力企业做强做大，倡导信息界和企业界达成“融合、发展、共赢”的信息服务格局，共同推进我国企业信息服务理论和实践的深入发展。此外，国家图书馆还通过举办“企业家论坛”的形式，介绍和展示中国企业的成长经历和企业家的奋斗历程，进行政府经济改革的探讨和创业者之间的交流对话。

4. 开展深度的业务研究、交流与培训

2010年，组织全国图书馆界专家完成12个专题的公共图书馆法立法支撑研究工作，为公共图书馆法立法提供了重要参考依据；完成《公共图书馆服务标准》等12项国家标准项目的审查上报工作，推动行业规范制定；继续实施“全国图书馆志愿者行动”项目，683名基层图书馆馆长参加了培训；推动中国文献影像技术协会秘书处、全国文献影像技术标准化技术委员会秘书处、国家古籍保护中心办公室、中国图书馆学会秘书处的培训工作，承办第五届中美图书馆合作会议，组织考察驻外中国文化中心图书馆。此外，还开展了如下工作：

（1）接待图书馆同仁到国家图书馆学习交流

2010年10月，广西壮族自治区图书馆、南京图书馆先后派员到国家图书馆跟班学习、对口业务交流。期间，两馆同仁分别到各部门进行深入的业务交流。10月26日，国家图书馆馆长周和平与两馆的9位同志进行了座谈。广西壮族自治区图书馆副馆长黄胜珠、馆长办公室主任张鹤明，南京图书馆人事组织部副主任王玫、党委办公室副主任赵晓红、馆长办公室副主任王兵等9位同志先后畅谈了在国家图书馆交流学习的感受。两馆同仁希望国家图书馆进一步加强对全国图书馆界的业务指导，推动全国图书馆资源共建共享的力度，在我国图书馆事业发展中发挥领头人的角色。并且就如何做好读者服务工作、图书资产管理工作、古籍保护工作、志愿者管理等方面业务提出了建议。

（2）举办“中国联合国托存图书馆馆员培训研讨会”

联合国文献信息资源的内容极为丰富，许多资源更具有非替代的信息优势，对立法决策、国家发展规划等大政方针的制定都有重要的参考价值。为宣传联合国的宗旨和使命，向全世界开放和推广联合国的文献信息资源，联合国于1946年开创了托存图书馆制度，目前已在146个国家和地区建立了405家托存图书馆，负责联合国资料的妥善收藏、管理和免费向读者提供借阅。中国是最早加入联合国托存系统的国家之一，目前拥有托存图书馆21家，分布在北京、上海、香港、澳门、重庆等12座城市。

近年来，联合国文献资源的出版方式、分发形式及获取途径发生了较大变化，联合国文献托存服务面临新的转型和挑战。2010年4月27—30日，由中国国家图书馆和联合国达格·哈马舍尔德图书馆共同主办的“交流、合作、共建、共享——中国联合国托存图书馆馆员培训研讨会”在国家图书馆召开。来自全国21家托存图书馆以及对联合国文献托存事业感兴趣的60余名图书馆同仁参加了会议。研讨会就图书馆未来发展、资源建设、服务拓展以及共建共享等问题做了交流，加强了对联合国信息系统、文献资源以及研究工具与方法的认识和理解。此外，研讨会还安排上机培训，使代表们了解了联合国文献管理的基本原理及文献组织情况，掌握了联合国在线资源的获取方法，为提升服务水平奠定了坚实的基础。

副馆长陈力出席开幕式并致辞

（3）举办“世界图书馆馆长论坛”

随着我国图书馆事业的发展及国际化趋势的加强，图书馆管理者之间相互沟通与交流的重要性日益凸显。为充分发挥国家图书馆在图书馆业界的影响力，为国内外图书馆馆长与广大图书馆管理人员构建一个交流、合作的平台，2006年10月国家图书馆开始推出“世界图书馆馆长论坛”，迄今已经成功举办了8期，先后有法国国家图书馆馆长让－诺埃尔·让纳内、新加坡国家图书馆管理局总裁华拉保绍、美国国会图书馆馆长詹姆斯·比灵顿、斯坦福大学图书馆馆长麦克·凯勒、日本国立国会图书馆馆长长尾真等，向中外图书馆界管理层做了“当Google向欧洲挑战的时候”、“充满活力的新加坡国家图书馆管理局——核心业务与管理”、“美国国会图书馆的现状及发展远景”、“信息技术在推动高等教育进步中所扮演的角色：来自斯坦福的经验”、“知识让我们富有——电子图书馆的进展”等专题讲座和交流活动，让中国的图书馆同仁了解各国国家图书馆近几年来的努力、成果和存在的遗憾以及在数字图书馆领域中，中外图书馆的共同利益、原则、立场及今后的合作前景。

法国国家图书馆馆长布鲁诺·拉辛出席“世界图书馆馆长论坛”

2010年5月28日，法国国家图书馆现任馆长布鲁诺·拉辛（Bruno Racine）出席“世界图书馆馆长论坛”，发表了题为“谷歌与新世界”的主题演讲。概述了出版与阅读方式的变革对人类文明的影响，介绍了以谷歌数字图书馆为代表的数字革命对传统图书的巨大冲击，并对图书馆界面临的挑战以及图书的未来进行了展望。拉辛还与部分参会者围绕“数字出版对传统图书的冲击”这一主题，就图书数字化对图书馆与出版社的影响、图书数字化中的版权等问题进行了探讨。

德国不莱梅公共图书馆馆长芭芭拉·莉森出席“世界图书馆馆长论坛”

2010年6月7日，德国不莱梅公共图书馆馆长芭芭拉·莉森出席了“世界图书馆馆长论坛”第8期活动，并作了题为“数字化时代图书馆的角色：发展及展望”的演讲。芭芭拉·莉森在演讲中首先介绍了德国公共图书馆的概况，以及德国当前的发展对图书馆日常工作产生的影响。之后，她深入阐述了数字化和全球化大环境下图书馆的角色，数字化环境下图书馆面临的挑战与应对策略。讲演涉及图书馆发展中遇到的诸多问题，芭芭拉·莉森还着重从图书馆使用者的视角分析了他们对图书馆服务的期望。

5.积极开拓馆际互借与文献传递合作服务

（1）与联机计算机图书馆中心（OCLC）开拓国际互借合作服务

2010年4月，国家图书馆加入OCLC馆际互借系统，并于4月13日正式开通提供服务。通过加入该系统，一方面提高外馆向国家图书馆提出国际互借的业务申请量，增强国际影响力；另一方面也为国家图书馆向国外其他图书馆申请国际互借增加渠道，增强国家图书馆的文献提供保障力度。国内的读者可以更容易地从OCLC近2万所一流成员图书馆中获取信息，特别是满足教育、科研用户对高质量的硕士博士论文和文章的需求。4至12月，通过OCLC系统，国家图书馆借入127件次，借出853件次，通过OCLC的国际互借业务已占现有的国际互借业务的近50%。同时，国家图书馆在OCLC馆际互借系统中采用了IFM记账管理模式，该方式操作便捷、使用用户多，节约手续费，降低了用户收费，大大拓展了国家图书馆国际互借业务用户群，从而有效促进国家图书馆国际互借业务的发展。

（2）与北京地区高校图书馆文献资源保障体系（BALIS）合作

2010年6月，国家图书馆文献提供中心与BALIS馆际互借中心的合作服务正式展开。通过BALIS这一平台，国家图书馆可以向其69家成员馆的集体用户开放馆际互借服务。通过开放接口的形式，BALIS联合目录把国家图书馆OPAC检索系统嵌入后台，使得北京高校的用户可以直接在其“BALIS馆际互借中心管理平台”检索并提交馆际互借申请单。6月29至30日，国家图书馆文献提供中心与BALIS原文传递中心成功举办文献传递培训班，30余家BALIS成员单位的60余名文献传递工作人员参加了培训。10月，与BALIS原文传递中心合作服务正式展开。2个月内，通过BALIS成员馆向国家图书馆发出的文献请求超过400条。

年度掠影

【“两会”服务工作座谈会召开】

周和平馆长与立法决策部工作人员

3月8日上午，国家图书馆“两会”服务工作座谈会召开，国家图书馆馆长周和平对今后的立法决策服务工作提出了两点要求：一是要认真细致做好“两会”服务的相关工作。首先，要关注“两会”热议话题，抓好重点，为有的放矢和更加主动地开展立法决策服务打好基础。其次，要做好宣传，扩大影响。二是要注重人才培养，抓好队伍建设。结合个人的专业领域和兴趣，创造条件培养复合型人才，培养一批对国情了解最敏锐、文献提供最快捷、信息提供最准确的国情咨询专家；要创造学习机会，开拓思路，扩展视野，借鉴其他国家经验，研究和推进业务工作；要在搞好理论研究的基础上，培养立法决策服务专业领域的顶尖专家。

【承办政府立法咨询服务座谈会】

“政府立法咨询服务座谈会”召开

6月10日，由国务院法制办主办、国家图书馆承办的“政府立法咨询服务座谈会”在国家图书馆召开，共同商议如何进一步完善协调国务院各部委政策法规制定部门与国家图书馆的协作机制，充分利用国家图书馆的信息资源优势服务政府法制工作，促进政府法制信息建设。

国务院法制办公室副主任袁曙宏指出，多年来，国家图书馆和国务院法制办保持着良好的合作关系，对许多重要法律法规的起草审查工作发挥了重要作用。这次会议是要为国务院各部门法制机构、国家图书馆在政府立法咨询服务方面建立更紧密联系提供一个交流的平台，通过深入活跃的交流座谈更加全面地认识国图，在立法工作中更好地利用好国图这个国家信息资源集散中心，通过与国图的协作，更加全面地了解、掌握国情、世情，不断提高制度建设的科学性和针对性。各部门政策法规司也要充分认识信息咨询服务工作的重要意义，进一步加强与国家图书馆的联系和交流，力争使立法咨询服务的内涵和水平都再上一个新的台阶。文化部党组成员、中央纪委驻文化部纪检组组长李洪峰对国家图书馆进一步做好立法决策服务提出四点要求：一是要提高立法决策服务的前瞻性、时效性和准确性，为政府立法决策提供全方位文献信息保障；二是要加强与国务院各部委政策法规制定部门的沟通并保持密切的联系，拓宽立法决策服务的深度和广度；三是逐步打造出高水平的咨询专家团队，同时借助各领域专家顾问的力量，形成立法决策服务的坚强后盾；四是发挥国家图书馆的示范和引领作用，加强立法决策服务的信息沟通、横向交流、业务研究和经验推广，引导全国图书馆立法决策咨询服务工作不断提高和发展。国家图书馆馆长周和平强调了今后应加强7个方面的重点工作：根据立法决策的要求，加强文献信息资源的建设；了解和掌握需求，主动为政府立法提供文献信息服务；与各部委政务网合作，加快建立计算机网络服务平台；进一步加强与各国图书馆的合作，拓展立法决策的国际视野；组建“国家图书馆国情咨询顾问委员会”和“国家图书馆国情咨询专家委员会”，形成高水平的国情咨询团队；建立政府立法决策服务工作网络；建立全国公共图书馆立法决策服务平台。

【组建国家图书馆国情咨询顾问委员会】

为全面加强国家图书馆立法决策服务工作，形成高水平的国情咨询团队，国家图书馆组建了“国家图书馆国情咨询顾问委员会”和“国家图书馆国情咨询专家委员会”。6月11日上午，国家图书馆宣布“国家图书馆国情咨询顾问委员会”正式成立。文化部党组成员、中央纪委驻文化部纪检组组长李洪峰，国家图书馆馆长周和平，国情咨询顾问出席了国家图书馆多功能厅举行的会议。来自文化部社会文化司以及省市级图书馆等相关领导出席了会议。会议由国家图书馆党委书记、常务副馆长詹福瑞主持。会上，国家图书馆馆长周和平为受聘的咨询顾问颁发了聘书，并听取各位顾问的意见和建议。

国情咨询顾问委员会第一次会议召开

组建“国家图书馆国情咨询顾问委员会”，形成高水平的国情咨询团队，在国家图书馆历史上尚属首次。国情咨询顾问委员会聘请长期在党政军领导机关工作，具有较高政策理论素养的领导同志，围绕国家大政方针和法律法规制定过程中的重点问题、热点问题提出立法决策服务咨询建议。首批聘请顾问34位，聘期3年。国情咨询顾问委员会采取定期和不定期相结合的工作方式，一般情况下，半年召开一次会议。遇有重要问题，请相关顾问进行专题咨询。平时国家图书馆也将根据需求随时向顾问咨询。顾问也可以各种方式发表咨询意见或建议。

文化部部长蔡武代表文化部党组为国情咨询顾问委员会的成立发来贺信，向委员会的成立和参加会议的全体顾问表示衷心祝贺。他指出国家立法决策科学化和专业化是社会发展的必然。希望国家图书馆以国情咨询顾问委员会的成立为新的起点，不断总结经验，切实发挥国情咨询顾问的参谋作用，利用优势，开拓思路，加快发展，进一步加强咨询队伍建设，共同为国家的发展和社会主义文化事业建设作出新的贡献。

周和平向与会代表介绍了国家图书馆概况，近年来国家图书馆在立法决策服务方面所做的工作以及下一步的工作思路。周和平指出，顾问委员会是国家图书馆的“智囊团”和“思想库”。国情咨询顾问委员会是国家图书馆履行为中央国家领导机关立法与决策服务职能而设立的咨询参谋机构。希望各位顾问能够对国家图书馆的情况，特别是对为立法决策服务的情况有全面深入的了解，并与国家图书馆建立更为密切的联系，形成国情咨询顾问指导、参与国家图书馆立法决策服务工作的机制，围绕国家大政方针和法律法规制定过程中的重点问题、热点问题提出立法决策服务咨询建议，为国家立法和重大方针政策制定提供科学依据。帮助国家图书馆进一步深化立法决策服务职能，拓展服务领域，提高服务水平，为推进国家立法决策的科学化发挥更大的作用。

会上，与会者共同商议如何进一步协调与完善国家图书馆的立法决策服务职能，充分利用国家图书馆的信息资源优势开展立法决策服务工作，促进立法决策服务的建设。大家还围绕国家图书馆今后的立法决策服务工作展开了讨论，提出了众多建设性意见。与会者一致认为，多年来，国家图书馆一直注重为中央党政军领导机关、科学研究部门服务和重点生产建设单位服务，并取得了很大成绩，充分发挥了馆藏资源的作用。会议的召开和国情咨询顾问委员会的成立，必将对推进立法决策服务工作的全面发展产生积极的影响，为国家图书馆立法咨询工作带来新的发展契机。会前，与会领导还参观了“国家图书馆立法决策服务成就展”。

【组建国家图书馆国情咨询专家委员会】

6月11日下午，国家图书馆国情咨询专家委员第一次会议在国家图书馆召开。国情咨询专家委员会将采取定期和不定期相结合的工作方式，通过召开全体会议进行研讨。遇有重要问题，请相关专家进行专题咨询。平时，国家图书馆根据需要随时向专家咨询。专家也可以以各种方式发表咨询意见或建议。专家聘期三年，首批聘请了19位专家。受聘的国家图书馆国情咨询专家、因故没能出席“国家图书馆国情咨询顾问委员会第一次会议”的顾问省市级图书馆的相关领导出席了会议。会议由国家图书馆党委书记、常务副馆长詹福瑞主持。国家图书馆馆长周和平向与会的国情咨询顾问委员、专家委员颁发了聘书，并作了工作汇报，详细介绍国家图书馆基本情况、立法决策服务成就、下一步工作思路。

周和平在工作汇报上说，聘请国情咨询专家，在国图尚属首次。为国家立法决策服务是国家图书馆的重要职能。国家立法决策的科学化、法制化、民主化进程，对国家图书馆立法决策服务工作提出了更高的要求。为此，国家图书馆组建了国情咨询专家委员会，聘请国内著名专家为国图立法决策服务工作提供专业咨询。周和平指出，本次会议是国情咨询专家委员会第一次会议，希望各位专家能够对国家图书馆的情况，特别是对为立法决策服务的情况有全面深入的了解，并与国图建立更为密切的联系，形成国情咨询专家指导参与国家图书馆立法决策服务工作的机制，帮助国图进一步深化立法决策服务职能，拓展服务领域，提高服务水平，为推进国家立法决策的科学化发挥更大的作用。

与会顾问、专家在会前参观了“国家图书馆立法决策服务成就展”，在听取周和平馆长工作汇报之后，对国家图书馆立法决策服务乃至各项工作有了深入了解，表示将积极为国图立法决策服务建言献策，贡献力量，并提出了许多意见和建议：国家图书馆要继续做好已经开展的各项立法决策服务，并打造成服务品牌；要加强文献信息资源建设，注重对文献的分析、整合与开发；要加强与其他各类信息咨询机构的交流合作，探索建立整合各类“思想库、智囊团”的工作机制，形成工作网络；国家图书馆要加强对关乎中国社会历史发展的重要“理念”的梳理。

周和平馆长向国情咨询专家颁发聘书

国情咨询专家委员第一次会议召开

【举办立法决策服务成就展部长专场】

6月25日，“部级领导干部历史文化讲座”举办了一场特殊的“讲座”，来自中央国家机关等单位的部级领导干部参观了正在国家图书馆举办的“国家图书馆立法决策服务成就展”。部长们参观“国家图书馆立法决策服务成就展”后表示，通过展览介绍，不仅看到了国家图书馆拥有丰富的馆藏和信息资源，了解了国家图书馆为国家立法与决策咨询服务的质量和水平，以及60多年来取得的成就，而且看到了国家图书馆与时俱进的努力，以及为国家有关部委做好立法决策咨询的意愿和决心。

立法决策服务成就展部长专场（一）

立法决策服务成就展部长专场（二）

【国家图书馆中央社会主义学院分馆成立】

2010年6月10日，国家图书馆中央社会主义学院分馆成立，国家图书馆和中央社会主义学院将在分馆的基础上开展各方面的合作。合作内容包括：以中央社会主义学院图书馆为平台，共建“国家图书馆中央社会主义学院分馆”；国家图书馆对中央社会主义学院建设中国民主党派文献资料中心提供支持；国家图书馆利用数字图书馆建设成果，以自助办证、手持电子书阅读、触摸屏资源展示、内网接入等多种方式使中央社会主义学院教师学员更加便利地使用国家图书馆丰富的文献信息资源等，享受到和在国家图书馆一样完全自助、方便、快捷的服务。国家图书馆已协助中央社会主义学院铺设光纤专线，实现与国家图书馆的网络连通，自助办证机也已进驻该学院图书馆。

【国家图书馆中央编办分馆揭牌】

11月18日，国家图书馆中央机构编制委员会办公室分馆在京揭牌，“国家图书馆立法决策服务平台——中央编办平台”同时开通。文化部副部长欧阳坚出席揭牌暨开通仪式。中央编办副主任黄文平、国家图书馆馆长周和平等出席仪式并致辞。国家图书馆中央机构编制委员会办公室分馆是国家图书馆与国务院部委及直属机构合作建立的第10家分馆，也是国家图书馆在中央国家机关建立的第一个全数字化分馆。分馆将以中央机构编制委员会办公室网站为平台，由中央编办领导和管理，在业务、技术与服务等方面接受国家图书馆指导。“国家图书馆立法决策服务平台——中央编办平台”以中央编办用户在图书文献信息方面的需求为基本服务内容，以国家图书馆丰富的数字资源和在信息服务方面的经验特长为依托，有针对性地为用户创造符合个性化需求的信息服务环境。

国家图书馆国家行政学院分馆成立

【国家图书馆国家行政学院分馆揭牌】

11月26日，国家行政学院、国家图书馆合作协议签署暨国家图书馆国家行政学院分馆揭牌仪式在京举行。国家图书馆国家行政学院分馆由国家图书馆和国家行政学院共建，分馆隶属国家行政学院领导和管理，在业务上接受国家图书馆指导；国家图书馆承担为国家行政学院建设个性化信息平台；在分馆提供数字资源触屏阅读服务，通过信息平台和触屏阅读服务为国家行政学院用户提供全面、有效的参考信息；国家图书馆可作为国家行政学院的教学延伸基地，组织各类重要班次到国家图书馆参观和现场教学；双方开展特色文献资源的开发和数字化工作，实现特色资源的共建共享；双方开展学术讲座资源的共建共享，服务于国家高层次人才的培养，促进学习型社会建设；双方在科学研究与决策咨询上加强合作，促进产生更多有影响的科研成果和决策咨询精品。

【国家图书馆信息联络员工作会议召开】

9月14日，“国家图书馆信息联络员工作会议”在国家图书馆多功能厅召开。聘请各部委政策法规制定部门相关同志担任国家图书馆信息联络员，从而建立起各部委政策法规制定部门与国家图书馆之间有效的信息沟通和日常联系机制。此举在国家图书馆尚属首次，有利于加强国家图书馆与各部委政策法规制定部门的协作，及时了解和把握各部委立法工作计划或重大研究项目规划以及相关文献信息需求，以便提供丰富的、个性化的信息和立法与决策的理论参考依据。信息联络员由中央国务院各部委政策法规司或相关部门推荐产生，聘期2年，可连续担任。此次，国家图书馆聘请了30位信息联络员，并向与会的受聘人员颁发了聘书。

【古籍馆文津街馆区重新开放】

因库房改造，自2009年8月13日起，古籍馆文津街馆区的普通古籍阅览室、地方志家谱阅览室等停止接待读者。普通古籍、地方志、家谱等文献下架装箱，分两批（第一批8月27、31日，9月1日；第二批10月10—14日，）搬运至白石桥馆区原报库暂存。10月中旬，库房安防和消防设施改造启动，至2011年1月结束。2010年3月底至7月13日，报库暂存文献回运文津街馆区（第一批3月29、31日，4月1、2日；第二批5月5、6日；第三批7月13日）。7月中旬，普通古籍、地方志和家谱的上架整理工作完成。7月19日，古籍馆普通古籍阅览室和地方志家谱阅览室重新开放，接待读者。

【ISSN中国国家中心咨询审核工作顺利开展】

2010年，ISSN中国国家中心完成国内外电子邮件咨询共计304件，电话咨询5133件。完成审核ISSN申请材料约1181份；办理ISSN 271个；办理ISSN证书约298个。加强了数据制作与数据日常维护工作。建立卡片目录约271张；核对刊物6120种；新建和更新CNMARC数据952种；新建和更新罗马化数据626种。

【国家图书馆实现与中央社会主义学院的光纤互联】

5月，国家图书馆与中央社会主义学院完成了通过千兆光纤网络互联。通过光纤互联和相应的网络配置，国家图书馆实现了为中央社会主义学院快速、高效地提供各种数据库信息资源服务，同时为社会主义学院使用国家图书馆的报纸阅读系统和自助办证系统提供了网络基础。

【应用链路负载均衡技术改善互联网访问效果】

5月，通过部署链路负载均衡设备，国家图书馆实现了联通、电信互联网链路的双向智能选路。系统采用智能DNS、SmartNat、就近性路由、链路健康检查等方法，对所有入网及出网流量选择最优链路，一方面改善了馆内用户访问互联网的速度，一方面改善了全国特别是部分南方地区访问国家图书馆网站的效果。

【国图手机门户世博专题服务开通】

4月，国家图书馆在国图手机门户上第一次建立专题服务形式，以手机为平台，建立国图手机门户世博专题。在专题中将国家图书馆馆藏的有关世博的图书、期刊、博士论文的书目和摘要以专题的形式集中展现给手机用户。并且专门针对上海世博会特别添加上海世博会的参会地图及游览路线供广大读者使用。

常务副馆长詹福瑞在开幕式上致辞

【举办“文津讲坛”500期系列念活动】

“文津讲坛”开设于2001年1月1日，是国家图书馆举办的重要公益性学术文化系列讲座之一。至2010年1月6日，“文津讲坛”迎来第500期。国家图书馆为此举办了以展览和讲座为主要内容的系列纪念活动。1月13日，纪念“文津讲坛”500期座谈会暨展览开幕式在文津厅举行。展览开幕式上，周和平作了重要讲话，刘小琴、詹福瑞、专家代表、读者代表分别致辞，并共同为展览剪彩。周和平还向“文津讲坛特聘教授”颁发聘书。在随后举行的纪念“文津讲坛”500期座谈会上，与会各界代表畅所欲言，追思“文津讲坛”走过的历程，展望和设想未来的发展。

周国平与读者交流

【“国图·东南讲坛”拉开帷幕】

4月23日，国家图书馆与福建省图书馆联合主办的“国图·东南讲坛”拉开帷幕。开坛嘉宾中国社会科学院哲学研究所研究员、“国家图书馆文津图书奖”专家评审委员会委员周国平作了题为“阅读与人生”的讲座。这是国家图书馆讲座走出北京，和地方图书馆加强讲座业务合作的重要尝试。

【“国图·新民讲坛”在上海正式开坛】

4月25日，由国家图书馆和上海《新民晚报》共同主办的“国图·新民讲坛”在上海文新报业大厦报告厅开坛。国家气候中心首席专家任福民担任第一场主讲嘉宾，他所作的《九问西南大旱——从西南干旱看气象与百姓的关系》紧扣社会热点话题，受到在场数百名听众的欢迎。这是继“文津·珠江论坛”之后，国家图书馆和国内知名媒体合作，把国家图书馆讲座推向全国的又一次重要尝试。

任福民（中）开讲“国图·新民讲坛”

【“国图·辽海·沈阳讲坛”开坛】

5月7日，“国图·辽海·沈阳讲坛”在沈阳市图书馆隆重开坛。国家图书馆副馆长张志清、辽宁省沈阳市委常委、宣传部部长王凤波等出席了开坛仪式。开坛嘉宾零点研究咨询集团董事长兼总裁袁岳作了题为“城市人文发展新趋势——兼论学习型社会和创新型城市的建设”的讲座。

“国图·辽海·沈阳讲坛”在沈阳市图书馆开坛

【“六一儿童节”特别讲座活动】

6月1日，国家图书馆举办了三场讲座活动庆祝儿童节。上午由扬州木偶传承人、国家一级演员焦锋和王芸担任嘉宾，作题为“扬州木偶——走近扬州·非遗文化”的专场讲座，讲座针对少年儿童的特点，表演与讲解结合，形式活泼生动。下午由教育专家林格和徐国静分别作题为“管一辈子的教育——回归教育本质，激扬生命价值”和“创新教育，创意精彩人生”的主题演讲。

“扬州木偶——走近扬州·非遗文化”专场讲座

【文津少儿讲坛开坛】

10月30日，当代著名作家、北京大学教授曹文轩做客国家图书馆，作了题为“阅读是一种信仰”的“文津少儿讲坛”开坛首讲。800余位小读者和家长参加了讲座。讲座从五一小学两位小读者的诗歌朗诵开始，经曹文轩讲述小故事入题，告诉家长和孩子阅读的方法，启发、教育小读者养成良好的阅读习惯。讲座特别指出了家长、教师在培养孩子阅读兴趣、选择阅读内容等方面负有重要的指导责任。讲座中，曹文轩称赞国家图书

曹文轩开讲“文津少儿讲坛”

馆少年儿童图书馆在阅读上给予小读者的正确导向和在促进未成年人阅读方面的积极作用，建议大家到国家图书馆参观、体验。讲座结束后，少年儿童图书馆为前100位报名参加讲座的小读者赠送了曹文轩亲笔签名的长篇小说《青铜葵花》。

【“地方文献与地方文化系列讲座”开幕】

舒乙讲“解读《发现北京》”

6月6日，由国家图书馆策划的“地方文献与地方文化系列讲座”在国家图书馆拉开帷幕，首讲为前中国现代文学馆馆长舒乙的“解读《发现北京》”，由北京市东城区图书馆选送。地方文献与地方文化系列讲座旨在组织地方公共图书馆优秀精品讲座进京，从而展示全国丰富多彩的地方文化，进行乡土教育。每期讲座选题由地方馆推荐，主讲嘉宾来自全国各地，都是对当地历史文化有着精深研究的专家学者。2010年组织来自四川省图书馆、吉林省图书馆、山西省图书馆等地方馆选送的讲座9场。

【“百年辛亥专题研究系列讲座”拉开帷幕】

8月22日，由国家图书馆和中国国民党革命委员会中央委员会等单位联合主办的“百年辛亥专题研究系列讲座”在国家图书馆嘉言堂拉开帷幕。全国人大常委会副委员长、民革中央主席、中国辛亥革命研究会会长、民革中央孙中山研究学会会长周铁农担任首讲嘉宾，国家图书馆馆长周和平出席并主持活动。讲座中，周铁农围绕着在辛亥百年之际怎样看待孙中山与辛亥革命的关系，如何评价孙中山在辛亥革命中的作用，如何评说辛亥革命的功过是非等几个热点话题作出全面阐述。“百年辛亥专题研究系列讲座”是国家图书馆和民革中央等合作方对广大公众普及历史知识的重要尝试，也是纪念辛亥革命一百周年的一次大规模的学术讲座。2010年共举办讲座17期，选题涉及辛亥革命时期中国政治、经济、军事、文化和社会生活状况，彰显孙中山先生等重要历史人物的贡献，探讨辛亥革命深远的历史影响。

【举办“陈垣先生诞辰一百三十周年纪念展”】

陈垣之孙陈智超先生（右四）参观展览后与工作人员合影

由北京师范大学、国家图书馆、中国社会科学院历史研究所共同举办的“纪念陈垣先生诞辰一百三十周年学术研讨会”于11月15日在北京师范大学举行。为配合此次学术研讨会，由上述单位共同主办的“陈垣先生诞辰一百三十周年纪念展”于11月15日下午在国家图书馆开幕。展览分生平、藏书两部分，结合展板、展品、视频等多种途径进行全方位的展示。“生平”部分以新会少年、革命青年、学术大师、爱国志士、伏枥老骥为主题，依次再现了陈垣先生跌宕起伏的人生历程，凸显先生爱国为民孜孜以求、追求真理矢志不渝的高尚情怀，以及在学术研究、教育事业方面取得的卓越成就。“藏书”部分阐述了先生的藏书概况、特点，重点展示与先生研究密切相关的宗教、元史藏书以及题赠本、批校本、手稿本等。国家图书馆所藏陈垣先生的重要著作手稿此次全部展出。陈智超先生所藏《陈氏家谱》4种珍贵手稿也出现在此次展览上。

【举办“汉字：文化津梁　中国奇迹”展】

4月22日至5月10日，国家图书馆展览中心举办“汉字：文化津梁　中国奇迹”展。展览配合2010年“4·23世界读书日”系列活动，以实物加图片的形式，展现汉字发展史，使读者认识汉字，了解汉字。展览在陕西省图书馆、天津泰达图书馆档案馆、广西桂林图书馆等公共图书馆以展板展示、在线展览等方式同步展出。自4月23日起，该展览又在广西桂林图书馆、陕西省图书馆、天津泰达图书馆档案馆、首都图书馆、广西壮族自治区图书馆、中国儿童中心、江西省图书馆、厦门图书馆8家图书馆及相关文化单位巡展，实现了行业间的相互交流、互通有无，发挥了国家图书馆在社会教育方面的引领作用。

副馆长陈力在“汉字：文化津梁　中国奇迹”展上致辞

【举办“低碳生活　节能减排——2010北京科技周主场系列活动”】

5月15日至22日，国家图书馆与北京市科学技术协会共同主办“低碳生活　节能减排——2010北京科技周主场系列活动”。国家图书馆和紫竹院公园作为主场活动核心区，辐射周边中国气象局气象科普馆、北京理工大学、北京天文馆、中国古动物馆、北京海洋馆、北京动物园6个单位，形成中关村科技园区域的科普集群效应，扩大科技周活动的社会影响力。5月16日，“低碳生活　节能减排——2010北京科技周主场系列活动”启动仪式在国家图书馆展览中心举行。当天，国家图书馆展开多项活动，包括“携手建设创新型国家——提高科学素质，参与低碳行动”展、“《魅力科学》低碳生活推广”展、“绿色生

2010年北京科技周主场活动启动仪式

活图说北京”展、“低碳生活动漫科普宣传”展和“青少年科技创新综合实践活动展”及现场交流活动。

北京科技周展览

【举办“凤凰涅槃　震痛与振兴——中外摄影家看唐山”摄影展】

9月21日至9月25日，中国艺术研究院、国家图书馆、中共唐山市委、市政府在国家图书馆展览中心联合主办“凤凰涅槃　震痛与振兴——中外摄影家看唐山”摄影展。开幕式结束后，中国艺术研究院在国家图书馆展览厅会议厅召开研讨会，就展出图片中的唐山面貌、唐山精神等主题进行深入探讨。此次展览展出了50位中外摄影家的150幅作品，展现地震前的唐山旧貌，震后唐山的灾难场景以及唐山人发展生产、建设家园、幸福生活的影像。21日当日，该展览举办了“五地巡展启动仪式”，国家图书馆为首站。9月30日至10月7日，展览在上海图书馆展出。10月22日至28日，展览在青海省图书馆展出。11月9日至19日，展览在四川省图书馆展出。11月26日，展览回到河北省唐山市，在唐山抗震纪念馆展出。

【举办全国图书馆联合编目中心第一期质量监控员培训班】

为联合全国图书馆的编目骨干共同参与联合编目数据库的建设和维护，全国图书馆联合编目中心于2010年启动质量监控员计划，面向全国召集资深编目员组成质量控制小组。11月12日至15日全国图书馆联合编目中心对第一批质量监控员候选人29人进行了数据细则和新系统的操作培训，培训结束后远程考核。此次培训为学员提供了较全面的业务咨询和辅导，同时也为大家提供了一个交流学习的平台，为下一步工作打下了坚实的基础。全国图书馆联合编目中心计划2011年开始正式执行质量监控员工作模式，最大限度汇集成员馆的编目力量，将图书馆的书目资源和人力资源整合起来，真正实现书目资源的共同建设、共同维护，节约图书馆成本，促进事业发展。

【出版物交换平台初具规模】

出版物交换是国家图书馆文献资源建设的重要组成部分，也是国家图书馆行使对外文化交流职能的重要窗口。国家图书馆已与全球117个国家和地区的552家单位建立了出版物交换关系。为顺应图书馆数字化技术的发展，拓宽交换渠道，创新服务模式，2010年，国家图书馆尝试采用现代化技术，打造方便、快捷、交互性强的出版物交换自动化平台。该平台特点如下：一、实现了在线建立交换关系、自助选书、书目更新、虚拟咨询等多项先进功能，使国家图书馆出版物交换工作向Lib2.0迈出了坚实的一步；二、网络宣传覆盖面广，传播速度快，信息更新及时；三、打破了传统信件往来的物理局限，使服务方式告别了传统的点对点服务，实现了数字环境下点对面的集成式服务。

【全国外文文献（人文社科）资源整合平台建设稳步推进】

为适应读者对人文社会科学类文献需求的不断增加，2008年9月，国家图书馆开始规划建立全国外文人文社会科学资源整合平台，以引导全国外文人文社会科学资源的建设与发展。2009年，国家图书馆部分全文文献与该平台的文摘库进行链接，并在国家图书馆开始平台试用工作。

2010年，外文采编部对全国外文文献（人文社科）资源整合平台以及全国外文人文社科文献的资源的保有量进行细致的调研，将部分图书馆的全文馆藏在该平台上进行揭示，有选择性地为国内125家图书馆开通了数据库的试用，并进行重点地区图书馆的沟通、各试用图书馆意见反馈的收集、备份数据的争取等工作。截至2010年底，平台上可供选择的人文社科类数据库达59个，收录品种超过6万种，其中持续收录的文献资源超过4.2万种。学科涵盖从中图法B类到K类所有的人文社会科学学科，核心期刊的覆盖率超过90%。

项目评价调查显示，包括浙江省图书馆、上海图书馆、中国社会科学院图书馆、上海社会科学院图书馆等重点公共和社科院图书馆及清华大学、复旦大学、四川大学、中国科技大学、厦门大学、武汉大学等重点高校图书馆都表示愿意支持此项目的进一步发展。该项目评估尚在进一步细化，该平台建设在稳步推进。

张志清副馆长（中）、艾思仁（右）、桥本秀美（左）共同开通海外中华古籍专题网站

【中华古籍善本国际联合书目系统暨日本东京大学东洋文化研究所汉籍影像数据库开通】

5月20日上午，国家图书馆举办了中华古籍善本国际联合书目系统暨日本东京大学东洋文化研究所汉籍影像数据库开通仪式。中华古籍善本国际联合书目系统是由中文善本书国际联

合目录项目发展而来的新数据库，日本东京大学东洋文化研究所汉籍影像数据库来源于日本东京大学东洋文化研究所的古籍全文影像库，二者均提供了大量海外古籍的著录信息和书籍影像，都在国家图书馆主页海外中华古籍专题栏目发布。这两个项目不仅意味着海外古籍资源的数字化回归，还见证了国家图书馆在古籍数字化方面的成效。此外，对数据库的后续完善与发展、古籍数字化的内容和实现手段以及为公众服务的理念转变等问题，专家们也提出了宝贵的建议。

【“哈佛大学哈佛燕京图书馆藏善本特藏资源库”开通】

周和平馆长（右）开通“哈佛大学哈佛燕京图书馆藏善本特藏资源库”

9月8日，“哈佛大学哈佛燕京图书馆藏善本特藏资源库”在国家图书馆文津厅举行了开通仪式。该资源库开通后，首批发布中文古籍善本和齐如山专藏在内的中文古籍善本204种，该数据库资源可进行多维度检索和分类浏览，书目信息为中英文对照，并提供全部书影的在线阅览。预计6年内完成中文善本古籍4210种51889卷的数字化拍照，并陆续将图像在国家图书馆网站公布。此项目是国家图书馆历史上与国外图书馆合作开展的规模最大的文献数字化项目。国家图书馆正在广泛开展与海外图书馆的合作，推动海外中国珍稀版本古籍数字化，不断建设规模庞大的中华古籍特藏资源库，推进“中华古籍保护计划”的再生性保护工作。

【开展“国家数字图书馆走进党校”活动】

8月，国家图书馆与中共中央党校图书馆合作，开展“国家数字图书馆走进党校”活动，将1TB数字资源推送到全国48个副省级以上党校图书馆，其中包括2000册党政电子图书、22000余篇党政理论学术论文、500集历史文化讲座视频资源、3400幅历史图片资源、22万余条政府公开信息数据和反映社会主义现代化建设成果的五大专题网络信息资源。

【全国公共图书馆技术部主任会议召开】

全国公共图书馆技术部主任会议现场

4月12至16日“全国公共图书馆技术部主任会议”在浙江杭州召开。来自20个缩微成员馆的40余人参加了此次会议。会议主要就各成员馆2009年度的拍摄工作进行了总结与经验交流，部署了2010年度文献抢救的内容与进度，并对2009年度全国图书馆文献缩微工作先进集体和先进个人进行了表彰。

【举办全国公共图书馆缩微技术培训班】

10月18至22日，“全国公共图书馆缩微技术培训班”在湖南省长沙市举行。来自全国19个缩微拍摄成员馆和黑龙江省图书馆的缩微工作人员等共计40余人参加了此次培训班。本次培训的主要内容包括：缩微品拷贝的基础知识与工作流程、KJY16/35-300型银盐缩微卷片拷贝机的使用及维护方法、缩微胶片阅读器的使用及维护。

全国公共图书馆缩微技术培训班开班

【中国文献影像技术协会2010年会召开】

4月26日，中国文献影像技术协会2010年年会在江苏省苏州市独墅湖图书馆召开。会议听取了魏大威理事长关于协会2009年度工作总结的报告，以及各工作委员会2009年工作总结和2010年工作计划及2011至2012年工作规划的汇报；审议通过协会2010年度工作计划和2011至2012年工作规划。全国各地54个理事单位、会员单位的63位理事和会员单位代表、个人会员参加了会议。同日，全国文献影像技术标准化技术委员会在江苏省苏州市独墅湖图书馆召开第五届换届会议。经国家标准化管理委员会批准，全国文献影像技术标准化技术委员会第五届委员会由国家图书馆魏大威副馆长担任主任委员，缩微文献部李健主任担任秘书长，张文增、王志庚分别担任第四、第五分技术委员会主任委员。

魏大威副馆长（右一）作总结报告

全国文献影像技术标准化技术委员会是我国从事文献影像技术标准化工作的专业标准化组织，成立于1987年，原名为全国缩微摄影技术标准化技术委员会，1999年改为现名。国家图书馆是全国文献影像技术标准化技术委员会秘书处挂靠单位，受国家标准化管理委员会的委托，负责全国文献影像技术标准化技术委员会日常工作。

【举办文档异质备份和内容管理技术及应用培训班】

10月26日至10月28日，中国文献影像技术协会教育培训工作委员会、全国文献影像技术标准化技术委员会在福建省厦门市举办“文档异质备份和内容管理技术及应用”培训班。聘请北京汉龙实业公司、IBM公司、福州福昕软件开发有限公司等业内资深专家授课。授课内容包括：档案、图书资源的异质保存和保护利用；内容管理技术及应用以及PDF在图书馆、档案领域的数字权限管理。来自全国各地、各系统的档案局馆、图书馆、高等院校、科研单位、高科技企业等30余个单位的40多位学员参加了培训班。

【全国图书馆标准化技术委员会工作渐入正轨】

国家标准化管理委员会2007年批准筹建全国图书馆标准化技术委员会（简称“图标委”），2008年正式成立。图标委编号为SAC/TC389，英文名称为National Technical Committee 389 on Library of Standardization Administration of China。第一届图标委委员由我国图书馆业界、学界及相关科研机构和产业单位的37名专家组成。詹福瑞任主任委员，陈传夫、陈力、倪晓健、王世伟、袁海波、张晓林任副主任委员，索传军任委员兼秘书长，代根兴、王明亮任委员兼副秘书长。秘书处承担单位为国家图书馆。

图标委主要负责图书馆管理、服务，图书馆古籍善本的收藏、定级、维修、保护，图书馆环境等领域的标准化工作。与国际标准化组织信息及文献工作技术委员会（ISO/TC46）相关联。图标委成立三年来，工作已渐入正轨。现已有立项、归口管理国家标准项目9项，其中一项已通过国家标准审查，等待国标委正式批复。其余8项正在研制过程中。

图标委现有国家标准项目有：《公共图书馆服务规范》、《古籍保护》、《图书馆古籍特藏书库基本要求》、《图书馆机读规范》、《图书馆机读目录》。图标委2010年立项国家标准项目有《图书馆馆藏视频资源数据加工标准》、《图书馆馆藏图像资源数据加工标准》、《图书馆馆藏文本资源数据加工标准》、《图书馆馆藏音频资源数据加工标准》，以上标准项目目前正在开展研制的准备阶段。

【国家标准宣贯培训班开班】

7月26日至28日，中国文献影像技术协会、全国文献影像技术标准化技术委员会在河北省承德市举办GB/T 1.1—2009《标准化工作导则　第1部分：标准的结构和编写规则》、GB/T 20000.2—2009《标准化工作指南　第2部分：采用国际标准》国家标准宣贯培训班。中国文献影像技术协会、全国文献影像技术标准化技术委员会秘书长李健主持开班仪式，国家标准化管理委员会原国家标准审查部主任、标准化专家周思源授课。参加培训的有中国文献影像技术协会和全国文献影像技术标准化技术委员会的成员，国家知识产权局、国土资源部、全国地质资料馆等单位从事标准化工作的人员共计80人。

【“联合国与中国讲坛”开坛】

3月21日，由国家图书馆与中国联合国协会共同主办的“联合国与中国讲坛”在国家图书馆学津堂正式开坛。联合国原副秘书长、中国联合国协会会长陈健担任开坛主讲嘉宾，并发表题为“联合国与中国”的演讲。国家图书馆副馆长张志清主持开坛仪式。“联合国与中国讲坛”的创办，旨在搭建公众与专家学者及外交官之间沟通的平台，普及联合国知识与国际知识，促进公众对联合国组织及其活动的了解、研究和宣传，增进广大公众对国际问题的了解与认知，拉近公众与国际大事的距离，为建设学习型社会服务。“联合国与中国讲坛”邀请国内外的知名国际问题专家、外交官及政府领导等担任主讲嘉宾。讲座内容涉及联合国、国际政治、国际关系、中国外交、外事管理等方面，每月一期，2010 年共举办 10 期。

【全国公共图书馆讲座联盟正式成立】

12 月 16 日，全国公共图书馆讲座联盟工作专题研讨会在国家图书馆召开，全国公共图书馆讲座联盟成立以及讲座联盟网站正式开通。来自国家图书馆、全国各省、自治区、直辖市和副省级城市公共图书馆负责人及相关人员参加了会议。全国公共图书馆讲座联盟由国家图书馆牵头成立，截至 2010 年底共有成员馆 66 家。其日常办事机构总秘书处设在国家图书馆，并由国家图书馆建立全国公共图书馆讲座信息交流网站和软硬件平台支撑环境，供全国各图书馆独立建立、管理、发布讲座信息和专家资源。各会员馆成立联络处，并设有专人担任联盟分部联络员，负责联盟内日常事务的处理和信息发布。截至 2010 年 12 月全国公共图书馆讲座资源数据库成功上传讲座题录和主讲人数据16657条，供成员馆免费使用。

【筹建全国图书馆信息服务无障碍联盟】

依托中国盲人数字图书馆网站，号召业界同仁积极创造条件，共同推进残障人士文化事业的可持续发展步伐，国家图书馆于2010年策划并在长春召开了全国图书馆信息服务无障碍联盟预备会议，并在同届中国图书馆学会年会上承办了信息无障碍分会场。来自中残联信息中心、特殊教育学院和全国各地图书馆馆长等共 120 名代表，对图书馆信息服务无障碍工作的现状、建设目标、标准建设、技术实现和服务模式等进行了交流与探讨。41 家图书馆馆长当场签约正式加入“全国图书馆信息服务无障碍联盟”。年会闭幕式上，《全国图书馆信息服务无障碍联盟倡议书》得到了全体与会代表的一致认同。会议结束后，陆续有全国各地图书馆同仁询问签约事宜并表达了加入联盟的意愿。

【首期《中图法》第五版及《中分表》培训班在京举办】

8 月 23 日至 27 日，国家图书馆举办首期《中图法》第五版及《中分表》培训班，由国家图书馆研究馆员卜书庆主讲。共有来自全国图书馆界的 156 名学

首期《中图法》第五版及《中分表》培训班开班

员参加培训。此次培训是《中图法》第五版正式发布后举办的首期培训班，同时也拉开了国家图书馆面向全国图书馆界针对《中图法》第五版内容进行业务指导的序幕。9月至11月，国家图书馆先后与大连市图书馆、陕西省图书馆、桂林市图书馆、辽宁省图书馆等单位合作，开办《中图法》第五版及《中分表》培训班，参加培训的学员累计达766人。

【国家图书馆培训中心申请成为文化行业职业技能鉴定定点培训机构】

3月，国家图书馆培训中心（暨首都联合职工大学国家图书馆分校）启动了“文化行业职业资格定点培训机构”及“行业特有职业技能鉴定站”的申请工作。进行此项工作的目的是适应国家图书馆的建设和发展，履行为社会文化建设和经济发展提供智力支持的职能，满足相关行业对文化职业从业资格认证的需求。4月20日，培训中心向文化部职业技能鉴定指导中心提出文化行业职业资格定点培训机构的申请，6月得到了文化部职业技能鉴定指导中心的原则同意，目前处于正式下文及挂牌阶段。同时，向北京市文化局提交了“行业特有职业技能鉴定站备案申请”，申请“图书资料馆员”、“古籍馆员”及“文献修复师”等三项定点培训和鉴定资质，7月20日申请获批。国家图书馆培训中心正式成为文化行业进行“图书资料馆员”、“古籍馆员”及“文献修复师”等职业的定点培训机构，具备了相关鉴定资质。

张志清副馆长为讲解员培训班学员授课

【举办讲解员培训班】

为建立国家图书馆专业讲解员队伍，提高讲解员业务水平，国家图书馆于11月15日至12月2日举办讲解员培训班。培训班由业务管理处主办，文化教育部承办，邀请了国家图书馆副馆长张志清、国家博物馆研究员齐吉祥、首都博物馆社会教育部主任杨丹丹、国家图书馆计算机与信息网络部副主任邢军、国家博物馆社会教育宣传部副主任孙丽梅、中国人民大学历史系、国学院副教授孟宪实等专家，对学员从讲解礼仪与技巧、讲解词写作、国家图书馆馆藏特色等方面进行培训。培训班共计10期，有72名学员培训合格，获得“国家图书馆讲解员证书”。

【首都联合职工大学国家图书馆分校 2010 级新生入学】

2 月 28 日，首都联合职工大学国家图书馆分校举行“文物鉴定与修复（古籍鉴定与修复方向）”专业 2010 级新生开学典礼。2010 级录取新生共 52 人，至此共有两届 110 人在校学习。学生在校学习期间要完成包括中国文化史、古籍版本鉴定、古籍修复、文物保护技术等十余门专业课程的学习，毕业后可获得成人大专学历。首都联合职工大学国家图书馆分校旨在培养与社会主义经济建设相适应、懂得古典文献学及古籍鉴定与修复的基本理论和方法、懂得行业政策与法规、基本掌握一门外语、具有从事古籍鉴定与修复基本能力的专业技能型从业人员。

首都联合职工大学国家图书馆分校举行“文物鉴定与修复（古籍鉴定与修复方向）”专业 2010 级新生开学典礼

【举办全国公共图书馆讲座工作展】

12 月 15 日，“全国公共图书馆讲座工作展”在国家图书馆开展。展览共展出 101 块展板。包括国家图书馆在内的 61 家图书馆积极参与展览，提供图片与文字资料。展览按照华北、东北、华东、中南、西南、西北的行政区划顺序进行排列，旨在展示全国图书馆讲座联盟成员馆讲座工作开展情况及讲座工作成果。此次展览采取文字介绍、图片展示相结合的方式，务求准确、直观展示各成员馆讲座工作。

馆藏珍品

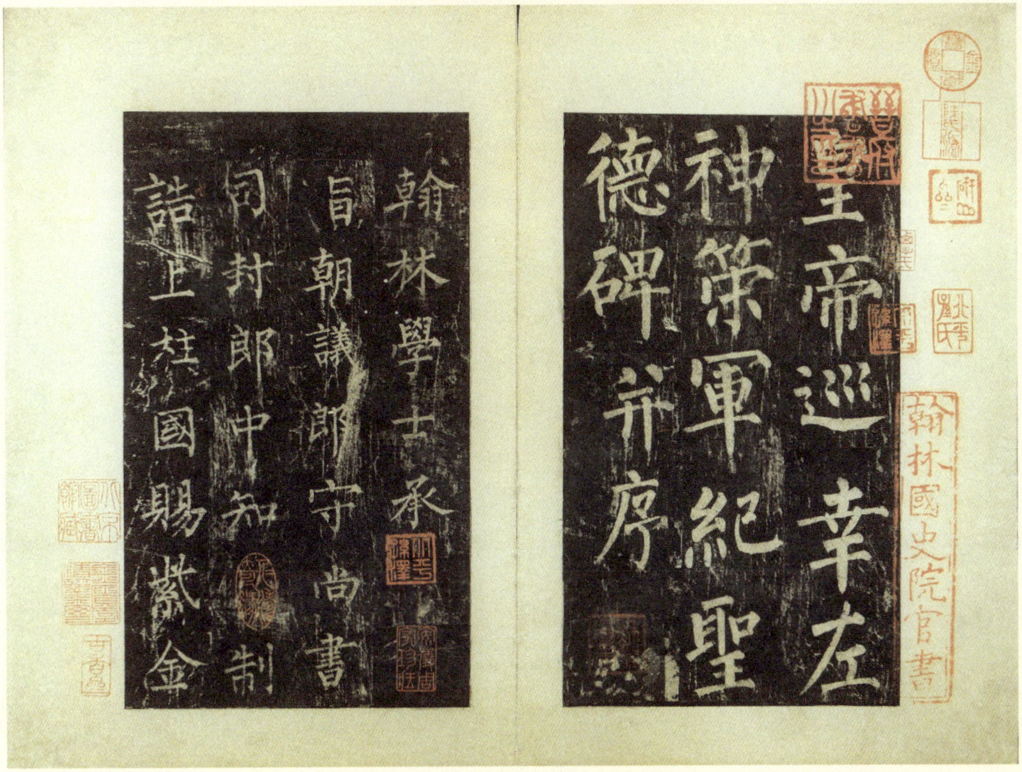
皇帝巡幸左神策軍紀聖德碑并序

翰林學士承旨朝議郎守尚書司封郎中知制誥上柱國賜紫金

神策军碑

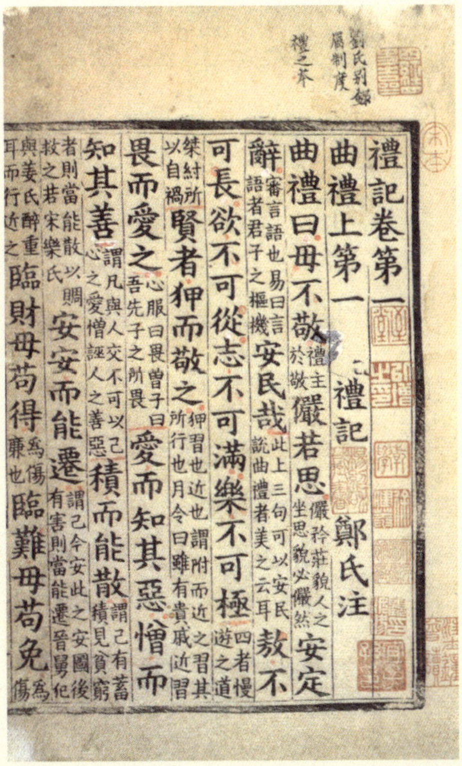
禮記卷第一　鄭氏注

曲禮上第一　禮記

曲禮曰毋不敬儼若思安定辭安民哉敖不可長欲不可從志不可滿樂不可極賢者狎而敬之畏而愛之愛而知其惡憎而知其善積而能散安安而能遷臨財毋苟得臨難毋苟免

宋刊本《礼记》

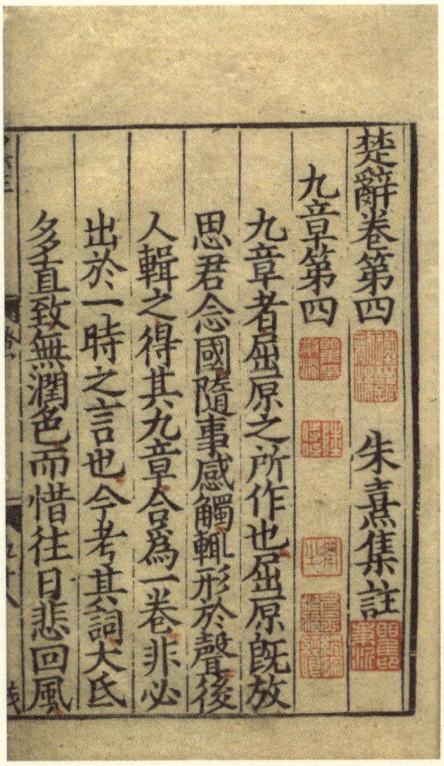
楚辭卷第四　朱熹集註

九章第四

九章者屈原之所作也屈原既放思君念國隨事感觸輒形於聲後人輯之得其九章合為一卷非必出於一時之言也今考其詞大氐多直致無潤色而惜往日悲回風

宋端平刻本《楚辞集注》

国家数字图书馆建设

- 国家数字图书馆工程立项
- 国家数字图书馆工程建设进展
- 国家数字图书馆推广工程
- 年度掠影

国家数字图书馆建设

国家图书馆二期工程暨国家数字图书馆工程是国家“十五”重点文化建设项目，总投资12.23亿元，其中二期新馆投资7.3222亿元，国家数字图书馆工程投资4.907亿元。新馆建筑面积80538平方米，设有读者座位2900个。本着“边建设、边服务”的原则，自2008年国家图书馆二期新馆建成开放起，国家数字图书馆工程的阶段性建设成果就逐步面向社会提供服务。

2010年度国家数字图书馆资源建设成果持续增长，服务方式和手段不断增多，已经初步建立起数字图书馆服务网络，国家数字图书馆的公共文化服务水平得到了较大提升。

在学习型社会的创建工作中，数字图书馆工程建设面对人民群众日益增长的精神文化需求，站在“四位一体”发展战略的高度，充分利用科学技术，不断提高公共文化服务能力和水平，通过构建全国数字阅读服务网络，推进国家数字图书馆建设成果的全民共享，以实际行动促进学习型社会建设。

国家数字图书馆工程积极致力于建立公共文化服务体系，按照体现公益性、基本性、均等性、便利性的要求，重点推进文化惠民工程，加强公共文化基础设施建设，促进基本公共文化服务均等化。在积极开展工程建设的同时还不断深入研究人民群众对文化建设的新要求和新期待，深入研究文化发展的特点和规律，努力提高推动文化科学发展能力。

一、 国家数字图书馆工程立项

国家图书馆自1995年起开始跟踪国际上数字图书馆的研发进展。1996年在北京召开的第62届国际图联（IFLA）大会上，设立专题讨论了数字图书馆问题，正式提出数字图书馆概念，由此国内图书馆界开始了有关数字图书馆的研究工作。1997年7月，“中国试验型数字式图书馆项目”由文化部向国家计委立项，由国家图书馆、上海图书馆等6家公共图书馆参与。1998年10月，文化部与国家图书馆启动了中国国家数字图书馆工程，标志着中国数字图书馆工程进入实质性操作阶段。工程旨在建设超大规模的优质中文信息资源库群，并通过国家高速宽带网向全国及全球提供服务，最终形成世界上最全面、最系统的网上中文信息基地和服务中心。1999年初，国家图书馆完成“数字图书馆试验演示系统”的开发。同年3月，国家图书馆文献数字化中心成立，扫描年产量3000万页以上。2001年11月，国家图书馆二期工程暨国家数字图书馆工程完成立项。2003年1

月27日，原国家计委批准《国家图书馆二期工程暨国家数字图书馆工程可行性研究报告》。

国家发展与改革委员会在2005年10月批复由国家图书馆承担国家数字图书馆工程的建设工作，正式拉开了国家数字图书馆工程的建设序幕。作为国家信息基础设施的重要组成部分，国家数字图书馆工程通过合理的设计和整合硬件、软件、资源，不仅能够改变我国文化信息资源保存、管理、传播、服务的传统方法和手段，更可以把中华民族优秀文化的精粹展现给全世界。

二、国家数字图书馆工程建设进展

2010年度，国家数字图书馆工程建设稳步推进，并取得了显著成就。首先，落实了各项业务标准、技术标准和管理标准的建设，为信息化时代的公共文化服务体系建设奠定了基础。随着多个数图工程子项目的建设、实施和投入使用，充实了机房、网络、存储等硬件基础设施建设，极大地提高了国家图书馆读者服务水平和服务能力。其次，清晰了业务流程，提高了馆员的办公效率，给馆内工作带来了极大的便利；扩大了读者服务范围，提供了更加多样化、智能化、人性化的服务内容。

最重要的是，国家数字图书馆工程整体架构设计和应用系统平台建设过程中，充分考虑了与其他数字图书馆系统之间的兼容性、互操作性和开放性，所建的应用系统和相关成果能够在其他图书馆复用，从而为国家数字图书馆工程的推广，以及全国数字图书馆的共建共享提供支撑，将会进一步带动我国数字图书馆事业的发展。

国家数字图书馆依据数字资源生产、组织、保存以及发布服务的生命周期构建了国家数字图书馆总体架构。其中标准、技术、资源、服务是国家数字图书馆总体设计的4个重要方向，它们构成了国家数字图书馆的有机整体。

（一）标准规范建设

标准规范的建设及一系列创新项目和服务的应用，进一步强化了国家图书馆在业界的引领作用，使国家图书馆始终在技术、服务上走在中国图书馆领域的最前沿。

截至2010年，已经完成标准规范17个子项目的研制、验收与结项工作。其中，“汉字属性字典”、“古籍用字规范”、“生僻字、避讳字处理规范”、“中文文献全文版式还原与全文输入XML规范”、“国家图书馆数字资源唯一标识符规范”、“数字资源统计标准”、“国家图书馆管理元数据标准”7个项目的成果均已于2010年9月由国家图书馆出版社出版。

这些标准规范的出版，为其他图书馆、数字图书馆建设及相关行业数字资源建设与服务提供了建设规范依据，对于提高我国数字图书馆建设标准化水平，促进数字资源与服务的共建共享具有重要意义。这些标准规范已经向全国50余个省市级图书馆和相关研究机构进行发放，反响较好。

（二）基础设施建设

依托国家数字图书馆工程建设，国家图书馆的软硬件基础设施条件得到了极大的改善。主机房、网络系统、网络安全、磁盘阵列、磁带库、无线网络系统、馆内读者用机、OPAC查询用机、自动化系统扩充、网站管理集群等一批软硬件项目均已部署完成，为国家数字图书馆深化服务、实现资源共享、整合资源提供了最重要的技术保障。目前已建立了万兆光纤骨干网络，实现了主干万兆、桌面千兆的高速网络连接。数据传输能力比原有10兆网络提高了上百倍。互联网接入能力2010年度实现进一步扩充，达到300兆带宽，能够更好地满足数字图书馆各项业务和服务需要。

1. 存储系统建设

国家数字图书馆，采用先进的存储技术，设计网络化的存储架构体系，创建适合的海量集中存储、备份系统。该系统主要采用三级存储机制，把利用率最高的资源放在速度最快的存储体中，把利用率较低的资源放在第二级的存储体中，把需要保存的资源放在第三级的存储介质中，解决了面向海量数字资源的调度、备份、服务、存储、保存等问题。

2010年度，完成340T磁盘阵列建设，完成340T磁带库建设，企业级存储网络系统投入使用。存储管理系统采用分级存储的方式以提高性价比，为适应海量数据服务的要求，该存储网络系统将具备负载均衡能力和一定的数据处理能力，同时在存储技术结构上具有良好的扩充能力。

2. 机房及网络建设

（1）机房建设

软硬件基础设施的建设极大地提高了国家图书馆的服务水平和服务能力。目前北区新馆计算机机房总面积约为1750平方米，实现双路供电不间断，所有计算机设备均可以实现远程管理，具备先进的环境监控系统并支持手机报警，使用电磁屏蔽技术确保信息安全，为网络设备、存储及应用系统服务器提供了理想的物理环境。

（2）有线网络建设

采用了国际先进标准和技术，选用了高端网络产品，建立了万兆光纤骨干网络，实现了主干万兆、桌面千兆的高速网络连接。数据传输能力比原有10兆网络提高了上百倍，完全能够满足数字图书馆各项业务和服务需要。同时，利用动态路由检测、虚拟冗余网关等技术保障网络的高可用性。

采用国际先进标准和技术建设数字图书馆有线网络基础设施，保证了外网公众用户和各高等院校、科研机构及政府机构高效、稳定地获取数字图书馆海量信息资源，大幅度改善了互联网用户访问效果。为国家图书馆深化网络服务，实现资源整合和资源共享提供最为重要的基础技术保障。

（3）无线网络建设

作为数字图书馆重要子项目之一，无线网系统已正式上线并面向公众提供免费服务。完成总馆南区、总馆北区和文津街馆区的全面覆盖，覆盖面积超过十万平米。与国家图书馆一卡通金融系统进行无缝对接，实现了持卡读者无需另行申请开户，直接使用。读者可在馆区任何一处登录，免费访问局域网资源、外购数据库资源及互联网资源。漫游功能保证从一个无线覆盖区域移动到另一个区域时，网络始终正常连接而不中断。

系统在建设过程中充分考虑到国家安全标准和用户易用性，兼容国际WiFi体系与国家WAPI标准双协议。采用访客隔离机制和增强的加密算法保障上网用户终端的信息安全。新无线系统不仅支持笔记本电脑无线上网，同样适用于大多数带有WiFi功能的手持终端如iPhone、Android等智能手机。无线网服务的开通拓宽了国家图书馆数字资源的服务手段，使读者随时随地享受数字资源服务，获得全新的服务体验。

目前系统总用户数已超过一万人，每天上线人数近500人次。特别是系统实行免费服务之后，受到了广大读者的普遍欢迎，访问人数呈迅速增长之势。

（4）网络安全建设

在网络安全建设上，利用现代化网络安全设备，制定详细、科学的网络安全策略，保证重点应用系统的系统安全和数据安全。通过大规模部署卡巴斯基防病毒系统和北信源桌面管理软件，全面提高了国家图书馆2000余台计算机终端对病毒和恶意软件的防范能力，每月查杀病毒数千个（2010年11月统计数据显示查杀记录为3766次），各个部门的计算机感染病毒比例明显下降。根据国家图书馆需求进行定制开发和部署的上网行为管理系统，实现了对清华同方、万方期刊、ACS、Science Direct等网络资源恶意下载的控制。系统部署后，未出现数据库商封锁国家图书馆IP使用权的问题。截至2010年11月，平均每日阻塞非法下载1216篇。网络安全项目与2008年完成的基础网络建设共同构成了数图工程高效、稳定、安全的基础网络运行环境，是“十二五”工作顺利开展的有效保证。

（三）数字资源建设

1. 数字资源建设情况

国家图书馆在“十一五”发展规划中，将“全面采集各种载体的文献信息资源，建设文献信息资源保存与提供基地。文献信息资源获取能力进一步提高，文献信息资源控制能力进一步增强”作为6个发展目标之一。

2007至2010年数字资源建设与发布情况

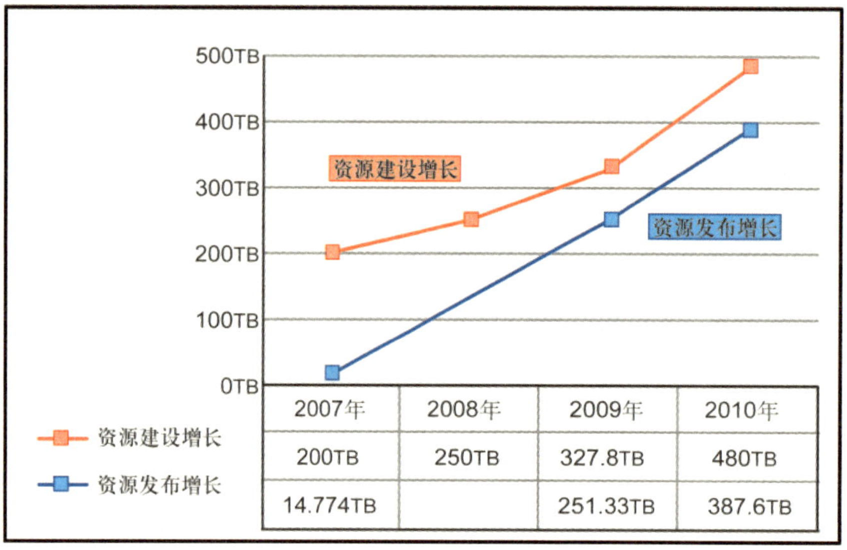

	2007年	2008年	2009年	2010年
资源建设增长	200TB	250TB	327.8TB	480TB
资源发布增长	14.774TB		251.33TB	387.6TB

国家图书馆通过对外采购、数字化和网络采集等多种途径进行数字资源建设，截至2010年底，国家图书馆数字资源累计已超过480TB。2010年完成音像和电子出版物编目10775种，19043盘，制作数据11041条，数据制作数量比去年同期提高3.74%。截至2010年底，国家图书馆音像和电子出版物书目数据达到149815条。

（1）外购资源方面，截至2010年底，外购数据库共计219个，其中中文数据库105个，与2009年相比，总量增加22.09%，并首次引进少儿类数字资源11个；外文数据库114个。具体包括：中文期刊全文1.9万余种，外文期刊全文2.7万种；中文图书全文40.3万种，外文图书全文47.2万种；中文报纸全文1550种，外文报纸全文1507种；中文学位论文全文242.3万篇，外文学位论文全文24万篇；中文会议论文全文238万篇，外文会议论文全文6279篇；中文工具书和年鉴6397册，外文工具书和年鉴240册；音频资料50万首；视频资料2.4万小时。2010年，国家图书馆接受缴送音像资料10452种17214盘，比2009年缴送量上升22.6%；受缴电子出版物4210种6686盘，比2009年缴送量上升30.8%。购买音像资料1900种6235盘，接受赠送音像资料17种77盘，与2009年持平；接受电子出版物赠送8种14盘，比2009上升60%。

（2）数字化资源方面，截至2010年底，馆藏特色资源数字化总量达388TB。其中：①中文现代文献：电子图书46.3万种，46.3万册，博士论文19.3万种，音频资料51.6万首，视频资料6.2万小时等。②民国时期文献：民国图书1.92万种，民国期刊4515种，民国法律1.1万件；年画607种，734幅等。③中文古籍文献：甲骨实物影像6575种，1.1万幅；甲骨拓片影像5773种，6990幅；敦煌写卷书目数据1.6万条，全文影像5.42万拍；石刻拓片影像2.4万种，2.9万幅；地方志全文影像6868种，334万叶；地方志全文文本2000种，西夏文献全文影像124种，西夏论著全文影像1202种；善本老照片7264种，7328幅；永乐大典164册，宋人文集513种，海外回归古籍善本10810种，中国古代典籍1084种等。

2010年，国家图书馆自建数字资源项目共计21项，总建设容量达176.13TB，与2009年相比，增长67.41%；成品光盘入库99481张，与2009年相比，增长79.09%，资源内容包括文献126852种/册、讲座培训508场/部。根据资源内容和性质，2010年国家图书馆自建数字资源包括四大类：①普通文献。中文图书数字化项目完成中文图书数字化45944册。基藏本缺书补藏项目完成保存本中文图书数字化20314册。“盲人数字图书馆”中文图书全文识别转换项目完成中文图书全文识别转换487册。少儿数字图书馆完成中文图书及连环画数字化1101册。2010年文津图书奖（第六届）共完成文津图书奖中文图书数字化717册。2010年民国图书项目共完成民国图书数字化3896种3997册。②古籍善本。完成2006年地方志全文影像的PDF光盘验收和入库，数量为1408种；截至2010年底，宋人文集缩微胶片数字化项目共完成宋人文集数字化415种1969册；2010年度哈佛燕京古籍数字化项目共完成中文古籍数字化4094册。③特色资源。博士论文数字化项目完成博士论文数字化43056册；傅雷手稿数字化项目共计数字化傅雷手稿31种；展览素材保存项目对与展览相关的文档、图像、视频等进行集中保存，共保存展览2场，培训平台课件制作68场；“掌上国图”公开版权资源建设项目建设公版图书2049册；外文藏书票数字化项目数字化藏书票301幅。④音视频资源。完成业务培训和讲座数字化制作43场，重大活动视频资料数字化制作52场，学术讲座摄编及资料数字化制作项目共拍摄视频151场。

（3）网络资源方面，截至2010年12月31日，网络信息资源采集项目建设数据18.24TB，其中政府网站13.21TB，占总量的72.42%；59个专题，数据5.03TB，占总量的27.58%。2010年新增政府网站数据0.7TB，新增专题6个，数据量5.03TB。

2.数字资源征集

为联合全国图书馆界共建国家数字图书馆，2010年5月起，国家图书馆启动了面向全国省级图书馆、数字图书馆联席会议成员单位以及国家数字图书馆分馆的数字资源征集项目，大规模征集各馆享有自有版权或可转授版权的数字资源，获得了各地图书馆的热切响应和积极参与。全国36个图书馆申报了142种数字资源，涵盖了民国文献、家谱、老照片、地方志、视频资料、动漫素材、馆藏特色资源等多个主题。最终将34家图书馆的90种资源纳入此次征集范围，预计资源总量累计将达20TB。

截至2010年11月底，国家图书馆已与征集馆签署合同79份，支付30家图书馆70个资源包的首付款1233.972万元；接收14家图书馆29个资源包的数据提交，并完成了形式审核，存储量超过4TB。数字资源征集工作开创了图书馆资源共建共享的新模式。

在严格遵守国家相关法律法规的前提下，国家图书馆积极探索解决数字资源建设中知识产权问题的各种可行办法：2009年启动“国家数字图书馆中文图书公益性网络阅读项目”，向国内正式出版机构征集与中文图书公益性网络阅读相关的权利，至2010年2月已经获得11家出版社共计11851册图书的正式授权；2008年启动了“国家图书馆公有领域图书目录征集项目”，项目一期筛选完成10000余条公有领域图书目录，项目二期在2010年底前筛选完成约3万条数据；2005年启动的“国家图书馆文津图书奖”评选工作至今已举办六届，通过与出版社、作者等权利人签署授权合同，获得了639种中文图书的信息网络传播权许可。

2010年7月，国家图书馆启动“以法定许可方式征集中文图书网络传播权”项目，首次尝试利用《信息网络传播权保护条例》第九条的规定，在媒体上将6000种中文图书进行公告，拟将这部分图书通过“县级数字图书馆推广计划”，以硬盘封装的方式免费推送至农村地区的县级图书馆，为农村和基层群众提供数字图书馆服务。目前公告已经结束，发布工作即将展开。

3.数字资源发布概况

2006至2010年每年资源的发布情况对比

	发布种数（种）	发布页数（万页）	发布容量（G）
2006	10356	0	0
2007	17237	694	305
2008	315157	7770	3110.1
2009	113905	3252	1950
2010	152608	3386	2144.9
总量	609263	15102	7510

国家图书馆数字资源发布方式主要包括如下3种：馆域网发布服务、互联网发布服务和互联网远程授权访问服务。总量480TB的数字资源中，约80.8%（387.6TB）的资源内容实现了发布，其中48.8%（234.1TB）实现了馆域网发布，32%（153.6TB）实现了互联网发布。此外，接受呈缴的实体光盘资源实现馆内借阅使用。

(1)呈缴数字资源发布情况

国家图书馆接受呈缴的实体光盘资源，全部可以实现馆内借阅使用；51种接受呈缴的电子报纸，其中37种实现馆域网发布，存储量为1.47TB，占全部接受呈缴电子报纸存储量的49%。

(2)外购数据库资源发布情况

目前购买的219个数据库均已在国家图书馆馆域网内发布，其中实现馆域网服务的数据库为68个（其中中文59个，外文9个），占全部外购数据库的31.1%，可实现互联网远程授权访问服务的数据库为151个（其中中文46个，外文105个），占全部外购数据库的68.9%。

(3)馆藏特色数字化资源发布情况

截至2010年底，已发布的馆藏特色数字化资源包括中文现代文献（电子图书、博士论文、音频资料等）208.4TB，民国时期文献（民国图书、民国期刊、民国法律、年画等）0.4TB，中文古籍文献（甲骨实物影像、甲骨拓片影像、拓片、地方志等）约100.5TB。

(4)网络导航资源发布情况

网络导航数据采取建设即发布的方式，并保持定期更新维护，全部实现了互联网的发布。

(5)网络采集资源发布情况

网络资源采集发布资源的存储量为5.87TB，占全部网络资源采集存储量的32.6%，其中实现馆域网发布的为315种电子报纸，存储量为2.1TB，占网络采集资源总存储量的11.7%，实现互联网发布的为25个专题信息库，存储量为3.77TB，占网络采集资源总存储量的20.9%。

（四）服务应用系统建设

国家数字图书馆应用系统建设在整体架构设计上充分考虑了与其他各数字图书馆系统之间的兼容性、可互操作性和开放性，所建的应用系统和相关成果能够在其他图书馆复用，从而为全国数字图书馆建设的共建共享提供服务支持，带动全国数字图书馆事业的发展。

2010年，办公自动化系统、全国联合编目系统、学位论文呈缴系统、一卡通系统、虚拟现实系统、电子阅览室管理系统、馆际互借与文献传递系统、快速印刷系统、电子报触摸屏、盲人数字图书馆、虚拟参考咨询、文教培训、视频会议等项目已投入使用。

国家数字图书馆正式开通后，国家图书馆提供了一系列的创新服务项目并得到了读者的广泛好评。国家图书馆读者访问数量大幅度增加，2010年12月互联网点击量7006万。

1.建设办公自动化系统（OA），提高整体办公效率

由于原有的办公自动化系统已不能满足馆内办公和协同工作的需要，国家数字图书馆工程重新开发了全新的办公自动化系统，并于12月1日顺利上线。新

的办公自动化系统扩大了办公范围，让全馆所有员工都有权限、有机会使用、利用和交流，快速了解国家图书馆的各种规章制度、服务政策和各种培训信息等。同时该系统为国家图书馆各级领导提供了一个方便有效的事件跟踪和监督手段，实现了全馆移动办公、资源共享、高效协同的事务处理机制，提高了国家图书馆的办公效率。

2.建设读者管理系统，全面扩大服务范围

为保证读者访问不同应用系统时的便利性，开通了国家图书馆读者管理系统，对读者身份信息进行统一的管理和认证，读者可以方便地在网络上完成登记注册。该系统在国家数字图书馆推广工程中承担着重要作用，依靠该系统已经实现了国家图书馆与厦门图书馆、浙江图书馆的用户双向认证和资源整合，有效扩大了国家图书馆的服务范围。自2008年9月至2010年11月，有18个资源系统在该系统上整合并提供给读者服务。从该系统上线实施开始，每天均有大约260人次通过网络自行注册为国图网上用户，每天的访问点击量达到2800次。截止到2010年11月，国家图书馆注册读者人数达到126万。

3.建设文教培训平台，满足文化教育需求

为满足文化教育工作和学员继续教育的要求，国家数字图书馆工程启动了文化教育培训管理平台系统建设项目，建立起针对社会公众、馆内学员以及图书馆业界的文化教育培训管理平台，并整合目前国图培训中心及首都联合职工大学国图分校各项工作的流程及业务内容，实现培训工作在一个统一的业务平台上完成，提高工作效率，增进培训水平。

4.利用全国联合编目系统，实现书目数据资源共建共享

鉴于国家图书馆及各个成员图书馆普遍存在编目成本高、编目工作质量难以控制、大规模书目数据资源重复建设等问题，国家图书馆基于Aleph500系统进行开发的新一代联合编目系统与国家图书馆的编目模块紧密结合，在国家图书馆714万条书目数据以及60万条旧联合编目系统的数据的基础上进行灌装和索引抽取，形成一个全国性的图书联合目录，能够实现全国书目数据资源的共建共享，实现图书馆之间、跨系统甚至跨行业的信息资源共建共享。

5.利用视频会议系统，满足馆内外交流需求

国家数字图书馆工程建立了一套全方位的语音、图像和数据交互视频会议系统，具备同时召开大型数字高清会议和分组数字高清会议的功能，能够满足国家图书馆对馆内外远程会议、培训、业务交流方面日益增长的需求，提高了交流与合作的效率，并已在对数图分馆的会议、讲座直播等方面发挥了作用。

6.利用电子阅览室系统，满足读者人性化需求

国家图书馆电子阅览室管理系统是为图书馆电子阅览室管理专门定制的软件，该系统有别于社会网吧使用的以收费经营、计时管理为主要目的的管理软件，具有高效先进的特点。该电子阅览室管理系统的管理对象主要是图书馆电子阅览室读者用机，其作用主要在国家图书馆电子阅览室免收互联网接入费的政策下，保证电子阅览室读者用户享受数字资源服务的公平性、人性化和电子阅览室管控的高效性。

国家图书馆电子阅览室管理系统在开发时在以下方面兼顾了系统的通用性和可移植性，为电子阅览室管理系统在数字图书馆推广工程和“公共电子阅览室”中使用奠定了基础。

7.移动服务

早在2000年，移动通信技术发展较快的日本和欧洲就率先推出图书馆移动服务。2003年至2005年，中国的北京理工大学图书馆和上海图书馆相继推出了短信服务。国家图书馆随之于2007年初建立了国家图书馆读者短信服务系统，开始了国家图书馆的移动服务建设进程。

截至2010年，4年时间内，国家图书馆已初步建成了以资源和服务内容为基础，以手机、手持阅读器、平板电脑移动终端为媒介，以WAP网站、手机客户端、应用程序商店、个性化图书资源、在线咨询为服务形式的移动服务体系，读者可以随时随地查询图书借阅信息、读者服务信息、讲座展览信息，随时随地检索国图书目、博士论文信息，随时随地在线或离线全文阅览一些图书、馆藏老照片、国家图书馆讲座视频等资源。国家图书馆的移动服务发展速度在国内外是极快的，其丰富的服务形式更是国内外领先的。尤其是在移动服务建设工作中打破了图书馆固有模式，以合作模式突破了图书馆服务的无形围墙，在国内首创利用中国移动阅读平台、中国网络电视台等大众媒体渠道发布资源及信息。国图的移动服务工作以不同的移动终端拓展了读者访问渠道，同时借助其他媒体发布渠道扩大了图书馆读者服务范围，将国家图书馆优质的资源和服务推向了更广阔的空间。

短信服务自2007年推出之后，为方便不同地区、不同运营商的用户都能使用国图读者服务，采用了全国统一服务号码。短信发送量为2007年397条，2008年23242条，2009年219832条，2010年169104条。

国图门户网页2008年上线至今，手机门户的访问数呈增长趋势，2008年9月9日到2009年9月8日期间访问数为90185人次，2009年9月9日到2010年9月8日访问数为96860人次，同比增长7.40%；2010年9月9日新版手机门户上线至今，访问数为385759人次，仅仅半年左右时间，比去年一年增长了298.26%。

随着时间的推移，手机门户的用户逐步增多，一方面说明国图手机门户内容逐步丰富，同时也表明使用手机上网的读者越来越多。

移动服务在经历4年的快速发展后，进入稳步发展阶段。在这发展的4年中，国家图书馆不但积累了移动服务开发的经验，同时也在客观审视移动服务中的问题。复杂的移动服务形式，多样的移动终端，海量的用户，个性化的需求，繁复的资源格式，短暂的在线时间，新技术的迅猛发展，这些因素导致移动服务系统版本必须多元化，必须具有很强的适配性，必须具有高并发和极快的响应速度，快速的资源组织和转化能力。移动服务未来发展中，要在大力开发新的移动服务模式和形式的同时，着重解决在三网融合形式下，如何传递、存储、过滤和发布对用户最有用的关键性的信息，如何对新媒体资源进行版权保护，如何通过技术手段解决读者全文阅读的要求，如何解决移动阅读中社科资源较多科技资源较贫乏等一系列在工作中已经遇到的和依据事物发展规律将要遇到的问题。

8.数字电视服务

为拓宽数字图书馆的服务范围，国家图书馆从2007年开始着手在数字电视平台上开展数字图书馆服务。国家图书馆与北京歌华有线电视网络股份有限公司合作，开通了国家图书馆数字电视频道——“国图空间”。“国图空间”是世界上第一个由图书馆制作的专业电视频道，它是国家数字图书馆创新服务方式之一。数字电视服务已经开始在北京部分小区播放高清节目，有线电视用户足不出户，凭借手中的遥控器就可以享受国家图书馆的服务。

该合作项目是通过歌华有线高清交互数字电视平台，实现对国家图书馆馆藏书籍进行在线查询、预约、续借的新应用。用户通过该应用可查询书籍的相关信息，包括版本、馆藏数目、可预约时间等，并根据上述信息预约书目。“国图空间—图书预约”在交互电视平台上真正实现了图书馆传统业务。此外，还可以通过文津讲坛、书刊推荐等子频道，对国家图书馆推送的音视频及图书文字等资源进行选择性观赏。2010年已经开通图书“预约续借”等功能，下一步将在服务北京用户的基础上，实现在大连、青岛和杭州等地的播出。

9.电子触摸屏服务

触摸体验系统是国家图书馆向读者提供的查阅数字资源的新方式，其方便、快捷、人性化的设计受到了读者的欢迎。该系统依托国家图书馆的馆藏资源和各项服务，为读者提供了内容丰富的资源展示。目前，国家图书馆数字资源触摸体验系统展示的内容已经包含馆藏资源、电子报刊、在线讲座、在线展览、服务介绍、文津图书奖、中国政府公开信息整合服务平台等内容。为满足更多读者的使用需求，国家数字图书馆先后采购触摸屏24台（含少儿图书馆4台），全年为到

国家数字图书馆触摸屏系统

馆读者提供服务，并多次接待国内外图书馆界同行、政府机关领导等各界人士的参观、调研。

为进一步提高触屏体验系统的读者使用量，取得更大社会效益，国家图书馆将触屏体验系统向国家数字图书馆各分馆进行了推广。其中山东图书馆分馆、湖北图书馆分馆、陕西图书馆分馆、东莞图书馆分馆、军事科学院分馆、广西桂林图书馆分馆等多家数图分馆已在协助下开通了触摸屏服务。

10.自助办证充值系统

国家图书馆在2009年9月9日百年馆庆时推出了面向读者的完全自助式服务——自助办证充值服务。按规定，凡办卡当天年满16周岁的读者，均可以凭二代身份证在自助办证充值机上办理普通读者卡。不仅如此，读者还可以凭二代身份证或读者卡自助完成增加外借功能、修改借阅密码、验证和充值等操作。

目前，国家图书馆共有5台自助办证充值机，分别放置在北区和南区的人工办证处周边。自助办证充值机在新馆的OPAC大厅已经成为一大亮点，许多国家领导人和兄弟图书馆都对自助办证充值系统进行了参观考察。

截至2010年，共有13万余名读者借助自动办证充值机自助办理了读者卡，自助金融交易将近700万元。其中2009年平均每月办卡量为3000人次，2010年平均每月办卡量7000人次，办卡量呈递增趋势。

11. RFID自助借还书系统

国家图书馆RFID自助借还系统包括：读者自助借还（自动分拣）、24小时室外还书、标签转换、手持点检（架位管理）、安全门禁和馆员工作站。目前在国图使用RFID标签的图书集中在南区中文图书外借室和北区中文图书阅览室，已完成RFID标签图书近120万册。自助借还服务推出后，图书流通量比以前增加了3倍以上。

自助借还服务既提供了保护个人隐私的借阅环境，又方便读者借还书，减少排队等待时间，从而提高书籍的流通量及借书效率，同时也解放图书馆馆员，让馆员拥有更多的时间去帮助更多的读者。24小时自助还书服务的推出，使读者的还书不再受开闭馆时间的限制，为读者提供了很大的方便。应用手持点检（架位管理）系统后，国图实现了馆藏架上查找、图书盘点和架位整理作业的半自动化和智能化，只需要2周时间即可完成外借30万册和阅览室64万册图书盘点工作，而且能够实现本地最新架位信息的及时更新，提高了架位信息的准确性，降低了人工成本。

12. 智能架位导航系统

智能架位导航系统对公共目录查询系统（OPAC）功能进行了扩展。读者通过OPAC查到目标文献后，系统不仅可以清晰地标明目标流通资料的架位信息，还可以通过三维平面图向读者展示流通资料的具体位置，并设计出从读者所在地到目标图书架位的最佳路线。智能架位导航服务通过向读者展示准确的导航路线图、形象立体的书籍布局图，帮助读者快速准确地确定流通资料所在的位置，解决了因馆藏丰富、馆舍面积大、图书分布范围广造成的读者找书难的问题，提高了国家图书馆的读者服务水平。该系统的实施形式，在国内图书馆界尚无先例，其实现技术，在国内图书馆界属于创新式应用。

13. 虚拟参考咨询系统

参考咨询是图书馆读者服务的重要环节，虚拟参考咨询系统是运行在局域网或因特网上的自动化参考咨询管理系统，为读者通过电子邮件、网络表单、虚拟实时咨询等方式提交的涉及图书馆资源、图书馆服务、科技社科相关学科专业知识等不同层次的需求提供咨询服务。读者涉及党政军、重点科研生产建设和教育机构、图书馆同行和一般读者。

14. 读者服务管理系统

至2010年底，有20个资源系统在该系统上整合并提供给读者服务。从该系统上线实施开始，每天均有约260人次通过网络自行注册为国图网上用户，每天的访问点击量达到6500次。此外，通过国家数字图书馆厦门和浙江地区全覆盖工程，使得读者登录读者管理系统后也可以访问厦门馆和浙江馆的资源，目前，此类资源数共计21个。与厦门市图书馆不但成功部署了镜像资源，国家图书馆还通过认证系统“读者管理系统”实现了国家图书馆用户与厦门市图书馆用户的整合，即厦门市有社保卡的用户可以看到国家图书馆购买的资源，国家图书馆有读者卡的用户可以看到厦门市图书馆的资源，并且把厦门馆自建资源共10个子库整合到国图的资源门户中，实现了资源的互通互联、跨库检索、无缝连接。

三、国家数字图书馆推广工程

基于“十二五”规划中要基本建成公共文化服务体系的宏观目标，各级政府对图书馆等公共文化服务设施建设越来越重视，各省图书馆积极开展数字图书馆建设，一些省份的数字图书馆基础设施建设已初具规模，建设了一批凸显地方特色的数字资源和应用系统。但是在数字图书馆建设过程中存在着诸多问题，如数字图书馆基础设施建设缺乏统筹规划；各省市建设标准各异，成为全行业整合的系统障碍；数字资源“孤岛化”和重复建设大量存在，缺乏合作和规模效应；全国缺乏业界数据交换平台，无法实现数据共享；各省市发展不均衡，部分图书馆无法满足基本服务需求等。为了推动全国数字图书馆的建设，提升公共图书馆服务水平，国家图书馆提出在“十二五”期间实施“数字图书馆推广工程”。

在推广工程正式启动之前，国家图书馆已先后通过国家数字图书馆分馆、县级数字图书馆推广等方式开展了一系列准备工作，在与各地方省、市、县级图书馆的合作方面积累了丰富的实践经验和用户基础：“国家数字图书馆分馆”工作强化了省馆的综合保障能力和区域中心职能；“县级数字图书馆推广计划”的实施为国家数字图书馆的推广打下了广泛而坚实的群众基础，而“国家数字图书馆区域全覆盖”的逐步开展，创新了国家数字图书馆区域合作的模式与内容，为全国推广积累了现实需求和实践经验。

（一）国家数字图书馆分馆建设

国家图书馆从2005年开始在全国推广“中国国家数字图书馆地方分馆”建设项目。截至2011年4月，全国共建设了苏州独墅湖实验馆、东莞分馆、天津泰达分馆、吉林分馆、广西分馆、山东分馆、四川分馆、山西分馆、湖北分馆、陕西分馆、云南分馆、广西桂林分馆、军科院分馆、新疆维吾尔自治区分馆、厦门分馆、吉林长春成员馆和澳门科技大学合作馆等17家分馆，覆盖15个地区。

国家图书馆与地方分馆通过数字资源镜像、数字资源远程访问、数字资源共建共享、文化教育领域合作、新媒体服务、联合进行人才培养、开展学术研究与技术合作等方式广泛开展数字图书馆合作。项目自建设以来，共为3家分馆开通资源镜像，17家分馆开通数字资源远程服务，9家分馆开展电子报触摸屏软件复用服务，共举办两期分馆馆员培训班，培训馆员39人。

2010年，国家图书馆继续推进与已有分馆合作共建项目，积极开展讲座、会议直播、展览巡展、馆员培训等项目工作。开通了国家数字图书馆军事科学院分馆、国家数字图书馆新疆分馆、国家数字图书馆厦门分馆。积极推进分馆的视频直播服务，在各个分馆开展7场讲座或会议直播，包括“数字资源的整合与揭示”讲座、“世界读书日”主题讲座等。2010年，国家图书馆继续开展在分馆之间的主题巡展活动，举办了“钱学森生平展”、“中外儿童文学展”、“汉字展”、“凤凰涅槃　阵痛与振兴——中外摄影家看唐山摄影展”等4次巡展活动，受到了来自分馆和基层群众的普遍好评。2010年，国家图书馆积极开展馆员培训与互访，接待了天津泰达图书馆、苏州独墅湖图书馆等多家分馆的馆员来访，共组织11名分馆馆员参加业界培训或安排业务参访；接待贵州省图书馆、江西省图书馆、重庆市图书馆等多家图书馆的来访人员，介绍分馆合作相关事宜，组织业务参访。

国家图书馆今后将逐步建设覆盖全国各主要省市的分馆网络，建成分馆数字资源服务平台，拓展多样化的分馆合作模式，逐步形成分级分布的国家数字图书馆资源和服务格局，实现国家数字图书馆数字资源和服务的全民共享。

（二）国家数字图书馆区域全覆盖

为进一步落实国务院“国家数字图书馆工程要联合各部门和各地区有条件的图书馆参与建设，共同构建分布式的全国数字图书馆总体框架体系”的要求，2010年起国家图书馆加强与各地数字图书馆建设的合作，全面实施国家数字图书馆区域和行业全覆盖工作，推广国家数字图书馆建设成果应用。

1.资源镜像应用系统的优化与建设

2010年初，国家图书馆对资源镜像应用系统进行了优化，提高了数字资源的检索效率，改进了终端阅读器的使用方式，使用户更方便地通过互联网使用镜像数字资源；同时提高了数字资源加密、加水印的效率，优化数字资源镜像部署流程，形成标准化文档，大大缩短了各分馆进行数字资源镜像部署的时间，为今后其他分馆的快速部署打下了良好的基础。先后完成了新疆维吾尔自治区分馆、厦门分馆、黑龙江分馆、澳门科技大学合作馆、北极军营的资源镜像及军事科学院分馆的数据更新、应用系统定制更新工作，累计提供数字资源总量达18TB，其中有电子图书、电子期刊、数字图片、视频讲座等不同类型的数字资源。在新疆分馆的数字资源镜像服务上，针对新疆多民族、多语言的特点，特整合提供了近550种电子图书、12种138期电子期刊的少数民族语言资源，使多民族群众都能共享我国优秀的文化资源；在厦门分馆的资源镜像工作中，第一次实现了国家图书馆与厦门地区用户的双向认证，第一次实现了两馆之间数字资源的无缝跨库链接，为两馆之间的用户提供了便利的数字资源访问通道；针对军事科学院分馆工作人员提出的满足军事专家研究文献的需要，特为其系统开发增加了文献打印功能，极大地提高了军事专家和学者利用文献的效率。

2. 山东省全覆盖

7月12日，国家数字图书馆山东全覆盖工作正式启动，国家图书馆与山东省文化厅签署战略合作协议，在山东率先启动国家数字图书馆区域全覆盖，双方将力争用两年左右的时间使山东省各级公共图书馆和基层服务网点的设施设备达到国家数字图书馆的推广要求，逐步在山东省建成覆盖省、市、县、乡、村五级的数字图书馆服务网络，使山东全省17个市和140个县级公共图书馆都具备数字图书馆服务能力，以推动山东公共文化服务体系建设，提高山东公共文化服务水平。

国家数字图书馆厦门全覆盖启动仪式

3. 厦门市全覆盖

11月26日，国家数字图书馆厦门服务全覆盖工作正式启动，此次与厦门的合作，在我国数字图书馆建设中具有重要的示范意义：一是在全国范围内第一次实现了两地用户的双向认证。国家图书馆专门开发了与厦门市图书馆之间的读者单点登录系统，任何持有厦门社会保障卡的市民，只要注册成为厦门市图书馆的用户，就同时成为国家数字图书馆的用户，可根据授权远程访问国家数字图书馆的资源。而国家图书馆的持证读者也可直接作为厦门市图书馆的用户，按授权在线使用厦门市图书馆的数字资源。二是在全国范围内第一次实现了异地资源库的无缝跨库链接。国家数字图书馆整合了厦门市图书馆的10个地方特色资源库，通过国家数字图书馆平台向全国用户提供服务，对全国公众了解厦门、宣传厦门将起到积极作用。三是大大扩充了厦门市图书馆的数字资源保有量。国家图书馆精心挑选和组织了总量达4TB的数字资源，包括近7万册图书、4万余幅图片、近500场共700余小时的讲座，提供给国家数字图书馆厦门分馆做本地镜像服务。这是国家数字图书馆首次以相互进行读者认证的方式开放资源与服务，是我国数字图书馆建设中一次具有创新意义的合作模式。

4. 其他区域全覆盖工作

2010年，黑龙江省、吉林省的全覆盖准备工作已经基本完成，将在2011年年初陆续启动；浙江省全覆盖工作也在准备过程中；福建省、贵州省等的全覆盖工作方案也正在讨论过程中。

（三）县级数字图书馆推广计划

2010年，国家图书馆和全国文化信息资源共享工程国家中心共同启动了“县级数字图书馆推广计划”，希望通过该计划的实施，逐步建成覆盖全国各省县级公共图书馆和共享工程基层站点的服务网络。2010年2月，“县级数字图书馆推广计划”一期顺利完成。3月，“推广计划”灾区援建行动在四川省北川县启动。6月，为贯彻落实2010年中央新疆工作座谈会精神，推动新疆地区公共文化服务体系建设实现跨越式发展，“县级数字图书馆援疆行动”在新疆乌鲁木齐启动。7月，“县级数字图书馆推广计划”山东省全覆盖仪式在山东省图书馆举行。参见“特别记载·县级数字图书馆推广计划”。

（四）数字图书馆推广工程

在国家数字图书馆分馆和县级数字图书馆推广计划等前期工作的基础上，国家图书馆策划在“十二五”期间进一步加大推广工作力度，实施“数字图书馆推广工程”。

2010年9月8日，国家图书馆组织召开了“数字图书馆推广工程座谈会”，就“推广工程”的建设思路征求全国41家公共图书馆的意见。与会代表纷纷表示，“数字图书馆推广工程”是一项具有开创意义的大工程，对全国公共图书馆具有引领作用，有助于实现全国公共图书馆在数字图书馆建设上的统筹规划与统一协调，必将给全国图书馆事业发展带来新的飞跃。2010年11月11日，文化部组织召开了“国家数字文化建设研讨会”，邀请文化部、财政部和全国部分省市图书馆的相关领导和专家就工程方案进行了周密论证。

“国家数字图书馆推广工程座谈会”召开

根据会议代表和专家提出的意见和建议，国家图书馆对《数字图书馆推广工程建设方案》又进行了修改与完善，形成了工程的主要建设内容，即“一库一网三平台”。建设分布式公共文化资源库群，搭建以各级数字图书馆为节点的数字图书馆虚拟网，建设优秀中华文化集中展示平台、开放式信息服务平台和国际文化交流平台，打造基于新媒体的公共文化服务新业态，最终实现国家数字图书馆的服务惠及全民，切实保障公共文化服务的公益性、基本性、均等性、便利性，最大限度地发挥数字图书馆在文化建设中引导社会、教育人民和推动发展的功能。

年度掠影

国家图书馆数字资源征集工作研讨会召开

【国家图书馆数字资源征集工作研讨会召开】

为进一步提高国家数字图书馆的数字资源共建水平和公共文化服务水平，真正体现“国家数字图书馆是全国的数字图书馆”的理念和国家财政对国家数字图书馆建设的重视，面向图书馆界征集符合条件的数字资源，探索数字资源共建共享的新机制，使国家数字图书建设能够更好地发挥带动全国数字图书馆建设的作用，5月11日，国家图书馆召开数字资源征集工作研讨会。全国数字图书馆建设与服务联席会议成员单位、全国省级公共图书馆、中国国家数字图书馆分馆以及国家图书馆有关领导和负责人参加了会议，共同谋划国家数字图书馆资源建设大计。代表们就《国家图书馆数字资源征集办法》和《国家图书馆征集数字资源建设规范》，数字资源征集的协议文本、经费、版权和服务等重大问题进行了磋商，就本次数字资源征集工作的一些重大问题统一了思想，就某些共性的技术问题达成了共识。

【举办“古籍特藏文献数字化成果”专题展】

9月10日，国家图书馆在稽古厅举办了“古籍特藏文献数字化”展览。展览由古籍馆、数字资源部和计算机与网络系统部共同组织，其最大特色是将藏品原件和数字化成品形成对照。展览的内容以实物展品为基础，其中包括国家图书馆“四大专藏”、少数民族语言文献、金石拓片在内的多种古籍善本特藏文献，并配合展示了国家图书馆特色资源库、藏品纪录片等数字化资源，使用了网页浏览、查询和下载、触摸屏体验以及“5D”数字投影技术等多种展示媒介和途径。此次展览以其丰富的内容、先进的展示技术和设备以及雅俗共赏的展示形式，获得了与会代表、专业研究人员和广大读者的一致好评。它不仅对以数字化再生形式保存保护中华古籍有重大意义，也为图书馆在藏品展览和经典文化推广方面开辟了一条新途径。

【圆明园“九州清晏”景区5D数字复原发布】

9月，“从样式雷图档到数字圆明园”数字展览在国家图书馆网站上线服务。国家图书馆依据馆藏样式雷建筑图档资料，利用"5D"数字技术对圆明园进行数字复原，该展览展示了"数字圆明园"一期建设成果——圆明园"九州清晏"景区。

"样式雷"是对清代为皇家建筑进行设计的雷氏家族的誉称，国家图书馆收藏约1.5万件样式雷建筑图档，包含圆明园、颐和园、故宫、清东陵、清西陵以及多处王府等，其中关于圆明园的将近2000幅。智能三维又称"5D"，它将三维、网络和数据库相结合，为用户提供在线的三维互动体验。利用"5D"数字技术，可以依据古代建筑图纸、建筑绘画作品，进行数字化复原，将平面变为立体，将静止的赏鉴变为互动的体验。

"九州清晏"是位于圆明园内的清代皇帝寝息的私室，"九州清晏"景区"5D"复原的主要功能有：数字复原"九州清晏"景区和景区内的重点独立建筑；对复原的建筑实现单机和网络访问；实现对复原景区的虚拟体验和对每个独立建筑的三维互动体验；对景区进行三维视频展示；对于特别重要的建筑挂接相关图文影像，实现三维展示与相关的图文数据库、国家图书馆文津搜索数据库关联，以便读者观看、学习和研究；挂接参考资料，将相关研究成果挂接在该款目下，以帮助读者了解该建筑的研究情况；提供读者反馈功能，依据反馈中证据确凿的信息修改数字复原内容。

依据国家图书馆现藏样式雷图档中的圆明园图档、圆明园景区的绘画作品和存留至今的古代建筑，以数字形式进行复原，将平面信息资料立体化、数字化，可以对这些文献资料实现再利用，提升资料的社会价值和学术价值，为中国古代建筑的研究和教育提供可视化平台，弥补国内在古代建筑数字化复原方面的空白。

【召开国家数字文化建设研讨会】

11月11日，文化部社会文化司在国家图书馆组织召开"国家数字文化建设研讨会"，会议邀请来自全国7个省、市级公共图书馆专家代表、财政部、文化部及国家图书馆相关代表共计26人参加了会议。国家图书馆就"国家数字图书馆推广工程"的建设思路作了汇报，与会的文化部、财政部和全国公共图书馆代表分别发言，对推广工程的建设思路给予了肯定，并在深入讨论基础上提出了建设性意见和建议。

"国家数字文化建设研讨会"召开

【调研国家数字图书馆推广工程相关情况】

8月，国家图书馆派出相关人员赴黑龙江、陕西、湖北、浙江、四川5省调研数字图书馆建设情况，并在调研的基础上，拟定了《国家数字图书馆推广工程建设方案》。2010年9月—10月，国家图书馆策划并组织实施了面向全国副省级以上的44家公共图书馆的数字图书馆情况调研，共收到41家图书馆反馈。通过调查问卷、电话访谈及网页统计等方式广泛收集相关数据，形成调研报告，为“国家数字图书馆推广工程”方案的进一步完善和工程启动提供了重要的参考。

【启动“国家图书馆以法定许可方式推送中文电子图书”项目】

7月1日，国家图书馆正式启动“以法定许可向农村地区免费提供中文图书电子版项目”，拟将6000种中文普通图书的电子版免费提供给全国农村地区的公共图书馆，并通过公共图书馆服务于广大基层群众，同时，将采取有效技术保护措施防止非法下载等复制行为以保护权利者的权益。国家图书馆制定了《以法定许可方式向农村地区免费提供中文图书电子版实施方案》，先后开展了包括遴选6000种关于种植养殖、防病治病、防灾减灾等与扶助贫困有关的作品和适应基本文化需求的作品，初步确定“农村地区”的覆盖范围；在全国性平面媒体《中国文化报》和国家图书馆网站首页发布项目公告；同时请公证机关对该公告流程进行法律公证等前期工作。11月，数字资源部建议发布“电子图书法定许可项目”图书，对占总量80%的4800余种图书原则上可以向农村地区的县级图书馆推送，并按照公告标准向权利人支付报酬。12月，国家图书馆决定对此批图书进行加工，待条件成熟并明确基层及农村范围后，在国家数字图书馆推广工程实施过程中，将这些资源以适宜的方式提供给基层和农村地区。

【启动中文图书公益性网络阅读项目】

2009年5月，国家图书馆着手启动“国家数字图书馆中文图书公益性网络阅读项目”，有偿征集国内正式出版机构出版的普通中文图书，以及与中文图书的网络阅读相关的信息网络传播权及永久保存权。7月，国家图书馆进行公开招标，由中标服务商——中国数字图书馆有限责任公司代理国家图书馆向国内正式出版机构征集与中文图书公益性网络阅读相关的权利，由北京国图书店有限责任公司代理国家图书馆验收项目数据的质量。2010年4月，“国家数字图书馆中文图书公益性网络阅读项目”开始对项目征集的图书数据及版权授权情况进行验收，并对存在的问题进行整改。截止到12月，最终确定并分批次完成了对32家出版社30203册图书的征集工作。

重点文化工程

- 中华古籍保护计划
- 《中华再造善本》续编
- 年度掠影

重点文化工程

一、中华古籍保护计划

（一）中华古籍保护计划的正式启动

中华古籍保护计划是我国历史上首次由国家主持开展的古籍保护工程，正式启动于2007年，经历了一个漫长的积累、筹划和酝酿过程。

2006年6月，中央政治局常委李长春和时任国务委员的陈至立根据我国古籍保护面临的严峻形势，作出重要批示，要求组织好古籍保护、抢救工作。李长春在新华通讯社《国内动态清样》（第1720期）《我国古籍保护面临严峻形势亟待引起重视》一文上批示："要组织好古籍保护、抢救。"陈至立同志批示："请文化部组织专家学者提出具体保护计划和措施，必要时我开协调会加以落实。"为此，文化部对全国古籍收藏和保护的现状进行了大量调查研究，并反复征求各方意见，根据《中华人民共和国文物保护法》和《国务院关于加强文化遗产保护的通知》（国发【2005】42号）、《国家"十一五"时期文化发展规划纲要》（中办发【2006】24号），形成了《关于进一步加强古籍保护工作的意见》。2006年9月13日，国务院颁布《国家"十一五"时期文化发展规划纲要》，将全国古籍保护工作列为重大项目。

2007年1月19日，《国务院办公厅关于进一步加强古籍保护工作的意见》（国办发【2007】6号）下发，提出在"十一五"期间大力实施"中华古籍保护计划"。至此，中华古籍保护计划正式拉开帷幕，大规模、有计划的古籍保护工作在全国范围内迅速展开，这是我国文化建设的一件大事，标志着我国的古籍保护工作进入了一个新阶段。《国务院办公厅关于进一步加强古籍保护工作的意见》强调，要充分认识古籍保护工作的重要性和紧迫性，指明了加强古籍保护的指导思想、基本方针和总体目标，同时指出，要突出重点，科学规范地开展古籍保护工作，要建立古籍保护工作机制，加大古籍保护资金投入，加强古籍保护人才培养，加大古籍市场监管力度，扩大对古籍保护的宣传。

根据《国务院办公厅关于进一步加强古籍保护工作的意见》，国家图书馆（中国国家古籍保护中心）对我国古籍采取"保护为主、抢救第一、合理利用、加强管理"的方针，通过大力实施中华古籍保护计划，加大古籍保护工作力度，全面、科学、规范地开展保护工作，建立科学有效的古籍保护制度，提高全社会的古籍保护意识，逐步形成完善的古籍保护工作体系。

中华古籍保护计划的内容主要有5个方面：一是统一部署，从2007年开始，用3到5年时间，对全国公共图书馆、博物馆和教育、宗教、民族、文物等系统的古籍收藏和保护状况进行全面普查，建立中华古籍联合目录和古籍数字资源库；二是建立《国家珍贵古籍名录》，实现国家对古籍的分级管理和保护；三是命名“全国古籍重点保护单位”，完成一批古籍书库的标准化建设，改善古籍的存藏环境；四是培养一批具有较高水平的古籍保护专业人员，加强古籍修复工作和基础实验研究工作，逐步形成完善的古籍保护工作体系；五是进一步加强古籍的整理、出版和研究利用，特别是应用现代技术加强古籍数字化和缩微工作，建设中华古籍保护网。完成“十一五”国家古籍整理重点图书出版规划，争取开展中华再造善本二期工程，使我国古籍得到全面保护。

2007年2月28日至3月1日，全国古籍保护工作会议在北京召开。会上，时任文化部副部长的周和平以《精心部署，明确思路，努力开创我国古籍保护工作新局面》为题，向与会的31省文化厅、省图书馆主管领导就贯彻落实《国务院办公厅关于进一步加强古籍保护工作的意见》进行工作部署，要求各级领导充分认识古籍保护工作的重要意义，增强使命感和责任感，全面推进古籍保护工作，并要求加强领导，明确职责，为古籍保护工作提供有力保障。

（二）全国古籍保护工作机制的建立

1. 全国古籍保护工作部际联席会议

根据《国务院办公厅关于进一步加强古籍保护工作的意见》精神，2007年4月30日，国务院批复同意由文化部牵头，国家发展改革委员会、教育部、科技部、国家民族事务委员会、财政部、国家新闻出版总署、国家宗教事务局、国家文物局共同组成了全国古籍保护工作部际联席会议，在增补了中医药管理局后，全国古籍保护工作部际联席会议成员单位由十部委组成，在文化部设立办公室。部际联席会议主要职能是：在国务院领导下，研究拟订全国古籍保护的重大政策措施，向国务院提出建议；协调解决全国古籍保护工作中的重大问题；讨论确定年度工作重点并协调落实；指导、督促、检查古籍保护各项工作的落实。

2. 中国国家古籍保护中心

中国国家古籍保护中心于2007年5月25日正式挂牌成立，6月，正式组建国家古籍保护中心办公室，下设综合管理组、普查登记组、数据技术组、培训组、实验研究组。中国国家古籍保护中心职能和工作计划如下：

(1) 进行全国古籍普查登记工作

根据《国务院办公厅关于进一步加强我国古籍保护工作的意见》，国家图书馆（中国国家古籍保护中心）将在文化行政部门领导下，“负责全国古籍普查登记工作”，同时“负责汇总古籍普查成果，建立中华古籍综合信息数据库，形成全国统一的中华古籍目录”。具体职能有：在部际联席会议的领导下，按照统一部署，认真安排，积极开展自身的古籍普查登记工作；加强对各省级分中心的业务指导，负责省级分中心普查人员的培训工作，与各省级分中心密切协作，开展全国古籍普查登记工作和全国古籍普查成果的汇总工作，接受各省级分中心上报的古籍普查数据；直接联系、安排在北京的中央、国家机关及其各部委直属藏书机构的古籍普查登记工作，接受其古籍普查成果；负责研制古籍普查软件平台，建立中华古籍综合信息数据库，在专家委员会的协助下对古籍普查数据进行整理汇总、审核校订，同时组织专家对全国珍贵古籍进行最终定级，为部际联席会议提供普查成果和数据分析成果；负责建立中华古籍保护网，在网上及时发布、定期更新全国普查成果，逐步建立和完善中华古籍联合目录；为实现古籍分级保护，协助部际联席会议办公室建立《国家珍贵古籍名录》，会同各省级分中心积极组织申报工作。同时负责牵头与海外藏书机构合作，制订计划，有步骤地开展海外古籍调查工作，摸清各国藏书情况，建立《国家珍贵古籍名录》(海外卷)；为实现古籍书库的标准化建设，协助部际联席会议办公室开展命名全国古籍重点保护单位的工作。

2007年5月文化部副部长周和平为中国国家古籍保护中心揭牌

(2) 负责全国古籍保护培训工作

加快人才培养是古籍普查登记工作顺利开展的保障，也是解决古籍保护、修复人才短缺的关键。国家图书馆（中国国家古籍保护中心）在全国古籍保护工作中承担培训中心的工作，主要培训工作分为两个方面：

一是为全国古籍普查登记工作培训普查人员，特别是为各省级分中心培训普查师资人员，以便各省级分中心能够在本地区进一步组织培训，有效开展普查登记工作。培训教材由国家图书馆统一编订或指定，要求各省级分中心和其他部委在北京的直属藏书机构派两名优秀古籍工作人员赴京学习，学期一个月，经过考试合格发给证书，作为在本地区开展培训工作的中坚力量。国家图书馆还根据需要，不定期地举办各种专题培训班，以保证古籍普查登记工作的有效开展。

二是培养古籍保护修复人才。国家图书馆（中国国家古籍保护中心）协助上级机构制订条例，建立图书馆古籍修复人员认证和资格准入制度，加强对古籍修复质量的监管，以保证修复质量的高水平。目前在全国各图书馆和藏书机构从事古籍修复的专业人员约百人，是古籍修复的中坚力量。但这个队伍学历低，水平良莠不齐，破坏性修复行为时有发生。为提高现有修复人员的技术水平，树立科学的修复理念，严格修复程序，国家图书馆分批对现有古籍修复人员进行轮训和资格审核认定，同时面向省级分中心开办基础班，以解决部分省级分中心没有古籍修复人员的问题。由国家图书馆（中国国家古籍保护中心）编制或指定统一教材，开展培训工作。国家图书馆（中国国家古籍保护中心）需要努力与高等院校协作，开设古籍保护相关专业，培养高层次人才，以解决目前人才短缺和学历较低的问题，保证古籍保护修复人才的良性循环。

(3) 推动全国古籍保护研究工作

中华古籍保护计划的顺利实施，离不开古籍保护基础研究工作。国家图书馆（中国国家古籍保护中心）积极协同各省级分中心做好研究工作，为全国古籍保护提供科学保障。这部分工作主要有：

加强古籍保护修复标准的研制工作，逐步向国际标准靠拢，逐步建立、完善符合中国国情的标准体系，引导全国古籍保护工作不断提高和发展。

加强古籍保护修复政策调研，及时发现问题，总结全国古籍保护工作的实践经验，汇总编制相关信息简报和科研成果，加强与文物、档案保护界以及国际图书保护界的合作，借鉴国内外成功经验，为上级单位决策提供理论和实践依据。

加强古籍保护教科书和标准使用手册的编制，为古籍普查登记培训、古籍保护修复培训和高中级古籍保护专业提供高水平的教材。

加强基础实验和研究工作，力争在国家财政支持下建立高标准的古籍保护实验室，建立古纸标本库，为各地古籍保护基础实验和研究项目提供实验和检测方便，积累科学数据，研制相关保护设备，使全国古籍保护工作走上科学轨道，缩小与世界水平间的差距。

3. 全国古籍保护工作专家委员会

根据《国务院办公厅关于进一步加强古籍保护工作的意见》精神，经全国古籍保护工作部际联席会议通过，2007年8月2日，《文化部办公厅关于成立全国古籍保护工作专家委员会的通知》下发，全国古籍保护工作专家委员会成立，对全国古籍保护工作进行规范、论证、评审和专业指导，国内66位有影响力的专家学者名列其中，冯其庸、傅熹年、傅璇琮为顾问，李致忠任主任，安平秋、史金波任副主任。2007年8月3日文化部组织召开“全国古籍保护试点工作会议”，研究部署古籍保护试点工作，宣布成立全国古籍保护工作专家委员会。

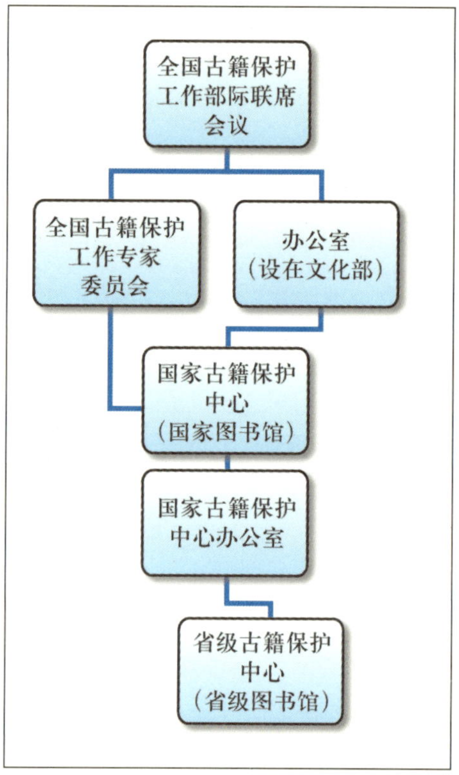

全国古籍保护工作领导机制图

4. 各省级古籍保护中心

继国家古籍保护中心成立、全国古籍保护工作专家委员会筹建之后，北京市、天津市、河北省、山西省、内蒙古自治区、辽宁省、吉林省、黑龙江省、上海市、江苏省、浙江省、安徽省、福建省、江西省、山东省、河南省、湖北省、湖南省、广东省、广西壮族自治区、海南省、重庆市、四川省、贵州省、云南省、西藏自治区、陕西省、甘肃省、青海省、宁夏回族自治区、新疆维吾尔自治区都成立了省级古籍保护中心，负责对本省古籍保护工作的指导与管理。

（三）中华古籍保护计划实施现状

2007年8月下旬至9月下旬，文化部派出15个专家督导组，分赴全国31个省、自治区和直辖市进行工作督导，检查、了解首批《国家珍贵古籍名录》和“全国古籍重点保护单位”的申报等情况。10月，申报开始，11月评审工作全面展开，文化部成立评审委员会，初评后，专家们赴藏书单位对版本进行复审、终审。古籍保护工作在全国范围内迅速铺开。

国家古籍保护中心办公室作为负责古籍保护工作的实际组织和执行部门，从创立至今，近4年来开展了大量的工作。

1. 普查登记工作

古籍普查登记工作是古籍保护工作的基础，2007年8月1日，文化部下发“关于印发《全国古籍普查工作方案》等文件的通知”，通知包括4个附件：全国古籍普查工作方案、全国古籍保护试点工作方案、《国家珍贵古籍名录》申报评审暂行办法、“全国古籍重点保护单位”申报评定暂行办法。

为促进古籍普查工作的开展，实现古籍的分级保护，文化部、国家古籍保护中心组织《国家珍贵古籍名录》和“全国古籍重点保护单位”的申报和评审工作，各藏书单位先申报，文化部成立评审委员会初评后，专家们赴藏书单位对版本进行复审、终审，由国务院正式颁布《国家珍贵古籍名录》和“全国古籍重点保护单位”名单。

2007年，在文化部领导下组织了存世古籍中最珍贵部分的申报，组织专家评审。共有271家单位和个人的5600多种古籍申报，从中产生了中华古籍保护计划实施以来，也是中国历史上第一批《国家珍贵古籍名录》。2008年3月1日，国务院公布了第一批《国家珍贵古籍名录》和“全国古籍重点保护单位”名单，这批《国家珍贵古籍名录》共有209家单位及个人的2392部古籍入选，其中汉文古籍2282部，包括简帛117种、敦煌遗书72件、古籍2020部、碑帖73部；少数民族文字古籍110部，包括焉耆—龟兹文、于阗文、藏文、回鹘文、西夏文、白文、蒙古文、察合台文、彝文、满文、东巴文、傣文、水文、古壮字等14种文字。首批全国古籍重点保护单位共有51家。

2008年12月，第二批《国家珍贵古籍名录》申报工作启动，共有436家单位和个人的12000余部古籍申报。2009年6月9日，国务院公布了第二批《国家珍贵古籍名录》和全国古籍重点保护单位名单，有280家单位及个人的4478部古籍入选。其中汉文古籍4211部，民族文字古籍266部，民族文字古籍增加了新文种——布依文，其他文字古籍1部。被评为第二批全国古籍重点保护单位的收藏单位有62家。

2010年6月11日，国务院公布第三批《国家珍贵古籍名录》和全国古籍重点保护单位名单，共有2989部珍贵古籍入选，有37家单位被评为全国古籍重点保护单位。

从2007年开始第一批申报，至2010年，近4年时间里，国家古籍保护中心系统组织了三批申报和评审，共有9859部珍贵古籍入选《国家珍贵古籍名录》，由国务院批准颁布，成为国家优先重点保护的珍贵古籍；全国150家古籍收藏量大、质量高的单位，经国务院批准颁布，成为全国古籍重点保护单位。

《国家珍贵古籍名录》主要收录范围是1912年以前书写或印刷的，以中国古典装帧形式存在，具有重要历史、思想和文化价值的珍贵古籍，少数民族文字古籍视具体情况适当放宽。在评审中，一批《中国古籍善本书目》未曾著录的珍贵古籍被发现；《中国古籍善本书目》编纂时未曾调查登录的古籍收藏单位藏书也进入国家古籍保护中心的视野，一些原来保护条件不完备的单位，在申报评审中加大资金投入，不断改善收藏环境和条件，评审对保护工作的促进作用已经充分显现出来。同时，古籍寄存悄然兴起，而《国家珍贵古籍名录》的申报评审及“全国古籍重点保护单位”的评选，又有效促进了古籍收藏单位改善保存条件。2007年3月2日，时任文化部副部长的周和平接受中国政府网在线访谈时指出，“十一五”期间，中国政府将对全国公共图书馆、博物馆和各有关单位古籍收藏和保护状况进行普查，建立中华古籍联合目录和古籍资源数据库，但并不改变古籍的所有权，包括私人藏书。他还表示，如果私人藏书者愿意，政府可以创造藏书的条件进行托管，但古籍的所有权不会改变。于是，在北京、安徽、山东等地，一些收藏环境较差的单位，将所藏古籍寄存到保存条件好的古籍收藏单位，统一管理，提供读者服务，既保护了古籍，也发挥了社会效益。

《国家珍贵古籍名录》的申报评审及“全国古籍重点保护单位”的评选，对各地的古籍保护工作提供了经验，在积极参加申报《国家珍贵古籍名录》及“全国古籍重点保护单位”的同时，江苏、山东等不少省份启动了省级《珍贵古籍名录》和“古籍重点保护单位”的评审工作，建立了地方分层次保护古籍的工作体系。

2. 古籍普查平台的筹建

“全国古籍普查平台”旨在利用计算机及网络技术，方便、快捷、高效地开展全国古籍普查工作，并为公众及时展现普查成果。国家古籍保护中心办公室以“全国古籍普查平台”的建设为中心，包括讨论并整理功能需求，测试并整理修改意见，密切联系开发方并督促开发进度，整理相关资料，配合开发方做好部署工作，配合培训组开展普查平台使用、维护方面的培训，解答各单位关于普查平台使用、部署、维护方面的咨询。

截止到2010年底，国家古籍保护中心办公室数据技术组配合开发方已完成40家单位的全国古籍普查平台安装及更新工作，其中包括国家古籍保护中心、30个省级古籍保护中心、3个地市级图书馆、3个高校图书馆、4个科研图书馆，只有西藏自治区古籍保护中心因条件不具备，尚待进一步安装、调试。2010年，国家古籍保护中心还积极研制藏文古籍普查平台，根据藏文古籍自身特点和著录习惯，初步设计出藏文古籍普查界面，组织相关专家和平台开发方反复讨论藏文古籍普查平台需求，目前已基本完成需求细化工作和系统基本功能的开发。

全国古籍普查平台基本完成了在全国范围内的筹备和安装，但是，对它的熟练掌握和运用需要一个过程，需要不断调试、探索、完善，因此，国家古籍保护中心在全国各地开展“全国古籍普查平台”的培训，截止到2010年底，已在全国各地开展了3期普查平台使用人员培训班、2期普查平台管理人员培训班、2期普查平台审核人员培训班，另外还在各期全国古籍普查培训班中插入为期二至三天的普查平台著录讲解及实践课程。

普查平台培训

3. 古籍修复培训与人才培养

古籍修复是一门既费心又耗时的“拯救艺术”，要做到科学、规范。修复人员是复合型人才，不仅要拥有修复技术，还需要更广泛的知识范畴，需要懂历史、化学、生物和古籍知识。因此，国家古籍保护中心办公室有针对性地组织专家编写教材，充分吸收国外先进技术和经验，将传统修复技艺与现代技术相结合，并在课程的设置上力求与国际接轨。为期3个月的古籍修复技术培训班，着重于修复理念的正确认知，修复技术的科学化培训，培训内容包括基础理论课、技能实践、考察，共计420学时，古籍装帧形制的演变、中国古代造纸技术发展的特点与规律、西方文献保存和保护程序等课程设置独具特色。除理论课外，大量时间用于学员的实际操作训练。

从2007年5月开始，国家古籍保护中心把培养古籍保护人才作为中华古籍保护计划的一项重点任务来抓，至2010年12月，国家古籍保护中心共举办各类培训班69期，培训学员3836人次，来自全国的1275家古籍收藏单位参加了培训。

在培训班的课程设置上，国家古籍保护中心办公室邀请了知名古籍保护专家为学员讲课，还尽可能邀请国外的修复专家进行交流、授课，希望能够开拓学员们的视野。2008年邀请到了美国康奈尔大学的教授来讲古籍修复，2009年邀请到了台湾专家来讲授古籍装裱技术，还开展了与日本的交流。各地也结合实际广泛开展培训工作。另外，国家古籍保护中心和北京大学中文系古典文献专业合办的古籍鉴定与保护本科、研究生课程已经取得初步成效，部分学生毕业后选择古籍保护工作，投身古籍保护事业。

4. 科研工作和国家实验室建设

为了促进古籍保护的科学化，2007年以来，国家古籍保护中心一直在筹建国家级实验室，至2010年，国家级古籍保护实验室已经初具规模，开展了针对纸质文献的研究，古籍保护科学化取得初步成效。古籍保护实验室的建设包括古籍保护实验室的整体设置、实验室仪器的选择与购买、实验室用房的整体规划、实验的装修方案及装修要求的确定、实验仪器的调试等。目前古籍保护实验室下设化学实验室、生物实验室、耐久性实验室、纸张物理强度实验室、纤维质量分析仪用房。购置30多台古籍保护实验室专用设备，完成14件进口仪器的招标、报关、接收等工作。调研美国国会图书馆文献保护研究与检测部的仪器，借鉴经验，选择设计实验室仪器。

国家古籍保护中心连续4年监制并配发全国50余家省馆和市级图书馆、30余家大学图书馆和博物院修复工具（包括压书板、铅砣、铁锤、棕刷等20多种产品）、修复用纸（宣纸、桑皮纸、构皮纸、竹纸、撤潮纸）和材料（包括丝线等10余种），价值约600万元。国家古籍保护中心自主研制的纸浆补书机和监制的各种修复工具、材料及修复用纸，有效提高了各单位古籍修复工作的效率和质量，促进了古籍保护工作的科学化、规范化。

5. 古籍保护宣传

2008年6月14日，文化部主办，国家图书馆（国家古籍保护中心）承办的首批“国家珍贵古籍特展”在国家图书馆古籍馆开幕，展出珍贵古籍近400种，全部来自《国家珍贵古籍名录》，珍贵程度高，种类丰富，价值意义深远，吸引了庞大的参观群体。

国家珍贵古籍特展

至2010年，文化部主办、国家图书馆（国家古籍保护中心）承办了三届“国家珍贵古籍特展”，多次开展大规模新闻宣传活动，召开新闻发布会，在《人民日报》、《光明日报》、《中国文化报》等媒体进行专版报道，在中国政府网、新华网和人民网等开展在线访谈。2010年，国家古籍保护中心还向12家省级古籍保护中心赠送了“中国书籍史展览”展板，在各地展出。与“中华古籍保护计划”开展之初相比，民众保护古籍，宣传古籍的意识明显增强，民众对古籍的认识逐步深入。

2007年9月30日，中国古籍保护网开通。该网站是全国古籍保护工作的官方网站，是我国古籍保护工作的交流平台。各省市古籍保护中心成立后，也纷纷开通网站，或在省市图书馆网站上开辟古籍保护中心专属频道。2010年，中国古籍保护网改版，精益求精，将于2011年以新的面目和大家见面。

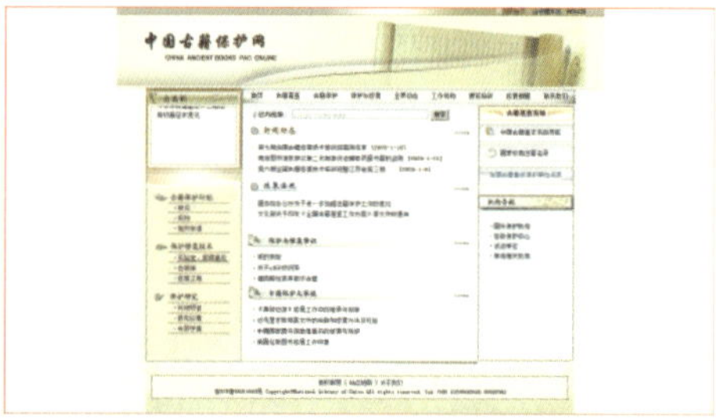

中国古籍保护网主页

2010年8月20日至10月19日，由文化部、新疆维吾尔自治区人民政府主办，国家图书馆（国家古籍保护中心）、新疆维吾尔自治区文化厅承办的“新疆历史文献暨古籍保护成果展”在新疆维吾尔自治区博物馆展出，这是新中国成立以来首次全面展示新疆珍贵历史文献的大型展览，也是对新疆古籍保护工作的检阅。共展出24种文字125件展品，包括木简和纸质文书、汉文和佉卢文、焉耆—龟兹文、粟特文、于阗文、突厥文、吐蕃文、回鹘文、西夏文、八思巴文、察合台文、托忒蒙文等文字在内的多种少数民族文字典藏文献、舆图、拓片和部分文房用品等文物。

6. 编纂《中华古籍总目》

《中华古籍总目》的编纂，是“中华古籍保护计划”重要内容之一。2007年，国务院办公厅发布《关于进一步加强古籍保

2010年2月1日国家古籍保护中心与湖南省古籍保护中心签署《中华古籍总目·湖南卷》任务书

护工作的意见》（国办发〔2007〕6号）提出："十一五"期间，大力实施"中华古籍保护计划"，对全国公共图书馆、博物馆和教育、宗教、民族、文物等系统的古籍收藏和保护状况进行全面普查，建立中华古籍联合目录。2008年，文化部在全国古籍工作会议上，广泛征求了全国古籍保护工作部际联席会议成员单位的意见，并提出按照统一的规则，以编纂出版中华古籍总目分省卷的形式推进古籍普查，一方面可以使全国古籍普查的成果分步实现，一方面率先形成成果的分省卷也可以给其他省份的编目工作提供借鉴。2009年11月30日，文化部办公厅下发关于开展《中华古籍总目》编辑出版工作的通知（办社文函[2009] 520号），开始启动《中华古籍总目分省卷》的编纂出版工作。提出《中华古籍总目》编纂出版工作按照统一体例，分卷出版的方式进行，具体编纂出版工作按照国家古籍保护中心制定的《中华古籍总目编目规则》执行。原则上按省、自治区、直辖市分卷出版，并视具体情况按文献类型、文种等分卷出版。国家古籍保护中心成立编纂委员会，负责指导编纂出版工作；各地区、各部门成立编纂分委员会，具体负责各分卷的编纂出版工作。2010年2月1日，在全国文化信息资源共享工程督导和公共图书馆评估工作总结会议暨古籍保护工作会议上，国家古籍保护中心副主任张志清代表国家古籍保护中心，与天津古籍保护中心、湖南省古籍保护中心分别签署了《中华古籍总目·天津卷》和《中华古籍总目·湖南卷》任务书，拉开了中华古籍总目分省卷实际操作的序幕。至2010年底，已有20余个单位与国家古籍保护中心签署了分省卷编纂任务书。

7. 民族古籍保护

民族古籍保护是中华古籍保护计划的重要组成部分。国家古籍保护中心认真组织专题调研，配合有关部门做好民族古籍保护工作的前期规划、方案拟订、标准制订、社会宣传、人才培养以及组织协调等各项工作，目前已有622部包括16种民族文字的民族古籍入选《国家珍贵古籍名录》，为启动民族文字古籍保护专项工作奠定了基础。2010年，国家古籍保护中心主任周和平调研新疆古籍保护工作。中央新疆工作座谈会后，文化部将"新疆古籍保护工作"专项纳入"中华古籍保护计划"，作为"文化援疆"重要项目。2010年7月，国家古籍保护中心配合西藏自治区人民政府组织了面向全藏区的古籍保护普查培训班，加强了西藏古籍保护工作人才队伍力量。藏文平台的开发和利用也是西藏专项保护工作的重要内容，国家古籍保护中心先后为西藏地区配置了价值170余万元的古籍保护专用设备。

8. 标准、制度建设

继古籍定级、破损、修复、保护、普查等标准成为文化部行业标准后，国家古籍保护中心又组织专家研究制定了敦煌、佛经、简帛、碑帖等定级标准，以及民族文字古籍入选《国家珍贵古籍名录》标准。《少数民族文字古籍定级标准》由民族文化宫组织专家研制，形成初稿。

2010年，国家古籍保护中心积极促成《古籍保护条例》，起草《国家珍贵古籍名录管理办法》、《全国古籍重点保护单位管理办法》，探讨古籍收藏单位管理模式及规范的完善和实施，起草《国家级修复中心管理办法》、《文献灾害抢救志愿工作者章程》；召开古籍定级国家标准征求意见座谈会，会议对古籍的概念与收录范围、标准整体框架结构、标准体例、文字表述等做了深入细致的讨论，对下一步修订工作作了部署；召开《普通古籍定级标准》修订讨论会，对各类古籍定级标准的体例问题作了细致探讨；召开《简帛古籍定级标准》修订讨论会。审订《简帛古籍定级标准》（修订稿）；召开《碑帖拓本定级标准》修订讨论会，审订《碑帖拓本定级标准》修订稿；召开中国少数民族文字古籍定级标准专家审定会，审订《中国少数民族文字古籍定级标准》。

9. 国际合作与交流

在古籍修复等方面，我国和西方国家之间尚存在差距。为了更好地了解西方古籍保护方面的经验，文化部派出以时任文化部社文司副司长的刘小琴为团长，天津图书馆馆长陆行素、首都图书馆馆长倪晓建、山西省图书馆馆长李小强、国家古籍保护中心办公室王红蕾为团员的5人代表团，于2008年12月6日至15日对法国、意大利两国图书馆进行观摩。国家图书馆作为国家古籍保护中心和国际图联保存保护项目中国中心，发挥了重要作用，在2010年PAC国际会议上，针对近年自然灾害频发的现实，与日、韩以及港、澳、台、内地各个系统的古籍工作者针对文献保护如何应对自然灾害等问题进行了广泛探讨。

意大利罗马国家图书馆为中国代表团举办了馆藏中国古籍展

二、《中华再造善本》续编

（一）“中华再造善本工程”第一期工作

《中华再造善本》续编于2008年9月正式启动，是“中华再造善本”一期工程的延续。2002年5月，文化部、财政部联合发文，在全国实施“中华再造善本工程”。其宗旨是通过对珍稀善本的“再造”，使之化身千百，分藏各地，从而确保珍贵文献的传承安全并扩大流通，促进古籍善本最大限度的传播和利用。2002年至2007年，经过5年努力，《中华再造善本》已完成唐宋编、金元编758种8990册的制作，入藏国家图书馆、国内100所高等院校、31家省、自治区、直辖市图书馆及中国文字博物馆，并被众多国内外学术机构、收藏单位、专家学者、收藏家购买并利用，对传播中华优秀传统文化、促进学术研究起到了积极作用。2008年初，《中华再造善本》圆满完成第一阶段的目标，在财政部组织的绩效考核中被评为优秀。

（二）《中华再造善本》续编工作的开展

2008年9月9日，《中华再造善本》续编启动座谈会在国家图书馆召开，标志着《中华再造善本》续编工作正式启动。通过《续编》工作，不仅可以补充中华古籍保护计划古籍普查中发现的元代以前的珍贵古籍，同时可以有重点地收入存藏于海外的珍贵古籍。《中华再造善本》续编的实施将培养更多的古籍整理专业人才，也将为古籍保护工作的持续发展提供更有效的人才保障。2010年国家古籍保护中心组织召开了“中华再造善本续编”工作座谈会，并组织专家到故宫博物院、北京师范大学图书馆、北京大学图书馆等单位考察原书、拍摄书影。对部分收藏单位的再造用书进行现场勘验，并根据古籍保存的状况以及古籍普查中的新发现作适当调整。《中华再造善本》续编是《中华再造善本》的延伸，确定选目580种，主要涵盖明清时期以及少数民族文字的珍贵古籍，争取用三年时间基本完成。为保留原书风貌，体现传统风格，装帧形式与一期工程保持一致，仍采用宋代官书《文苑英华》的开本形式，采用宣纸三色套色印刷或四色彩色印刷，中式线装，封面用纸仿国家图书馆藏乾隆年间磁青纸特制，函套用蓝色布料，达到仿真再造目的。截至2010年底，续编选目已确定的580种中，已经完成312部书拍照，147种出版。

年度掠影

【第三批《国家珍贵古籍名录》和全国古籍重点保护单位评审】

4月11日至19日，“2010年全国古籍评审工作会议”在北京召开，布置安排第三批《国家珍贵古籍名录》评审工作。4月13日，文化部副部长杨志今、国家图书馆馆长、国家古籍保护中心主任周和平、文化部社会文化司司长于群、巡视员刘小琴、国家图书馆副馆长陈力、副馆长张志清、全国古籍保护工作专家委员会主任李致忠、副主任史金波、委员朱凤瀚以及评审专家等共85人参加全体大会。专家们完成了共12259部申报古籍的逐一评审工作，最终推荐3005部，上报全国古籍保护评审工作委员会评议。

2010 年全国古籍评审工作会议在京召开）

4月27日，“第三批全国古籍重点保护单位评审工作会议”在北京召开。刘小琴、张志清以及评审专家组成员等30余人参加会议。专家们遵照文化部下发的《“全国古籍重点保护单位”申报评定暂行办法》，结合实地考察情况，对51家申报单位逐一进行认真审查，最终推荐38家单位，上报全国古籍保护评审工作委员会评议。28日，第三届全国古籍保护评审工作委员会在国家图书馆召开了第三批《国家珍贵古籍名录》和全国古籍重点保护单位评审会议。李致忠、刘小琴先后介绍了第三批《国家珍贵古籍名录》和古籍重点保护单位的评审情况。评审委员会就评审过程中涉及的外文文献能否入选《国家珍贵古籍名录》、少数民族文字古籍的定级标准，以及第一、二批《国家珍贵古籍名录》评审过程中存在的问题如何核查确认，涉及艳情的古籍能否入选等问题进行了讨论并制定相关处理办法。

5月10日，全国古籍保护部际联席会议在文化部举行。会议由刘小琴主持。国家发展和改革委员会、国家民族事务委员会、国家文物局、教育部、科技部、新闻出版总署、中国中医药管理局以及国家图书馆的代表参加会议。刘小琴通报了第三批《国家珍贵古籍名录》和第三批全国古籍重点保护单位评审工作情况、一年来全国古籍保护工作的进展情况以及关于下一阶段的工作考虑。参会人员对两个名单进行审议，确定推荐3005部珍贵古籍入选第三批《国家珍贵古籍名录》、38家单位入选第三批全国古籍重点保护单位。4月30日至5月9日，推荐名单向社会公示。6月11日，国务院公布2898部珍贵古籍入选第三批《国家珍贵古籍名录》、37家单位入选第三批全国古籍重点保护单位。

【国家珍贵古籍特展举行】

2010年6月11日，由文化部主办，国家图书馆（国家古籍保护中心）承办的“国家珍贵古籍特展”在国家图书馆开幕。文化部党组成员、中纪委驻文化部纪检组组长李洪峰，国家图书馆馆长、国家古籍保护中心主任周和平出席仪式。全国古籍保护工作部际联席会议成员单位代表、全国古籍保护工作专家委员会主任李致忠等专家以及部分参展单位代表参加开幕式。此为继2008年以来举办的第三次国家珍贵古籍特展。展览分为“传承文明——中华古籍保护计划实施成果”、“楮墨芸香——推荐第三批《国家珍贵古籍名录》珍品”、“完善典藏——推荐第三批国家重点古籍保护单位介绍”、“永驻书魂——国家级古籍修复中心巡礼”、“任重道远——中华古籍保护计划未来的发展”5个部分。展品来自86家收藏单位，共有300余件，以推荐列入第三批《国家珍贵古籍名录》的古籍珍品为主，辅以第一、二批《国家珍贵古籍名录》中部分特色古籍。展览分为魏晋南北朝隋唐五代时期文献、宋元善本、明清善本、明清稿抄本、佛教典籍、舆图、拓本钤印本、少数民族文字文献、西文善本等单元。展品中唯一一件保存完整的归义军时期血书写本《金刚般若波罗蜜经并序》、唐写本《孝经郑氏解·卿大夫章》、皇室宗谱宋内府写本《仙源类谱》、《宗藩庆系录》、明清时期铜活字本《会通馆集九经韵览》、《渭南文集》等，均为存世孤罕的珍品。配合展览，还举办了系列讲座沙龙、古籍修复、甲骨传拓技艺展示等活动。

2010年6月11日国家珍贵古籍特展在国家图书馆开幕

【全国古籍保护工作会议在北京召开】

12月20日，由文化部主办，国家图书馆（国家古籍保护中心）承办的全国古籍保护工作会议在北京召开。文化部党组书记、部长蔡武，国家民族事务委员会副主任丹珠昂奔，新闻出版总署副署长邬书林，国家宗教事务局副局长齐晓飞，国家文物局副局长宋新潮，国家中医药管理局副局长李大宁等全国古籍保护部际联席会议成员单位的相关领导出席会议。参加会议的还有各省、自治区、直辖市、新疆生产建设兵团文化厅（局）的有关负责同志、国家图书馆（国家古籍保护中心）、各级古籍保护中

全国古籍保护工作会议在北京召开

心的负责同志以及古籍保护专家代表、入选第三批《国家珍贵古籍名录》收藏单位和第三批全国古籍重点保护单位的代表。会议由文化部党组成员、副部长杨志今主持。

会上举行了第三批《国家珍贵古籍名录》颁证及第三批全国重点古籍保护单位授牌仪式。蔡武部长发表讲话。他强调，广大古籍保护工作者要认清形势，总结经验，进一步增强责任感和使命感，在做好古籍保护、抢救工作的同时，正确处理古籍保护与合理利用的关系，充分挖掘古籍所蕴含的历史文化价值，将古籍保护工作的成果服务于当代社会，加大力度，突出重点，推动古籍保护工作深入开展。文化部社文司巡视员刘小琴部署了2011年古籍保护工作。国家图书馆副馆长、国家古籍保护中心副主任张志清介绍了古籍保护工作开展情况。来自中医研究院图书馆、广东省中山大学图书馆、浙江省图书馆、天津图书馆、山东省文化厅等单位的代表作了交流发言。

【"古籍修复人才座谈会"召开】

3月24日，国家图书馆（国家古籍保护中心）在江苏省古籍保护中心（南京图书馆）举办了古籍修复人才培养座谈会。国家图书馆副馆长张志清，全国古籍保护工作专家委员会主任李致忠，国家古籍保护中心办公室主任陈红彦、江苏省文化厅社文处处长谷峰、南京图书馆党委副书记、副馆长方标军、副馆长全勤、南京艺术学院副院长刘伟东、南京大学图书馆馆长洪修平以及中国第二历史档案馆、南京博物院、南京太平天国历史博物馆、南京师范大学、金陵科技学院、莫愁中等职业学校、南京中友图书文化有限公司、东吴文化遗产保护研究院等单位的代表20余人参加了会议。与会代表围绕古籍修复人才的学历教育、在职培训、职业资格认证、上岗就业、分级修复等问题，发表了各自见解。

《赵城金藏》

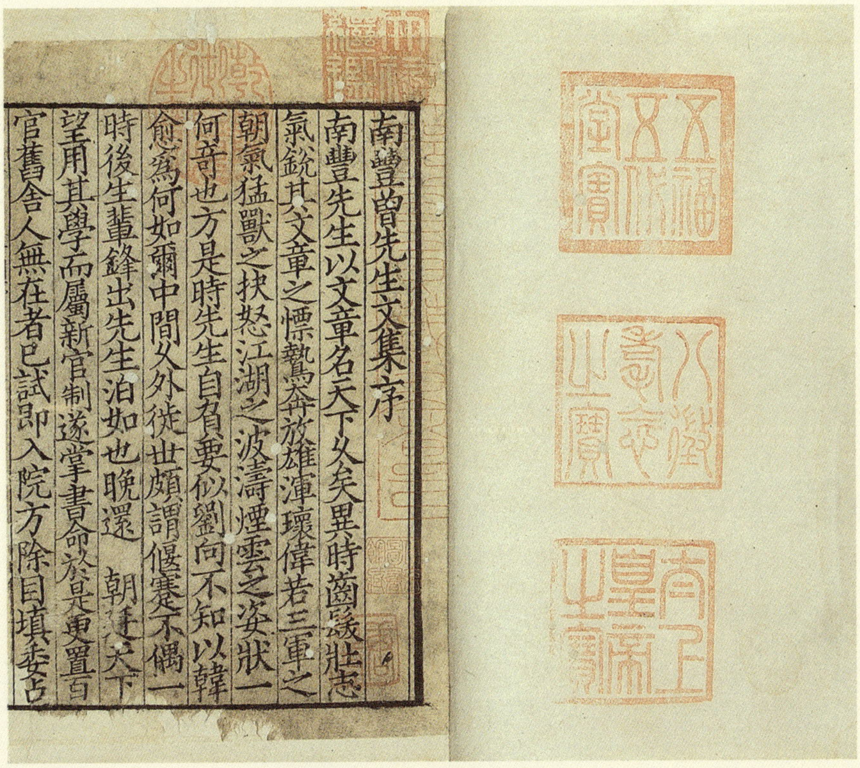

金刻本《南丰曾先生文集》

学术与科研

- 科研管理制度
- 科研立项与学术成果
- 博士后科研工作站
- 年度掠影

学术与科研

国家图书馆历来十分重视科研工作，一直致力于提高科研工作的水平，发挥其推动事业发展、培养与造就人才的作用，以充分发挥图书馆作为信息集散地的作用，真正体现综合性研究图书馆的功能。2004年，国家图书馆提出“人才兴馆、科技强馆、服务立馆”的三大发展战略。其中，“科技强馆”发展战略要求全馆员工树立科学发展观，解放思想，更新观念，从全局出发，立足世界图书馆发展的前沿，努力探索国家图书馆在中国图书馆事业的理论建设、技术创新和技术应用等方面的发展方向。科研工作要抢抓历史机遇，坚持业务工作与科研工作的协调发展，不断促进国家图书馆各项事业实现新的跨越。“科技强馆”战略的实施，使国家图书馆的学术氛围和科研环境得到加强，有力地促进科研工作的开展。2005年9月9日，召开“国家图书馆科研工作会议及第八次科学讨论会”，会议提出要落实“科技强馆”发展战略，开创国家图书馆科研工作新局面，对国家图书馆今后的科研工作提出了八项具体要求，以进一步提高科研工作的综合水平。2010年，国家图书馆的科研工作着眼于新技术环境下图书馆面临的各种发展变革，从基础理论到应用开发、从学科建设到事业的前瞻、从人力资源开发到队伍结构优化等全方位开展科学研究，取得了较大的成绩。

一、科研管理制度

国家图书馆科研工作遵循树立科学理念、崇尚科学精神、坚持科学态度、提高科学素养的指导思想，按照业务工作与科技工作协调发展的指导原则，切实加强和改善对科研工作的领导，在全馆范围内营造有利于科研工作和创新能力的良好氛围，保证科研工作按期高质量地完成。

完善的管理制度，是规范科研工作，更好地组织和指导科研项目研究工作的重要保证。国家图书馆于2001年颁布了《国家图书馆科研项目管理办法》、《国家图书馆科研项目经费管理办法》以及《国家图书馆馆级科研项目经费管理实施细则》等科研管理的相关规章制度，使科研工作有章可循。2005年，对上述规章制度进行了修订，并制订了一系列新的规章制度，包括《国家图书馆科研项目管理办法（修订）》、《国家图书馆科研项目经费管理办法（修订）》以及《国家图书馆科研奖励暂行办法》、《国家图书馆文津出版基金资助实施办法》和《国家图书馆青年科研基金实施办法》。2010年，又根据需要将所有科研规章制度重新修订颁发。此外，加大科研经费的投入，保障科研工作的顺利开展。从2004年开始，国家图书馆大幅度提高了科研经费的投入，每年递增10%。这些政策和措施的出台，使科研管理工作更加科学、合理、规范，对于激发员工参与科研的积极性，促进科研工作的开展产生了极大的推动作用。

二、科研立项和学术成果

2006年以来，国家图书馆已通过结题验收的科研项目48项，其中部级以上项目7项；在研科研项目124项，其中部级以上项目25项。通过科研活动，获得了一批优秀的科研成果，涌现了一批业务专精的科研骨干，促进了国家图书馆业务工作的发展，为全馆建设提供了强有力的技术、服务手段及理论支撑。据统计，2006年以来，国家图书馆员工在各类学术刊物上共发表学术论文1600余篇，呈现逐年增加的良好趋势。在每年的中国图书馆学会年会上，国家图书馆员工获得入选论文和优秀论文的数量也逐年增加。

（一）科研项目

2010年国家图书馆科研工作稳步推进，取得了新的进展。

1. 馆级项目立项情况

2010年，馆级科研项目共立项27项，资助经费50万元。其中本年度共申报项目90项，包括重点项目9项，一般项目48项，青年项目33项，经馆学术委员会评审，并报馆务会同意，共有27项科研项目获准立项，其中重点项目2项，一般项目15项，青年项目10项。这些科研项目主要包括国家图书馆事业发展研究、馆藏资源建设、文献信息组织、文献与文献学研究、古籍保护、数字图书馆应用研究等。

2. 部级以上项目立项和结项情况

2010年，共计获得部级以上项目11项，科研经费资助227万元。申报2010年度社科基金项目11项，其中艺术类项目1项；自然基金2项；文化部2010创新项目6项；文化部科技提升计划4项；1项国家文化创新工程项目；社科基金后期资助项目2项。其中3项社科基金项目、1项社科基金后期资助项目、1项国家质检总局公益性科研专项、2项文化部创新项目、1项文化部文化艺术科学项目、1项文化部科技提升计划、1项国家文化创新工程项目获准立项。2010年度科研项目共计结项16项，其中馆级项目13项，社科基金项目2项，国家科技支撑计划1项。

（二）学术成果

1. 2010年度国家图书馆科研成果情况

截至2010年底，国家图书馆员工正式发表的成果包括著作类（包括参与编撰等）56部，国家标准7项，论文408篇，专利3项。其中符合《国家图书馆科研成果奖励办法》获得奖励的成果包括专著10部，国家标准6项，论文102篇，专利2项（详见统计资料）。

2.文津出版基金资助项目

2010年，文津出版基金共资助两部学术著作出版：1. 翟建雄《美国图书馆复制权问题研究》（知识产权出版社，2010年）。该书从立法项目——公共图书馆法研究的角度出发，着重研究了美国版权法的立法史、版权法中对图书馆复制权的例外规定、合理使用与图书馆复制之间的关系，同时立足于信息网络时代，对传统版权中复制权在馆际复制、电子出版、互联网络中遭遇的来自技术进步的冲击，以及传统图书馆在信息时代所面对的挑战进行了详细的分析。2. 张燕婴《先秦“仁”学思想研究——儒、墨、道、法家“仁”论说略》（中国社会科学出版社，2010年）。该书选取先秦诸子中最具代表性且文献可信度较高的儒、墨、道、法四家为研究对象，分析各家“仁”论的首要特征，了解“仁”论在不同阶段、不同思想家手中的发展水平，掌握各家“仁”论相互影响或排异的状况，从而提出以道德与功利的成分在“仁”论中结合的紧密程度为中心，来贯穿儒、墨、道、法四家的“仁”学思想的研究方法。

三、博士后科研工作站

国家图书馆博士后科研工作站是我国在图书馆内设立的第一个博士后科研工作站，也是全国为数不多的明确以图书馆学、文献学为主要研究方向的博士后人才培养单位之一。2005年，国家图书馆积极提出申请建立图书馆学专业博士后工作站的计划；2007年，向国家人力资源和社会保障部提交“关于设立博士后科研工作站的申请”；2008年6月，获得批准；2009年6月19日，国家图书馆博士后科研工作站正式揭牌成立，2010年是国家图书馆博士后科研工作站设站第三年，站务工作主要体现在以下几个方面：

（一）制度建设

为了规范博士后管理工作，为博士后各项工作提供制度保障，明确办事程序，国家图书馆博士后工作站一方面积极学习国家博士后管理委员会相关规定，另一方面，积极走访、调研了中国气象局、国家信息中心、南开大学等设站单位，同这些单位就制度建设作了深入细致的交流。通过学习他站经验，结合国家图书馆实际情况，博士后工作站办公室制定了详细的管理规定起草计划，并通过一年时间的不断修订、完善，形成了涉及站务管理、合作导师以及博士后人员管理等各方面管理意见及规定。

（二）招聘与管理

2010年2月，国家图书馆博士后科研工作站发布了当年度招聘简章，截止到6月底，共接收到24名博士的人站申请。在此基础上，博士后工作站办公室组织馆内外专家对申请入站人员进行了遴选工作，从中遴选出较为优秀的4名博士作为2010年博士后。至此，在站博士后人员达到8人，其中1人所撰论文获得省级优秀博士论文，5人具有副高级以上职称，5人为高校教师，5人为硕士生导师；在站博士后全部具有参与或主持各类型科研课题的经历，并有3人曾主持过国家社科基金项目或省部级以上科研项目。同时，工作站对已在站人员加强业务考察与科研考核，在第一季度和第三季度分别进行了09届博士后的开题工作和中期考察工作，了解博士后人员的研究动态。通过考核了解到，2009年进站的4名博士后已获得3项中国博士后科学基金会面上资助项目、1项特别资助项目。博士后人员一年来在核心期刊上发表学术论文8篇，出版著作2部，承担或参与科研项目9项，累计获得科研经费22万元。

（三）对外交流

为了加强博士后科研工作站与学术界的交流，提高国家图书馆博士后人员的科研水平，2010年12月29日，国家图书馆博士后科研工作站在站博士后及研究院古文献所一行9人赴天津，与南开大学古籍与文化研究所共同举办了“文献学学术交流研讨会”。博士后人员、古籍所研究人员以及南开大学历史学院师生共40余人参加了此次学术交流，共有9篇学术论文参与了讨论，其中国家图书馆博士后提交论文4篇。会后，双方一致认为，这样的活动有利于促进学术交流、拓展学术视野，应该将这样的学术交流活动常态化。

年度掠影

【“影像中的第二次鸦片战争——纪念圆明园被英法联军焚毁150周年”研讨会召开】

5月12日下午，国家图书馆举办了“影像中的第二次鸦片战争——纪念圆明园被英法联军焚毁150周年”研讨会，特别邀请中国科学院、中国人民大学、中国圆明园学会、上海世界书局等相关机构专家，中央电视台、北京晚报等媒体人士共40余人。国际实业人联合会中国区主席爱新觉罗·宝珣也出席了会议。讨论主要围绕圆明园历史宣传定位、老照片等影像资料作为史料的价值和作用、老照片的搜集和整理工作、收藏机构与媒体合作等问题展开。与会各方均希望借此契机，以影像资料唤起对圆明园、战争与和平、文化冲突的关注和思考。

圆明园学会副会长要砾闵（右）向国家图书馆赠送圆明园老照片影印件

【袁同礼先生纪念座谈会召开】

6月1日，纪念国家图书馆前馆长、中国现代图书馆事业的先驱、杰出的图书馆学家、文献学家袁同礼先生诞辰115周年、逝世45周年座谈会在国家图书馆古籍馆召开。会议由国家图书馆承办，与会嘉宾有袁同礼先生之子袁清及其夫人李华宙和其他亲属。到会的来宾还有汉语大辞典编纂处编审徐文堪、北京大学信息管理系教授王子舟、清华大学图书馆前馆长薛芳渝、北京师范大学历史学院教授张升、国家博物馆图书资料部主任黄燕生、故宫博物院图书馆馆长朱赛虹、北京大学图书馆古籍部副主任姚伯岳、首都图书馆历史文献中心主任刘乃英、中国中医科学院图书馆副研究馆员裘俭等。座谈会由国家图书馆古籍馆副馆长林世田主持。国家图书馆副馆长张志清，徐文堪、袁清、李兴辉、薛芳渝、张红扬、黄燕生等分别作了发言。海内外二十余位专家学者为此次座谈会撰写了纪念文章或学术论文，详细、系统地阐述了袁同礼先生的思想与成就。美国东亚图书馆的吴文津、周原等也应邀为本次会议撰写了纪念文章，年届期颐的钱存训先生还亲自撰写了纪念长文。这些文章结集为

参加“袁同礼先生纪念座谈会”的专家学者在文津楼前合影

《袁同礼纪念文集》，会后由国家图书馆出版社出版。

【"敦煌文献、考古、艺术综合研究——纪念向达教授诞辰110周年国际学术研讨会"在国家图书馆召开】

"敦煌文献、考古、艺术综合研究——纪念向达教授诞辰110周年国际学术研讨会"召开

6月16日至17日，"敦煌文献、考古、艺术综合研究——纪念向达教授诞辰110周年国际学术研讨会"在国家图书馆文会堂召开。此次研讨会由国家图书馆古籍馆、北京大学历史学系暨中国古代史研究中心、敦煌研究院联合主办，并得到了中国敦煌石窟保护研究基金会的大力支持。国家图书馆副馆长张志清、北京大学历史学系主任牛大勇、敦煌研究院院长樊锦诗分别代表主办单位在开幕式上致辞。开幕式后，举行了向达先生追思会。何兆武、沙知、白化文等二十余位与向达先生有过交往的老先生与会并发言，缅怀向先生的学术成就，追忆向先生的人生历程和人格风貌。16日下午起进行学术研讨。

四十余位中外学者向本次研讨会提交了学术论文，论文涵盖向达先生对敦煌学发展的贡献、敦煌文献研究、敦煌考古、丝路历史、佛教美术等领域，展示了近年来敦煌学研究的最新成果。研讨会分学术史、丝路历史与中外关系、图像与考古、信仰与习俗、历史与文献、佛教与美术6个专题，进行分组发言和讨论。研讨会于17日下午顺利闭幕。向达先生（1900—1966）是我国现代著名历史学家。1930年任国立北平图书馆编纂委员，在馆期间完成力作《唐代长安与西域文明》。1935年秋，奉国立北平图书馆委派，以交换馆员身份赴欧洲考察流散英、法、德等国的敦煌西域文献、壁画以及太平天国文献。1938年秋携带大量资料返国，为我国敦煌学的发展作出了卓越贡献，成为当时敦煌学的领军人物。

【"缩微文献影像数据库"研讨会召开】

8月24—27日，由全国图书馆文献缩微复制中心主办、天津图书馆承办的"缩微文献影像数据库"研讨会在天津召开。来自19个成员馆分管数字化工作的馆长和相关工作人员30余人参加了研讨会。会议对缩微文献影像数据库系统进行了介绍与演示，并主要对全国公共图书馆范围内制定缩微文献数字化加工标准与形成公共图书馆缩微文献数字化资源共建共享协作体系的可能性进行了研讨，并达成一致意见。

【《本草纲目》、《黄帝内经》申报世界记忆名录汇报展和世界记忆名录专家座谈会】

2009年起，国家图书馆与中国中医科学院联合申报《本草纲目》和《黄帝内经》为世界记忆名录。2010年8月27日，来自联合国教科文组织“世界记忆工程项目”、中国中医科学院、国家中医药管理局、国家档案局、中国中医科学院中医药信息研究所的专家，听取了申报工作汇报，并参观了“《本草纲目》和《黄帝内经》申请世界记忆名录特展”。与会专家就申报对象的内容和版本情况等细致问题展开了热烈的讨论。中国中医科学院藏《本草纲目》为1593年金陵版，是迄今可知的中外所有版本的祖本。国家图书馆藏《黄帝内经》为1339年胡氏古林书堂版，是当今世界上最早、保存最完好的十二卷本。

周和平馆长会见参加世界记忆名录座谈会的国内外专家

【中国文献影像技术协会组团赴台湾参加“2010年海峡两岸档案暨微缩学术研讨会”】

11月1日至10日，“2010年海峡两岸档案暨微缩学术研讨会”在台湾举行，由中国档案管理学会副理事长付华担任团长，中国文献影像技术协会副秘书长张文增担任副团长的大陆代表团一行28人参加了会议。“中华档案暨资讯微缩管理学会”名誉理事长曹尔忠、理事长杨正宽和大陆代表团团长付华等先后在开幕式上发表祝词，共同回顾了19年来两岸学术交流和互访情况，两岸档案、文献保存和利用工作的发展，并希望长期深入开展此项学术交流活动，促进两岸档案和文献影像技术工作者更加全面的沟通和了解。此次学术研讨会共交流论文18篇，论文内容涉及文献、档案的保存、修复和利用等多方面的工作，全面展示了海峡两岸文献、档案工作者和研究人员为了保护中国历史和文化资源所付出的巨大努力，以及为了更好地利用这些宝贵资源所做的大量工作。会议期间，大陆代表团还先后参观考察了台北的“国家图书馆”、历史文献馆、议会档案馆等多个文献收藏和使用单位，和台湾同行们进行座谈交流。

2010年海峡两岸档案暨微缩学术研讨会召开

【古籍形制·图像·文本——中日书籍史比较研究学术研讨会召开】

“古籍形制·图像·文本——中日书籍史比较研究学术研讨会”代表合影

12月23—24日，由国家图书馆古籍馆、国家古籍保护中心办公室、北京大学国际汉学家研修基地和日本国文学研究资料馆联合主办的“古籍形制·图像·文本——中日书籍史比较研究学术研讨会”在国家图书馆召开。国家图书馆副馆长陈力、张志清，日本国文学研究资料馆馆长今西祐一郎，上海图书馆陈先行教授，北京大学国际汉学家研修基地刘玉才教授，日本庆应大学附属研究所斯道文库堀川贵司教授，京都大学人文科学研究所附属汉字情报研究中心梶浦晋教授，以及特邀的十余位国内外专家学者参加了本次研讨会。此次研讨会侧重比较中日书籍史的共同点和差异性，以增进对中日两国书籍发展历史的认识。会议共提交论文12篇，内容涵盖中日古籍版画、古籍文本形成、书籍结构与形制、古籍装具等方面，对中日书籍史的基本问题都有所涉及，内容丰富、论述独到。此次跨行业、跨地区的交流必将加深对文献内容和形制的研究，有利于推进中日两国在文献保存和修复方面的经验交流与相关工作的展开，中日双方均表示愿意在未来寻求新的合作。

编辑与出版

- 《中国图书馆学报》
- 《国家图书馆学刊》
- 《文献》
- 《中国图书馆年鉴》
- 专业文献出版
- 年度掠影

编辑与出版

一、《中国图书馆学报》

中国图书馆学会会刊《中国图书馆学报》创刊于 1957 年，为文化部主管、中国图书馆学会和中国国家图书馆共同主办的图书情报学专业期刊。《中国图书馆学报》所发文章被引频次和影响因子在国内图书馆学期刊中均位居第一，因此被选为核心期刊、中国期刊方阵期刊，并荣获国家期刊奖之百种重点期刊奖，连续被评为全国优秀图书馆学期刊，被国际上许多著名的检索期刊如《乌利希国际期刊指南》、《图书馆文献》和《最新连续出版物题录》等收录。为了顺应网络化的发展趋势以及由此带来的学术交流方式的变化，2008 年编辑部建立了网站，开通了远程稿件处理系统，同时加入了清华同方和万方数据库，增加了数字化发行渠道，从而摆脱了过去完全依赖于纸媒发行的局限。继而又秉承开放获取的学术交流理念，将《中国图书馆学报》有史以来的全文数据在本刊网站上免费发布，使学报全面提升到与网络化相适应、与现代学术交流理念相适应的自动化和现代化的办刊层面。《中国图书馆学报》的办刊理念和办刊规范日益具有国际视野，2008 年实行同行评审制度，2009 年创办英文年刊。2010年收到稿件2197篇，中文双月刊发稿91篇，其中围绕《公共图书馆法》立法支撑研究开设专栏发文 11 篇。英文年刊发稿16篇。作为全国图书馆学期刊编辑专业委员会的挂靠单位，2010 年学报编辑部直接参与了新一届编译出版委员会特别是期刊编辑专业委员会的组建成立工作，主办了2010年9 月在四川成都召开的全国图书馆学期刊编辑工作研讨会议。

《中国图书馆学报》

二、《国家图书馆学刊》

《国家图书馆学刊》（原《北京图书馆馆刊》）是由文化部主管、国家图书馆主办的面向国内外正式发行的图书情报专业学术期刊。《国家图书馆学刊》面向国内外图书馆界、各大专院校及科研单位和从事图书情报专业的工作者。坚持以图书馆学研

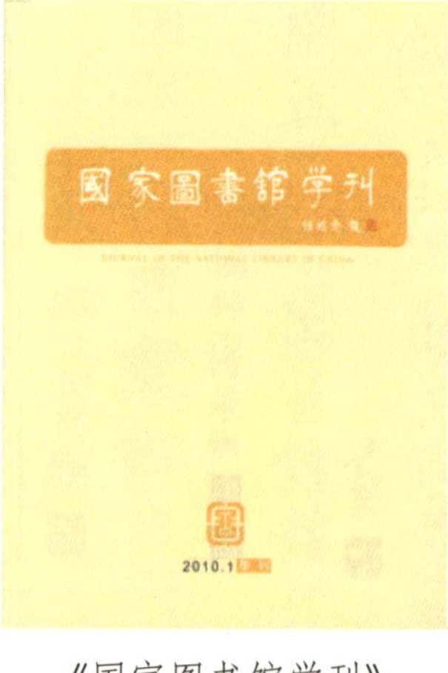

《国家图书馆学刊》

究为主，理论联系实际，关注国内外图书馆领域的动态，贴近工作实践和事业发展前沿，突出理论和实践中重点和热点问题的研讨。适应信息时代的特点，尽力捕捉有关图书馆行业的世界高新科技、新型管理模式，以及本专业国内外最新学术成果和发展动态。《国家图书馆学刊》1992年起正式出版发行，每季度首月20日出版。2007年、2010年两度入选CSSCI（Chinese Social Sciences Citation Index，中文社会科学引文索引），2008年首次入选《中文核心期刊要目总览》。

《国家图书馆学刊》主要设有“国家馆纵横谈”、“馆长论坛”、“专家视点”、“信息组织”、“研究与实践”、“古籍保护”、“史海撷英”、“海外掠影”等栏目。每期还专设1至2个专题论坛，集中探讨业界和学界共同关心的话题。每期发行量在2100册左右。2010年来稿量2027篇，刊发71篇。

三、《文献》

《文献》季刊是文化部主管、国家图书馆主办的学术刊物，创刊于1979年，最初以丛刊形式发行，1985年改为季刊。刊载内容包括国家图书馆以及其他收藏单位的馆藏文献揭示，文献学研究新成果，文献工作的动态等。2010年共4期，刊发各类稿件101篇，主要栏目有“目录版本研究”、“敦煌吐鲁番文献研究”、“辑佚与辨伪”、“书信整理”、“批校题跋”等。在第1期和第3期，分别刊发了学术顾问、编委座谈会的发言摘要和“古典文献学的理论与实践”专栏文章，因为涉及文献整理研究中的某些问题和对《文献》的建议等，引起了学者和读者的关注。随着古籍研究的逐步深入，学者们越来越关注古籍批校（批点）和藏书题跋，并陆续产生了一些研究成果。比如国家图书馆所承担的2010年度国家社科基金重点项目“大陆所藏汉文古籍藏书题跋整理研究”，已经辑录核校了国家图书馆所藏善本古籍藏书题跋数百条。根据这种学术研究变化，《文献》编辑部有意识地向相关藏书机构和研究人员约请或组织稿件，从2010年第4期起，开设固定专栏，公布相关的整理和研究成果。在《文献》编委、《文学遗产》副主编刘跃进先生的倡议下，北京地区的《文学遗产》、《文史》、《中国典籍与文化》、《文史知识》、《文献》等刊物建立起比较密切的交流与合作关系，得

《文献》

到了相关刊物编辑部及各自主管部门的支持，就文章的审阅、编辑以及学术动态等问题进行交流与讨论，也进行稿件的相互推荐，先后举行了4次刊物间的集体交流活动，对外联合组织和参加了2次学术会议。

四、《中国图书馆年鉴》

《中国图书馆年鉴》是反映中国图书馆事业年度发展状况的大型资料工具书。首卷出版于1996年，最初由中国图书馆学会主办。自2007卷起，由中国图书馆学会、国家图书馆联合主办，编辑部设在国家图书馆研究院。经过图书馆界同仁坚持不懈的努力，至2010年已出版了10卷，客观地记载了15年来中国图书馆事业的发展历程，展示了各系统、各地区图书馆工作取得的重大成就，为社会公众了解图书馆工作、政府决策图书馆事业发展提供了平台。2010年12月，《中国图书馆年鉴》2010卷正式出版。全书由纪事，专文，图书馆事业，学术研究与活动，法律、法规与政策性文件，专业文献，图书馆活动图辑，统计资料和全国公共图书馆名录等9部分组成，共计约110万字。其中图书馆活动图辑和全国公共图书馆名录是2010卷新增加的两大版块。图书馆活动图辑展示了在2009年迎来百年馆庆的8家图书馆的风貌，包括国家图书馆、陕西省图书馆、山西省图书馆、山东省图书馆、河南省图书馆、吉林省图书馆、云南省图书馆和桂林图书馆，同时展示了中国图书馆学会成立30周年来所开展的各项活动。这些图片有相当一部分是民国时期的老照片，非常具有历史价值，而且图文并茂，生动形象，成为本卷的一大亮点。全国公共图书馆名录登载了我国县以上公共图书馆的信息，共计2859条，使《中国图书馆年鉴》的资料得到了进一步充实。

《中国图书馆年鉴2010》

五、专业文献出版

国家图书馆出版社，原名书目文献出版社，1979年成立。1996年更名为北京图书馆出版社，2008年改为现名。国家图书馆出版社是文化部主管、国家图书馆主办的中央级出版社。2009年8月在新闻出版总署首次经营性图书出版单位等级评估

国家图书馆出版社办公楼

中被定为一级出版社，并被授予“全国百佳图书出版单位”称号。建社30年来，通过与各图书馆密切合作，形成了两大专业出版特色：一是编辑出版图书馆学和信息管理科学著译作，出版各种书目索引等中文工具书；二是整理影印中文古籍等各种稀见历史文献。此外还编辑出版各种文史著作和传统文化普及读物。2010年，国家图书馆出版社在转制的大背景下，紧密围绕以和谐促转制，以稳定促繁荣，以合作促开拓，以深化促发展4个方面，着重抓强化内部协调、优化图书选题、落实重点项目、开拓营销网络等方面，保持了稳健发展的势头。

（一）编辑出版工作扎实推进，出书品种稳步上升

出版社年初组建“历史文献影印编辑中心”，将原有古籍影印编辑室、文史编辑室、综合编辑室合而为一，优化选题、统一部署，进行传统古籍与近代文献的选题开发与影印出版。2010年出版图书307种，比2009年增加27%。其中新版书267种，比上年增加24%；重印书40种，比上年增加54%。2010年发稿492种，比上年增加54%。

按照新闻出版总署、中国出版工作者协会等的要求，完成多个项目的申报与评选。其中，《国立北平图书馆甲库善本丛书》获2010年度国家出版基金资助；《吉林省档案馆藏清代档案史料选编》、《大连图书馆藏清代内务府档案选编》获2010年度国家古籍整理出版专项经费资助；《第一批国家珍贵古籍名录图录》荣获第三届中华优秀出版物奖图书奖；《中国马克思主义史学的理论成就》荣获北京市第十一届哲学社会科学优秀成果奖一等奖；《赵凤昌藏札》荣获第五届“优秀古籍图书奖”一等奖，《郑振铎藏古吴莲勺庐抄本戏曲百种》、《清宫恭王府档案总汇：和珅秘档》、《北京藏黄正甫刊本三国志传》获二等奖，《冀淑英古籍善本十五讲》获普及读物奖；《哲人其萎　风范永存——任继愈先生追思录》、《亲子阅读》荣获2010年第六届国家图书馆文津图书奖推荐图书奖；《部级领导干部历史文化讲座——图文全本·艺术卷》、《领导干部历史文化讲座——文津演讲录图文本·艺术卷》荣获2010年度全行业优秀畅销品种称号；《辛亥革命稀见文献汇编》列入新闻出版总署纪念辛亥革命100周年重点图书选题。

（二）落实重点图书的出版，打造精品、争创品牌

做好国家“十五”、“十一五”规划项目、国家古籍整理出版专项经费资助项目等重点图书项目的进度跟踪与落实。《中华再造善本》续编工作全面推进，累积出版147种744册，制作中61种，完成拍照312种；完成《当代中国图书馆学研究文库》（第三辑）、《地方志灾异资料丛刊·第一辑》、《明清赋役全书·第一辑》、《国家图书馆藏抄稿本乾嘉名人别集丛刊》、《南京图书馆藏戚蓼生序本石头记》5种国家“十一五”重点图书出版规划项目的出版；完成《清文海》、

《续修四库全书总目提要·丛书部》、《复旦大学图书馆藏稀见方志丛刊》、《广东省立中山图书馆藏稀见方志丛刊》等7种国家古籍整理出版“十一五”重点规划项目的出版；完成《自庄严堪善本书影》、《大连图书馆藏清代内务府档案选编》、《清代私家藏书目录题跋丛刊》等7种国家古籍整理出版专项经费资助项目的出版。

继续做好国家图书馆重点图书的出版。《国立北平图书馆甲库善本丛书》前期准备工作进展顺利；《民国文献资料丛编》已出版图书80余种900余册，涵盖文献近3000种；《国家图书馆藏敦煌遗书》已出版136册；国家图书馆系列讲座丛书“学津清谈”已出版6种。

（三）拓展营销渠道，销售再创新高

举办或参加《中华再造善本》续编工作座谈会、《国立北平图书馆甲库善本丛书》专家座谈会、“中国图书馆学会2010年秘书长联席会议暨《中国图书馆年鉴》编纂工作培训班”、第六次中华民国史国际研讨会等学术及专业会议十余场；参加第二十一届全国图书订货会、第二十届全国图书博览会等专业书展多场。通过广泛参加学术会议及专业书展，扩大了出版社在学术界和图书馆界的社会影响，取得了较好的形象宣传和业务交流的效果。对外参加了在伦敦举办的英国国际书展，促进了与海外图书出版界的沟通与交流，扩大了在海外市场的影响。

继续加强媒体及网络宣传。先后在《人民日报·海外版》、《光明日报》等30余家报刊发表书讯、书评、刊登书摘和书目、社长及总编访谈文章等共计90余篇，在相关网络发布书评、书讯、书摘、连载等共计100多篇次，进一步树立特色鲜明的专业出版社形象。

2010年出版社总销售收入4152万元，比上年增长6%。

（四）专业人才队伍建设进一步加强，出版社整体运转和谐有序

出版社相关领导参加第五十六期全国图书、音像、电子出版社社长总编辑培训班；出版社总编室工作人员参加总署出版管理司举办的书号实名申领业务培训班；在新闻出版总署组织的全国出版单位专业技术人员职业资格首次登记注册工作中，25名员工经注册取得责任编辑证书。

按照新闻出版总署《关于做好2010年图书出版单位年度核验工作的通知》的文件精神要求，出版社成功通过年度核检；为顺利开展互联网和电子出版，出版社已申请办理互联网出版许可证。

国家图书馆出版社转企改制工作方案于2010年3月底批复，4—6月进行清产核资准备及具体工作，年底基本完成转制工作，12月30日取得工商执照。

年度掠影

【《中国图书馆分类法》第五版出版发行】

9月，正式出版发行《中国图书馆分类法》(简称《中图法》)第五版。《中图法》是以科学分类和知识分类为基础，并结合文献内容特点及形式特征进行逻辑划分和系统排列的类目表，是类分文献、组织文献分类排架、编制分类检索系统的工具。它不仅为我国各级各类型图书馆、信息部门广泛使用，而且在各类数据库乃至互联网中也得到了广泛应用，是目前我国影响最大、使用最广泛的一部综合性分类法。《中图法》自出版以来，国家图书馆和《中图法》编委会一直采取日常更新和版本修订两种方式进行维护。《中图法》的编制始于1971年，先后出版了四版，即1975年出版的第一版，1980年出版的第二版，1990年出版的第三版，1999年出版的第四版。

《中图法》第五版审定工作会议

《中图法》编辑委员会自2005年9月开始组织修订《中图法》第四版，来自全国26个单位的34位委员共同承担了修订任务，58个单位的近百名专家参与了修订工作。经过调研、分工修订、综合审定、用户试用及反馈意见等修订阶段，通过分类法联机修订系统，历经5年时间，建设完成《中图法》第五版机读数据库和《中图法》第五版纸质版本。《中图法》第五版通过新增类目，调整完善类目体系，修改类名、注释等修订方法，补充了新主题、新概念，增强了类目主题的容纳性，明确了类目含义和使用方法；第五版新增类目1630多个，停用与删除类目约2500多个，修改类目约5200多个。第五版还增加了复分、仿分等使用标记，完善了类目相互参见注释，对增删改类目补充沿革注释等办法，使类表的实用性有了很大的提高。另外，第五版对与人类生活息息相关的经济、生产和生活服务业，包括金融、房地产、公共设施、社会福利、娱乐业等，以及发展迅速的通信业、交通运输业、计算机技术等方面的大类进行重点修订。修订后的《中图法》更具有实用性和时代特征，更充分地反映和体现信息组织、知识组织、文献组织的工具性，更好地满足文献标引，信息与知识的检索需求。

《中国图书馆分类法》(第五版)

【“学津清谈”系列讲座丛书正式出版】

2010年，国家图书馆将精品讲座集结成册，出版了“学津清谈”系列丛书6种，分别为《传统文化与现代化》、《科学素质与社会和谐》、《教育理想与教育哲学》、《艺术与社会》、《寻求内外平衡的发展战略》、《守望圆明园——学术文化争鸣集》等。在做好现有各系列讲座的基础上，开发讲座衍生产品，进一步扩大影响，打造社会教育服务品牌。

《守望圆明园》

【《当代中国图书馆学研究文库·第三辑》出版】

“当代中国图书馆学研究文库”为国家“十一五”重点图书出版规划项目，由吴慰慈、陈源蒸担任主编，旨在分批挑选在中国图书馆学各个研究领域有一定建树的中青年学者，将其历年发表的优秀图书馆学论文结集成书，以文库的形式，分辑出版，从而如实地反映当代中国图书馆学研究的基本状况，同时也向国内外充分展示当代中国图书馆学研究者的学术风采，让社会了解图书馆学，从而鼓舞我国图书馆学研究者的士气，为中国图书馆学的发展营造良好的学术氛围。

自2007年项目启动以来，已出版3辑30册。第三辑12册，2010年8月出版，收录吴晞《天下之公器》、曹树金《情报检索语言与信息组织探微》、肖希明《信息资源建设的变革与发展》、顾犇《信息资源建设的实践与思考》、李广建《图书馆信息系统：技术、实现与应用》、王松林《从文献编目到信息资源组织》、叶鹰《科学化图书情报学探索》、沈固朝《借鉴与探索》、徐建华《传统特色文献整理与收藏研究》、孟连生《文献计量学与中国图书馆事业发展》、刘炜《数字图书馆的语义描述和服务升级》和杨沛超《中国图书情报事业发展研究》等。

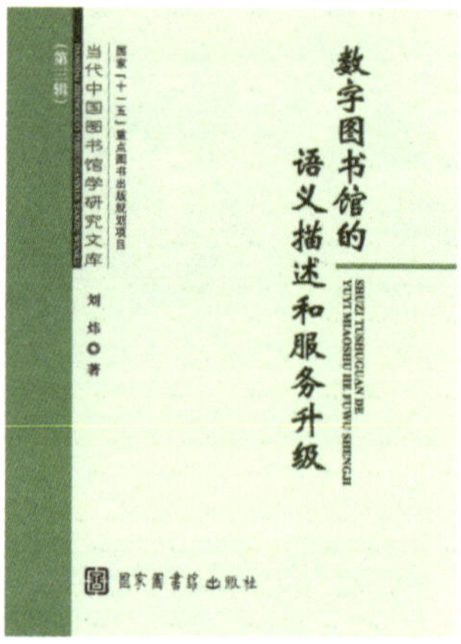

《数字图书馆的语义描述和服务升级》

【大型清人文集《清文海》出版发行】

2010年7月，大型清人文集《清文海》由国家图书馆出版社正式出版发行。

《清文海》

《清文海》于上世纪80年代开始编纂，是全国高校古籍整理研究工作委员会组织实施的大规模断代诗文总集编纂工程“七全一海”（《全宋文》、《全宋诗》、《全唐五代诗》、《全元文》、《全元戏曲》、《全明文》、《全明诗》、《清文海》）之一，为全国高校古籍整理研究工作委员会“八五”至“九五”期间重点项目，同时也是国家古籍整理出版“十五”、“十一五”重点规划项目，获得2007年国家古籍整理出版专项经费资助。

《清文海》由南开大学古籍与文化研究所众多研究人员工作

多年，广泛搜罗，披沙拣金，完成选编。旨在通过入选文章反映清代社会文化全貌。入选文章注重其学术价值、文学价值、资料价值等，体裁包括辞赋、诏令、奏议、书信、序跋、论说、传记等，共收入清代1576位作者的18383篇文章。全书105册，索引1册，原版标点影印，规模宏大，内容丰富，清一代较为重要的学者、文学家、思想家、政治家之要文佳作，大抵收揽其中。

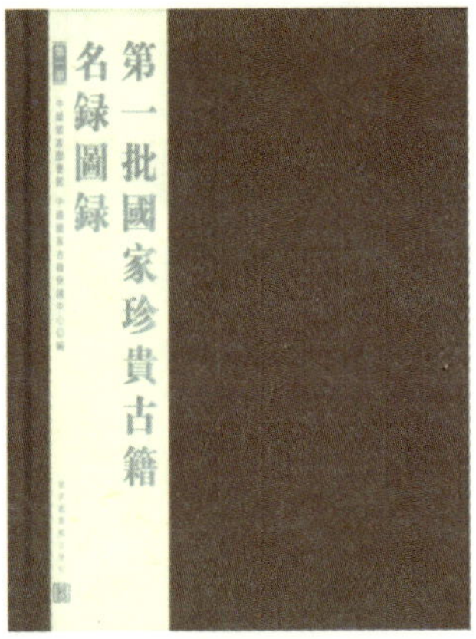

《第一批国家珍贵古籍名录图录》

【《第一批国家珍贵古籍名录图录》获第三届中华优秀出版物奖图书奖】

“第三届中华优秀出版物奖”于2010年9月评选揭晓，国家图书馆出版社出版的《第一批国家珍贵古籍名录图录》荣获图书奖。

“中华优秀出版物奖”由中国出版工作者协会主办，与中宣部“五个一工程”奖、新闻出版总署“中国出版政府奖”并列为业界三大奖，每两年评选一次。首届中华优秀出版物奖于2006年举办。本届中华优秀出版物奖设图书奖50名，图书奖提名奖100名，从430家出版社报送的733种图书中选出。

《第一批国家珍贵古籍名录图录》是依据2008年3月1日国务院批准颁布的“第一批国家珍贵古籍名录”编纂而成的大型珍贵古籍图录，2009年1月出版。共收录全国200余家收藏机构所藏珍贵古籍2392种，其中，汉文古籍2282部，民族文字古籍110部。汉文古籍包括简帛117种、敦煌文书72件、古籍2020部、碑帖73部。民族文字古籍包括焉耆—龟兹文、于阗文、藏文、回鹘文、西夏文、白文、蒙古文、察合台文、彝文、满文、东巴文、傣文、水文、古壮字等14种文字。该《图录》著录严谨，编排合理，图像清晰，及时反映古籍保护工作开展以来的阶段性成果，不仅为学术研究、版本鉴定、古籍普查等提供一部数量空前的重要图录，对于继续开展古籍普查及珍贵古籍申报工作，具有参考指导作用。

【《赵凤昌藏札》等5种图书获第五届优秀古籍图书奖】

9月12—17日，第25届全国古籍出版社社长年会暨2010年度全国优秀古籍图书评奖会在安徽合肥举行。国家图书馆出版社出版的《赵凤昌藏札》等5种图书获奖。

全国“优秀古籍图书奖”由中国出版工作者协会古籍出版工作委员会设立，自2006年起，每年举办一届，由全国22家古籍出版社及其他相关出版社报送优秀古籍图书参与评选。设荣誉奖、一等奖、二等奖、普及读物奖等奖项。

《赵凤昌藏札》

《赵凤昌藏札》为国家清史工程出版项目，获得2008年国家古籍整理专项经费资助。赵凤昌是清末民初政坛上十分活跃、很有影响的立宪派代表人物。藏札是他与当时政界、商界、教育界等各界高层人士往还信件的合辑，彩色信笺，名人手迹，所议之事，无论巨细，均为当时历史之见证。经折装，共36函，109册。因其从未刊印，难以行远，致使其重要的史料价值至今无法为研究所用。国家图书馆对其加以整理，影印出版。

本次获奖的其他图书还有：二等奖《郑振铎藏古吴莲勺庐抄本戏曲百种》、《清宫恭王府档案总汇：和珅秘档》、《北京藏黄正甫刊本三国志传》，普及读物奖《冀淑英古籍善本十五讲》。

【《国家图书馆藏民国时期抗战图书书目提要》出版】

《国家图书馆藏民国时期抗战书目提要》

2010年10月，国家图书馆典藏阅览部编撰的《国家图书馆藏民国时期抗战图书书目提要》一书由国家图书馆出版社正式出版发行。《国家图书馆藏民国时期抗战图书书目提要》的编纂历时3年有余，是从国家图书馆藏数十万册民国图书中爬梳、遴选出的1931年到1949年间上万种抗战文献的目录及提要，收录包括国民政府出版物、日伪机构出版物、各民间机构、团体出版物在内的抗战文献9000余种。此外，还有近千种现藏国家图书馆善本库中的抗日根据地出版物。全书分政治、军事、经济、外交与国际关系、法律、社会、教育与体育、日本研究、抗战史、文学艺术文化事业等门类，呈现了民国时期抗战图书资料的全景。

馆藏珍品

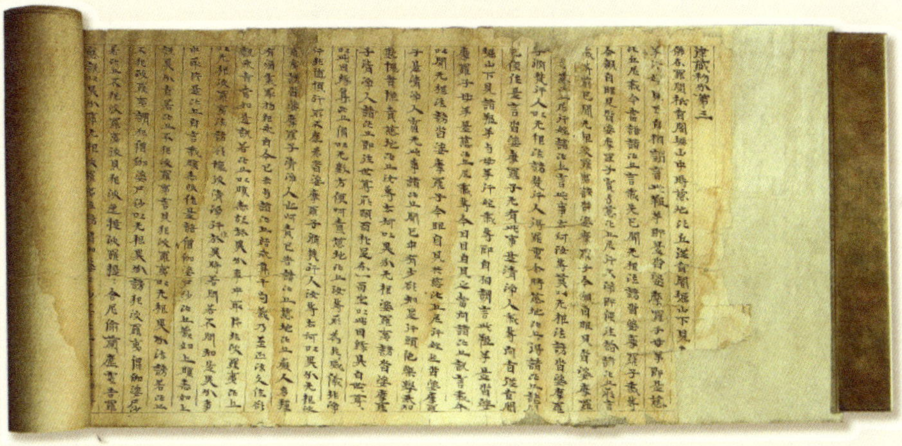

律藏初分（西凉写本）

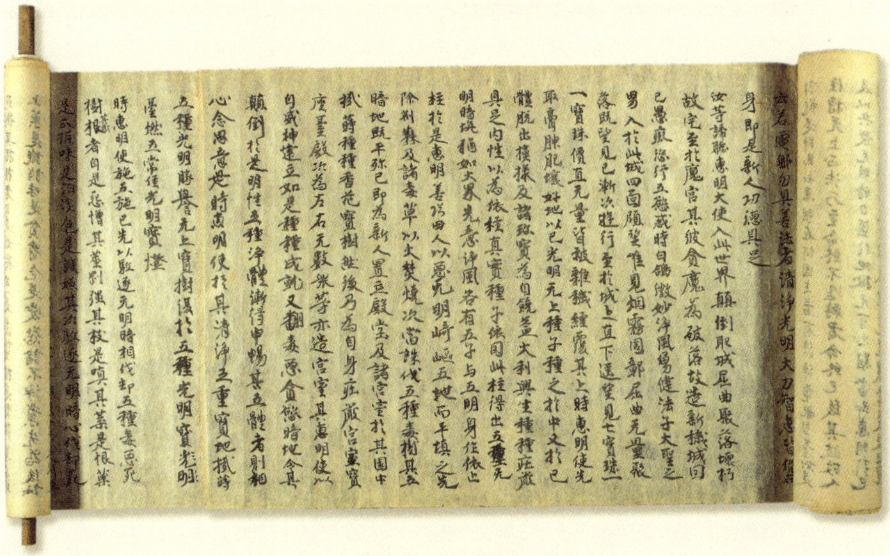

摩尼教经（唐写本）

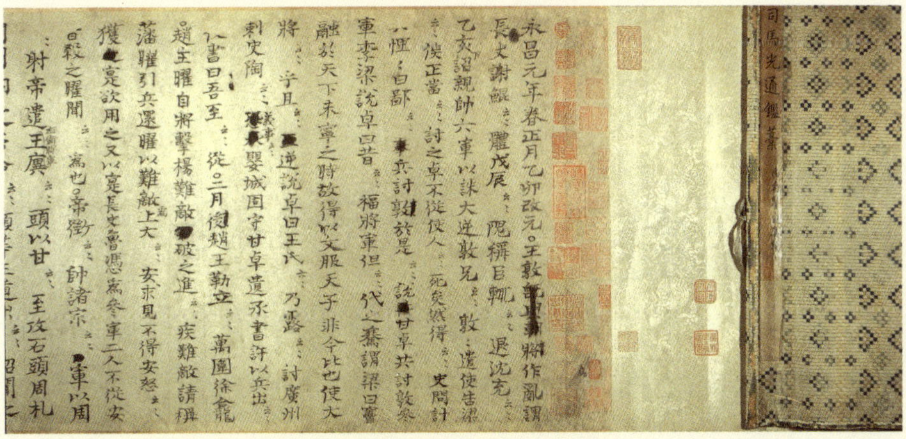

司马光《资治通鉴》手稿

对外交流与合作

- 合作项目
- 来访情况
- 出访情况
- 年度掠影

对外交流与合作

2010年，国家图书馆对外交流与合作在全面开展交流合作的同时突出重点项目，进一步深化与世界重要国家图书馆的交流，不断推动国际化进程。配合国家文化外交政策，确保对外交流工作服务于国家文化外交大局。重点发展与重要大国国家图书馆的战略伙伴关系，巩固与周边国家图书馆的传统合作，适度拓展与发展中国家图书馆的交流。着重推进国际范围内数字图书馆领域和古籍保存保护方面的交流与合作。

一、合作项目

国家图书馆在文化外交工作中承担起自己的职责，配合文化部的对外交流活动。通过启动驻外文化中心图书馆项目和继续开展中国之窗赠书项目，发挥国家图书馆资源优势和业务水平优势，积极参与国家的“文化走出去”战略。通过与韩国、日本举办定期业务交流活动，密切传统友谊，加强区域合作，并在传统中发掘创新，建立了中日韩数字图书馆合作项目；举办第五届中美图书馆合作会议，巩固两国图书馆界的战略合作伙伴关系，为两国图书馆界的深入交流搭建平台。通过立法决策服务及中国学等领域的合作拓展与英国国家图书馆、法国国家图书馆的交流。通过推进中华寻根网项目、参与第八次中文文献资源共建共享合作会议，促进资源共享，充分发挥国家图书馆作为中文文献资源中心的价值，发挥国家图书馆在中文图书馆界的主导作用。通过参与世界数字图书馆项目、与哈佛大学哈佛燕京图书馆合作古籍数字化项目、落实数字图书馆港澳地区合作馆项目，推动我馆与海外图书馆在数字化方面的深层次合作，推动全球中文珍贵文献的整合、利用与保护。

周和平馆长（右）代表国家图书馆接受乌克兰总统赠书

通过参加国际图联大会、举办“自然因素与文献保护研讨会”、组织国际图联重要出版物的翻译工作以及国际图联中文语言中心网页的定期维护工作，积极参与国际图书馆界的多边活动和事务，密切国家图书馆与国际图联等国际机构的关系，充分发挥国家图书馆承担的国际图联保存保护中心中国中心、国际图联中文工作语言中心的职责。

斯洛文尼亚共和国向国家图书馆赠送瓦尔瓦索图册集

继续做好出版物进口工作，全年接受海外的批量赠书共计6批8000余册，办理港台图书进口共计8批次。

二、来访情况

全年共接待重要的境外来访39批344人次，其中包括乌克兰总统、泰国文化部长、南非文化与艺术部长等国外政要，法国国家图书馆馆长、蒙古国家图书馆馆长、美国国会图书馆副馆长、俄罗斯总统图书馆副馆长、日本国立国会图书馆立法调查局主任等外国国家图书馆重要代表，台湾汉学研究中心副主任、香港中央图书馆馆长等台港澳地区图书馆重要代表，以及其他图书馆、研究机构、文化机构的来访。与上一年度相比，来访批次有所减少，但人数大体持平。国际交流处充分向来访者介绍了国家图书馆的发展成就，起到了有效的宣传作用，扩大了国家图书馆的国际影响，同时利用交流的契机，带动了业务领域的相互学习与借鉴。

三、出访情况

全年共办理出访17批45人次，重要的出访包括：馆长周和平、馆长助理孙一钢等6人赴德国、马耳他、西班牙和埃及就驻外文化中心图书馆项目进行调研；常务副馆长詹福瑞等11人赴瑞典参加国际图联大会；副馆长常丕军等4人赴英国参加“文献中国”研讨会并参访相关图书馆；副馆长张志清等7人赴台湾参加“中文文献资源共建共享合作会议”；副馆长魏大威等4人赴韩国参加“第十三次中韩业务交流会”等。与上一年度相比，出访批次和人数均有所减少。通过出访项目的实施，巩固了国家图书馆对外交流的务实合作，在业务领域的交流上取得成效，同时密切了国际友谊，扩大了国际话语权。

年度掠影

【驻外文化中心图书馆项目正式启动】

经文化部批复同意，国家图书馆与文化部合作的驻外文化中心图书馆项目正式启动。该项目总体目标是，以反映中国传统与现代文化的各类文献信息为主要内容，以展示中国社会主义建设新成就的各类文献信息为补充，依托国家图书馆宏富的馆藏资源与服务优势，在海外中国文化中心提供专业化、标准化的图书馆服务，向驻在国人民介绍和传播我国优秀的民族文化和社会主义建设成就。这对于加强中华文化的海外宣传具有重要意义，同时有助于国家图书馆扩大海外影响力。12月18—29日，周和平馆长、孙一钢馆长助理一行6人赴德国、马耳他、西班牙、埃及考察，就驻外文化中心图书馆项目的实施进行详实充分的前期调研，为今后项目的开展打下良好基础。

周和平馆长视察驻外文化中心图书馆

【举办第五届中美图书馆合作会议】

9月9日至10日，由中国国家图书馆、中国图书馆学会、美国国会图书馆联合主办的第五届中美图书馆合作会议在北京召开。中华人民共和国文化部副部长王文章，中国国家图书馆馆长、中国图书馆学会名誉理事长周和平，美国国会图书馆副馆长迪安娜·马库姆出席大会开幕式并分别致辞，中美双方图书馆、博物馆、档案馆的领导和专家参加了会议。会议以“数字资源共享：机遇与挑战”为主题，内容涵盖了“资源共享政策与趋势”、“数字资源管理与仓储技术”、“科学数据共享”、“数字资源保存方法”、“数字资源的访问、检索及利用”等数字图书馆建设的重要问题。会议邀请了中美两国近20位著名的图书馆专家、学者作精彩的大会报告和演讲，中美两国百余名图书馆界的代表相聚交流和研讨。会议旨在促进业界对数字资源的共享进行更广泛和深入的研究与探讨，加强中美图书馆界在此领域的交流与合作。在开幕式上，还举行了“中美图书馆员专业交流项目补充协议书”签换仪式，中美双方共同签署了“中美图书馆员专业交流项目”的延长协议。中美图书馆合作会议由两国轮流主办。自1996年在北京召开首届中美图书馆合作会议以来，已成功举办四届，在促进中美两国文化交流方面取得了积极成效。

第五届中美图书馆合作会议召开

【国家图书馆代表团参加第76届国际图联大会】

常务副馆长詹福瑞（中）带队参加国际图联大会

8月10—15日，第76届国际图联大会在瑞典哥德堡举行。会议的主题是“开放知识获取——推动可持续发展进程”。来自世界各地的3000余名专家、学者和图书馆馆员参加本届会议，其中包括来自中国图书馆界的100余名代表。国家图书馆常务副馆长詹福瑞等人分别出席了国家图书馆馆长会议（CDNL)年会，国家图书馆专业组、国际图联保存保护（PAC）核心项目、亚洲与大洋洲专业组、国际图联语言中心、版权和其他法律事务委员会（CLM）等业务会议，并共同出席了国家图书馆专业组与版权和其他法律事务委员会联合举办的研讨会。会议期间，与美国、英国、新西兰、新加坡、日本、韩国、俄罗斯等国的国家图书馆馆长会晤，就双边合作进行探讨。设立在国家图书馆的国际图联中文语言中心也派出志愿者赴瑞典担负大会的同声传译和快报翻译工作。

【常丕军副馆长率团访问英国国家图书馆】

副馆长常丕军（中）赴英参加“文献中国”学术研讨会

5月10—19日，常丕军副馆长等4人访问英国国家图书馆，进行立法决策服务专题调研，并顺访英国议会图书馆、伦敦大学亚非学院、牛津大学、剑桥大学、利兹大学等机构，通过交流加强了彼此之间的相互了解，为开展进一步合作奠定了基础。常丕军副馆长一行还参加了由国家图书馆与英国国家图书馆合作举办的题为“文献中国——英国的中国文献收藏与中国学研究成果”研讨会，立法决策服务部主任卢海燕和馆员李嘉分别作了题为“立法与决策服务——认知中国国家图书馆的新视角”、“从文献看英国中国学在中国的反馈”的会议发言。

【第八次中文文献资源共建共享合作会议在台北召开】

11月3—4日，第八次中文文献资源共建共享合作会议暨图书馆中文资源与数字典藏学术研讨会在台北召开，来自中国（包括大陆和港澳台地区）以及日本、新加坡、北美、欧洲等地的243位海内外参与中文文献资源数字化工作的领导及专家学者共聚一堂，就新形势下中文文献资源全球化交流心得，研商对策。国家图书馆张志清副馆长等7人出席会议，张志清副馆长作了题为“中国国家图书馆中文数字典藏及共享”的主题报告，古籍馆肖禹作了题为“全球中华寻根网项目”的大会专题报告。会议期间，国家图书馆代表团还分别派员参加了同期举行的2010年数字资源合作成果展开幕式、中文文献资源共建共享合作会议理事会第四次会议、中文名称规范会议、学术图书馆与数字资源研讨会、公共图书馆与数字资源研讨会等会议与活动。中文文献资源共建共享合作会议是由国家图书馆发起的旨在研讨全球中文文献资源共建共享问题、推动中文图书馆和中文资源收藏机构之间交流与合作的国际性会议，是中文图书馆界最具代表性的盛会之一，首次会议于2000年在北京召开。

【与韩国国立中央图书馆进行第13次业务交流】

6月13—20日，魏大威副馆长等4人赴韩国国立中央图书馆进行两馆第13次业务交流，交流主题为数字图书馆业务，同时出席了韩方举办的数字图书馆国际研讨会。通过此次交流，进一步密切了两馆的传统友谊，为双方今后共同参与中日韩数字图书馆项目奠定了基础。

【中日韩数字图书馆合作协议正式签署】

2010年8月，国家图书馆与日本国立国会图书馆、韩国国立中央图书馆共同签署中日韩数字图书馆合作协议，正式确立了中日韩三馆数字图书馆合作框架，三方今后将在协议原则下在互联网上提供方便易用的3个国家文化与科技方面的整合信息。中日韩数字图书馆计划旨在弘扬东方文化，促进亚洲不同文化间的交流，为亚洲与世界文明作出贡献。

【与日本国立国会图书馆进行第29次业务交流】

11月23—26日，以日本国立国会图书馆调查及立法考察局专门调查员、国土交通调查室主任山口广文为团长的代表团一行5人到国家图书馆访问，进行两馆间的第29次业务交流。本次业务交流的主题是立法决策服务。双方围绕“中国国家图书馆立法决策服务的组织结构及运行”、“国立国会图书馆之设立目的及国会服务”、“中国国家图书馆为国家立法决策服务主要内容及其特点”、“国立国会图书馆国会服务的组织、职员和调查业务”、“数字环境下中国国家图书馆立法决策服务的创新与发展”和“国立国会图书馆对国会提供的电子信息服务”等6个议题进行了深入探讨。

【稳步推进中华寻根网项目】

国家图书馆与澳门基金会于2009年签约合作的“中华寻根网”项目继续稳步推进，中华寻根网在互联网上实现了家谱在线阅览、家谱目录和全文检索、相关文献关联、家谱编纂互动、家谱专家咨询、寻根百科、家谱谱系分析等功能。2010年，国家图书馆依托中华寻根网一期建设成果，充实了馆藏数据和互动空间的基础数据，对不同模块做出调整，改进了用户的使用体验，还完善了后台管理平台中的资源数据导入、修改和网站使用统计等功能。10月28日，中华寻根网开通试运行，国家图书馆举行“中华寻根网”专家论证会,听取各方面意见，完善和充实网站建设内容。

【举办“自然因素与文献保护研讨会”】

6月22—24日，国家图书馆举办了“自然因素与文献保护研讨会”，来自我国（包括大陆和港澳台地区）和日本、韩国的文献保护与研究专业人员约60人参加会议。会议对如何更加有效地开展文献保存保护，减少自然灾害造成对文献的损害等问题进行了重点研讨。会议对于进一步有成效地推动近年来古籍保护与修复领域的国际合作，加强国家图书馆与国际图书馆界特别是与东亚地区图书馆界在图书保护和修复方面的交流具有重要意义。

机构与人员

- 内部机制改革调研
- 人才队伍建设
- 干部管理
- 年度重点工作
- 机构设置

机构与人员

2010年，国家图书馆扎实推进内部机制改革和人才队伍建设，继续加强干部管理、劳资统筹，不断完善档案数据维护、外聘人员管理，妥善应对国家图书馆出版社转企。围绕职称评审、全员年度考核、处级干部竞争上岗等年度重点工作，全面提升工作成效。

一、内部机制改革调研

2010年由人事处牵头组织机构调整、用人机制调整以及分配激励机制调整的调研工作，初步形成调整思路并撰写实施方案。同时，还就全国各地大型图书馆机构设置及职责划分进行专题调研，为整体的组织内部机制改革提供相关参考。梳理2010年度外包业务项目，汇总各业务部门月实际使用人数及核定数，提供财务处核拨年度经费数据。

二、人才队伍建设

2010年国家图书馆人才建设工作主要从人才引进、人才调研及人才培养3个方面开展。

（一）人才引进

2010年，按照文化部及国家图书馆接收程序要求，人事处对应聘的2万名高校毕业生进行了严格筛选，遴选出666名本科以上毕业生参加入馆笔试（实际参加考试共577名），对笔试合格的205人进行了面试，并根据综合素质和专业情况择优推荐81人到部门进行开放式面谈。经过上述程序，国家图书馆2010年共接收大学应届毕业生55名，其中博士生11人，硕士生41人，本科生3人；男29人，女26人；计算机及相关专业3人，图书情报专业5人，经济类专业4人，外语专业4人，中文类专业4人，历史类专业7人，法律类专业5人，理工类其他相关专业11名，文史类其他相关专业12名。另外，为鼓励人才派遣人员更好地工作，不断完善人才结构，人事处于10月下发《关于公开招聘工作人员的通知》，在现聘派遣工作人员中择优遴选15名进入了正式事业编制。

（二）人才调研

人事处组织召开面向中层干部、科组长、高级专业技术人员、业务骨干、近年来入馆毕业生等人员的人才队伍建设调研座谈会。完成国家图书馆2006—

2009年人才工作总结，并起草《国家图书馆人才发展纲要（2011—2015年）》及《国家图书馆“十二五”时期规划纲要》中关于人才队伍建设的部分内容。

（三）人才培养

2010年初，通过对各部门员工培训需求进行调研，下发《国家图书馆2010年度继续教育计划》。在此基础上，制作国家图书馆2010年培训手册。在管理干部的培养方面，本年度选派国有资产管理处副处长安洁、典藏阅览部副主任刘瑛同志参加文化部第九期处级干部任职培训班；选派外文采编部主任助理罗翀、缩微文献部综合管理组组长王浩、中国图书馆学会秘书处办公室副主任吴悦参加文化部第四期青年干部培训班。组织举办国家图书馆2010年度科组长培训班，26个部处的83名科组长参与了培训。除此，2010年度还遴选2人赴日本交流学习，2人赴新加坡交流学习。此外，大力鼓励员工参加在职学历和学位教育并继续给予支持，并积极探索与中国艺术研究院联合培养图书馆学博士研究生、专业硕士研究生。申请聘请外国专家单位资格。

三、干部管理

配合文化部完成两名提任副馆长试用期满考察工作和提任副馆长、聘任馆长助理的公示工作。组织干部竞争上岗会1次。根据国家古籍保护中心办公室的领导变更，草拟并上报国家图书馆关于拟调整国家古籍保护中心主任、副主任的请示。根据机构调整情况，经馆务会议研究决定，调整中层干部聘用岗位13人次。完成2010年底干部换届竞聘的各项工作，完成中层干部及助理登记表的整理工作。在科组长聘任上，2010年共有22人提任科组长，4人进行轮岗交流。完成2009年下半年、2010年上半年处级及以上干部收入申报、有关事项报告等工作。

四、年度重点工作

（一）职称评审

2010年度经过个人自愿申报，小组评委会对申报人员资格和条件进行初评，图书资料系列和综合系列职称资格推荐委员会组织答辩并进行推荐，国家图书馆职称资格评审（推荐）委员会进行评审表决，共推荐10人晋升相应高级专业技术职务任职资格，其中，5人晋升研究馆员、1人晋升编审、1人晋升副编审、1人晋升副主任护师、2人晋升高级工程师。通过了33人晋升副研究馆员，通过了39人取得中级及以下职称资格。通过德、能、勤、绩等方面的全面考核，对近3年符合条件的119名大学生完成2010年度职称初聘工作。

（二）全员年度考核

组织完成2009年度全员岗位考核工作。组织召开各部门正处级干部集中述职会议，公示重点专业技术岗位人员学术研究情况，并完成汇总上报工作。共有1227人参加考核，其中82人优秀，1140人合格，3人基本合格，2人不合格。另有124人不参加考核。组织2010年度全员岗位考核工作。共有1238人参加考核，其中优秀83人，合格1150人，基本合格1人，不合格4人。另有129人不参加考核。

（三）先进集体及创新奖评奖

下发《关于评选2010年度国家图书馆先进集体、国家图书馆创新奖的通知》，组织有关奖项的评审，评审出14个先进集体和8个创新奖获奖项目。会同业务管理处组织2010年员工大会颁奖。

此外，还组织开展"四个一批"人才候选人员、2010年度享受政府特殊津贴人员、第九批"博士服务团"赴西部地区服务锻炼人选、扶贫干部、援藏干部、2010年全国技术能手、文化部文化行业高技能人才、公共文化服务体系课题组、全国图书情报专业学位研究生教育指导委员会主任委员和全国图书情报专业学位研究生教育指导委员会委员、中国图书馆学会国家图书馆分会负责人、文化部古籍修复方面专家人选及国家图书馆员工在中国图书馆学会第八届编译出版委员会任职的选拔推荐工作。

（四）外聘人员的管理

人事处严格按照《劳动合同法》的各项规定，进一步加强对外聘人员的管理。年初，人事处对外聘员工的聘期进行了梳理，协调北京双高志信人才派遣有限公司办理了70名人才派遣人员的续聘手续，并完成了对《人才（劳务）派遣服务协议》的修改及续签工作。每月完成对派遣人员的各项社会保险及相关派遣费用的核对和支付工作，共支付2010年度派遣人员的工资、社会保险费、派遣服务费共计900万元，在此基础上核对其保险基数和公积金基数，配合双高派遣公司完善了派遣人员的社会保险信息补充及变更工作。

五、机构设置（截至2010年12月）

《永乐大典》封面

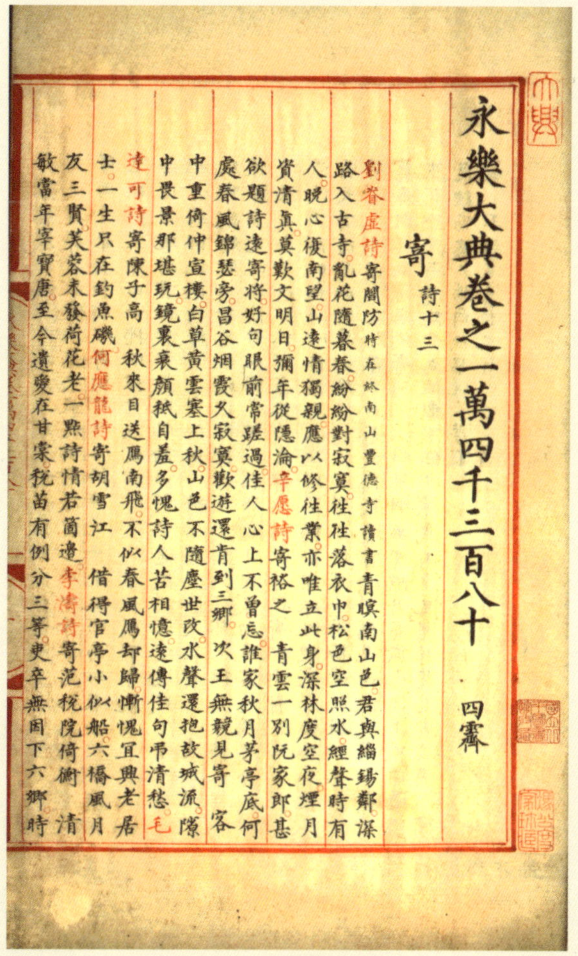
永樂大典卷之一萬四千三百八十 四寘

寄

詩十三

劉眘虛詩寄閻防 時在終南山豐德寺讀書 青暝南山色君與緇錫鄰深
路入古寺亂花隨暮春紛紛對寂寞往往落衣巾松色空照水經聲時有
人晚心復南望山遠情獨親應以修往業亦唯立此身深林度空夜煙月
資清真莫歎文明日彌年從隱淪辛愿詩寄裕之 青雲一別阮家郎甚
欲題詩遠寄將好句眼前常蹉過佳人心上不曾忘誰家秋月茅亭底何
處春風錦瑟旁昌谷烟霞久寂寞歡遊還肯到三鄉 次王無競見寄 客
中重倚仲宣樓白草黃雲塞上秋山色不隨塵世改水聲還抱故城流隱
中畏景那堪玩鏡裏衰顏秪自羞多愧詩人苦相憶遠傳佳句弔清愁毛
逵可詩寄陳子高 秋來目送鴈南飛不似春風鴈卻歸慚愧宜興老居
士一生只在釣魚磯何應龍詩寄胡雪江 借得官亭小似船六橋風月
友三賢芙蓉未發荷花老一點詩情若箇邊李濤詩寄范稅院倚衛 清
敏當年宰寶唐至今遺愛在甘棠稅苗有例分三等吏卒無因下六鄉時

《永乐大典》正文页

国家图书馆内设机构设置图

（2010年12月）

处级机构：26个
科级机构：106个

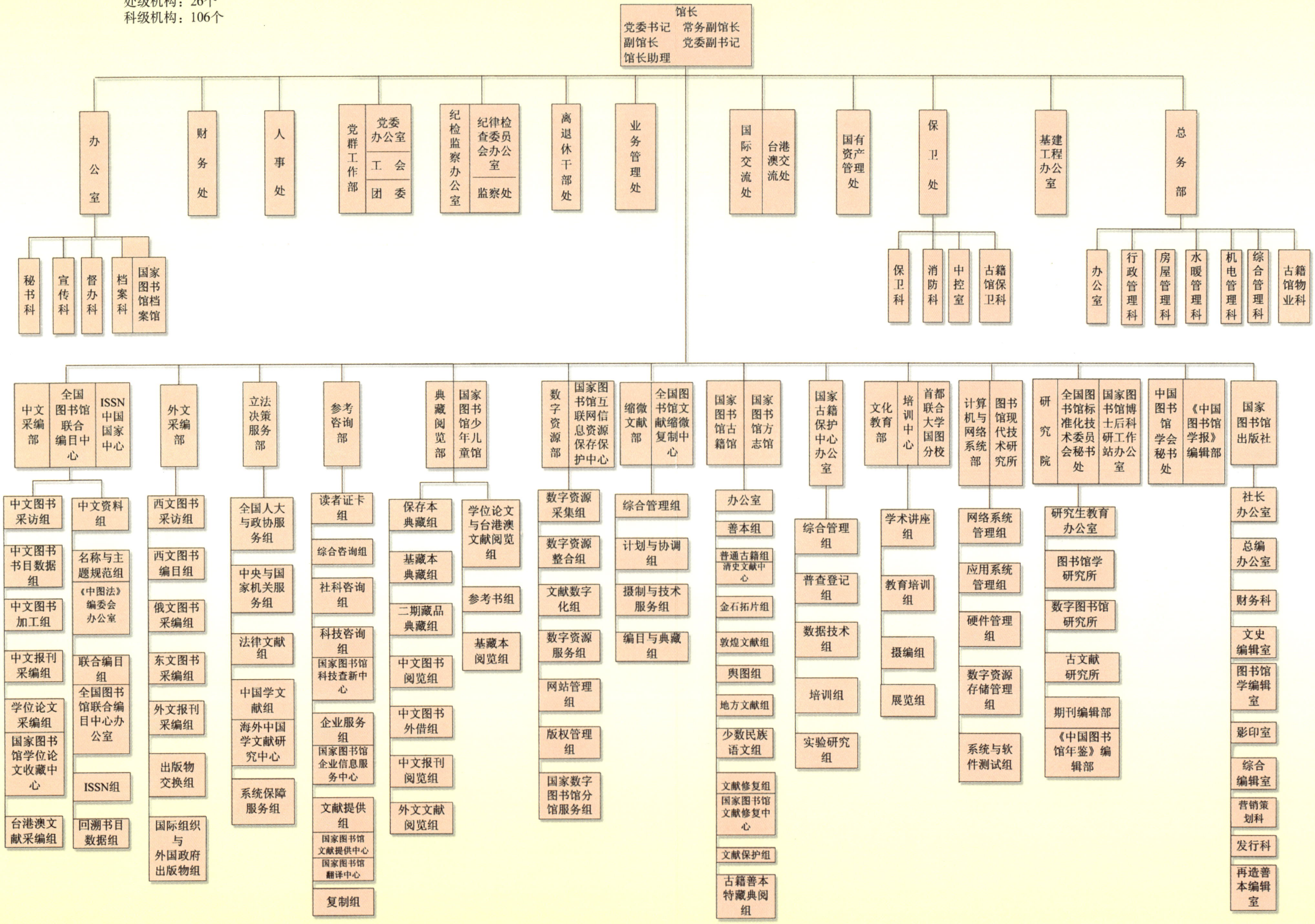

馆藏珍品

《四库全书》书影

设施建设与安全保卫

- 设施建设
- 安全保卫

设施建设与安全保卫

一、设施建设

国家图书馆一期维修改造工程是国家图书馆二期工程完工后又一大工程建设项目，也是国家图书馆“十二五”期间的重要工作。为更好地开展一期维修改造工程，国家图书馆于2010年2月设立基建工程办公室，专门负责一期维修改造工程相关工作，重点推进一期维修改造工程立项审批工作，完成一期维修改造及后勤服务用房设计方案，切实保障行政办公楼如期开工，积极开展外部协调、大力加强对其他部门的协助，有重点、有步骤地推进以一期维修改造工程为中心的各项工作。

（一）完成国家图书馆一期维修改造工程可行性研究报告

自1987年建成开馆以来，一期工程建筑设施及设备已经运行23年，大多数设备、管道已经超过使用年限，不同程度出现老化、生锈，建筑节能、消防等存在一些问题，公共设施、后勤设施的配备也不能满足日常业务需要。根据2009年12月文化部办公厅下发的《关于对国家图书馆一期维修改造工程可行性研究报告进一步修改完善的通知》精神，国家图书馆委托可行性研究报告编制单位对馆舍及业务现状进行了多次调研工作，对可行性研究报告进行完善，深化后勤服务用房、招待所改造方案，同时论证书库搬迁、消防工程等难点问题，2010年6月底完成可行性研究报告编制，上报文化部。文化部委托中国国际工程咨询公司评估《可行性研究报告（修改版）》，评估认为《可行性研究报告（修改版）》提出的维修改造原则是基本合适的，提出的建设内容及规模基本符合实际情况。

（二）完成国家图书馆一期维修改造方案

国家图书馆根据一期维修改造面临的复杂情况，就一期消防、安防、业务格局、网络系统等问题进行论证，多次与设计单位进行沟通协调，赴设计单位解答设计中遇到的疑难，随时为设计单位提供相关资料，按时完成国家图书馆一期维修改造设计方案。

国家图书馆一期维修改造工程建设内容包括：11栋建筑的装修改造工程，2栋改扩建工程和1座新建工程，以及传达室、人防出入口、地下人防通道维修和室外工程。其中11栋装修改造面积135050平方米（原建筑），含行政办公楼建筑面积7692平方米。音乐厅扩建改造工程5950平方米，其中扩建1568平方米。后勤服务用房改造工程建筑面积27026平方米，将在现有的锅炉房及L楼基地上进行改造。该方案将延续一期建筑风格，与行政办公楼连通，建筑高度为27.8米。为保证该工程的顺利实施，新建工程热交换站项目也已经启动。该项目规划于地下车库南侧，为地下建筑，与地下车库相连，建筑面积1056.36平方米。招待所改造工程经征求北京市规划部门意见，不得扩建。目前已经着手进行招待所装修改造项目的方案设计工作，改造面积4048平方米。

后勤服务用房改造是国家图书馆一期维修改造工程中的重点。在完善设计方案前期做大量的调研工作，充分考虑到员工的各方面需求，拟在现锅炉房场地上建设后勤服务楼，拟建设规模为27026平方米，内设员工餐厅、读者餐厅、健身中心（乒乓球室、台球室、健身房等）、小型超市等。

（三）行政办公楼如期开工

按照国家图书馆一期维修改造工程整体进度安排，行政办公楼改造工程作为国家图书馆一期维修改造的样板楼，先期开工。在项目进行过程中，严格基本建设程序，加强管理，逐步改进工程管理的方式方法。进一步建立和完善工程周例会、专题例会制度。注重施工安全管理，对参与工程人员进行安全知识培训，制定安全巡查制度，充分保障施工安全。

改造后的行政办公楼外景

（四）基建档案整理

2010年，国家图书馆完成了古籍馆改造工程、古籍馆主楼装修改造工程竣工验收和备案工作。向北京市城市建设档案馆移交古籍馆改造工程竣工档案，共计24册。完成古籍馆绿化改造工程。完成古籍馆文津楼及防灾中控室电力及照明验收工作。向北京市城市建设档案馆移交国家图书馆二期工程竣工档案缩微胶片16盘，共计8242个画幅。完成国家图书馆一期空调消防监控系统的验收工作。完成国家图书馆一期书刊传送系统的升级和验收工作。完成国家图书馆二期应急照明部分设备的升级和验收工作。

改造后的行政办公楼内景

二、安全保卫

（一）国家领导人来馆等重要活动的安全保卫任务

2010年，原中共中央政治局常委、国务院副总理李岚清来馆参观，乌克兰总统来馆赠书，中共中央政治局委员、国务委员刘延东出席少年儿童图书馆开馆仪式，全国人大常委会副委员长周铁农来馆开讲“辛亥革命百年讲座”，并率民革中央机关领导来馆参观、考察。经周密部署，圆满完成了历次重要活动的安全保卫工作。

（二）重要展览、参观及重大活动期间的安全保卫工作

1. 第三批“全国古籍特展”的安全保卫

第三批“全国古籍特展”是继2006年国家图书馆举办的“文明的守望”、2008年第一批全国古籍展、2009年第二批全国古籍展之后，又一次重大的展览活动。这次展览汇集了国家图书馆和国内其他多家图书馆选送的珍贵古籍，备受瞩目。为了保证展览期间的安全，国家图书馆多次召开部门协调会，提前制定了详尽的安全预案。

2. “立法决策服务展览”期间及多次重大参观活动期间的安全保卫

“立法决策服务展览”是2010年国家图书馆多次重大展览中的一个亮点，先后举办了全国政协、全国人大、全国人大法工委、中央编制办、财政部以及民革中央专场和多次部委领导专场参观活动，为此制定了专门的安保方案。

3. 完成140多次论坛、讲座、会议等活动的安全保卫工作

积极开展“中关村创业论坛”、任继愈先生追思会、李光羲音乐会现场、白岩松讲座、奥运形象大使侯斌专场、姜昆曲艺专场讲座以及广西摄影展、唐山摄影展、“哥本哈根气候变化与中国”日本参观团、全国图书馆少儿服务工作座谈会等多次讲座、展览、会议等的安全保卫工作。

4. 古籍馆古籍回迁安全保卫

2009年为了完成古籍馆文津楼的房屋维修和内部消防设施的完善工作，将文津楼内的古籍从文津街全部搬迁到总馆院内，2010年古籍馆修复完毕后又需要将原有的古籍书籍全部运回古籍馆院内。为此专门召开了安全协调会，强调此次任务的重要性，对在运输过程可能出现的问题都进行了详细的分析和预测，并对可能出现的问题都作了预案。在整个押运的过程中，在装车环节，对沿途经过的路线都有专人全程监护，装车现场和卸车现场都安排专人现场负责，确保安全。

（三）消防安全管理工作

1. 加大安全宣传教育力度

2010年共召开由各部处主任参加的安全专题会议或安全员参加的安全工作会议15次，认真传达上级机关的指示精神，通报全国及北京市的治安、消防、

交通等方面的案例，并结合国家图书馆实际提出具体要求。共推出6期12块黑板报、14期《消防文摘》，宣传了烟花爆竹燃放规定、两会安全管理、建立消防“防火墙”等内容。督促员工食堂和招待所餐厅完成烟道清理工作。定期组织义务消防队、保安队灭火器培训演练。对员工进行安全教育和培训，全馆员工的安全意识不断增强。

2. 排查隐患，消防安全能力不断提高

6月中旬以后，为贯彻市消防局、首都综治委、安监局《关于开展建筑消防设施专项治理工作的通知》和上级要求，把消防安全能力建设落到实处，建立“自我管理、自我检查、自我整改”的消防安全机制，筑牢消防安全“防火墙”，召开了专题会，学习领会文件精神，分析讨论本馆消防薄弱环节，制定《夏季火灾隐患排查行动》草案，督促部处开展自查风暴行动；同时，健全、夯实防火基础配置，对馆内2712个便携式灭火器材完成年度检测。强化了消防宣传教育能力，结合发现问题开展即时培训。一年来，集中开展防火培训13次，实际讲解消防常识、示范灭火器的操作使用，培训在编员工670多人，消防培训被纳入员工在职教育培训范围后，员工参加消防培训、消防活动的积极性和主动性得到加强，进一步增强了消防安全意识，提高了防范技能。

3. 安全消防设备的运行和维修

全面监督检测和保障安全消防系统的探测器、漏水报警探测器、警钟、灭火系统、广播系统、电梯迫降、消防水泵连动、卷帘门系统连动、风口风阀连动、防排烟系统连动等设备设施的运行。中央控制室运行人员做到了有警必查，有问题及时报告，在第一时间发现和处理了多起安全隐患。同时加强对门禁系统权限的管理。

党建与员工文体活动

- 党建工作
- 工会活动
- 团委工作
- 年度掠影

党建与员工文体活动

2010年，国家图书馆坚持以邓小平理论和“三个代表”重要思想为指导，以科学发展观为统领，认真贯彻落实党的十七届五中全会精神，积极推进学习型党组织建设，充分发挥党组织、工会、共青团的作用，努力将各项活动与国家图书馆的中心工作紧密结合，营造健康、向上、和谐的文化氛围，不断探索和创新适合国家图书馆实际的工作方式和活动形式，努力提高工作实效，全面推进党的思想、组织、作风、制度建设和反腐倡廉建设，全心全意为员工服务，切实保障员工利益，培养青年员工爱岗敬业的精神，为国家图书馆事业的发展提供了思想和组织保证。

一、党建工作

（一）强化政治思想教育和理论学习，不断提高党员干部素质

根据《文化部直属机关党委2010工作要点》的文件精神，国家图书馆制定了《国家图书馆2010年工作要点》、《国家图书馆2010年党建工作要点》、《国家图书馆理论中心组2010年学习计划》以及《各党支部2010年工作安排意见》等文件，对理论中心组和各党支部的学习内容、要求、方法作了明确的规定。

按照学习计划，党委理论中心组、各党支部学习了文化部《中心组学习》第十三期至第十六期、《胡锦涛在全党深入学习实践科学发展观活动动员大会上的讲话》、《中共中央关于加强和改进新形势下党的建设若干重大问题的决定》、《胡锦涛同志在党的十七大上的报告》、《胡锦涛总书记在中央政治局第二十二次集体学习时的重要讲话》等文件。同时，党委办公室为中层以上干部和各党支部发放《划清“四个重大界限”学习读本》，并组织党员学习。

党的十七届五中全会召开后，党委办公室及时下发了《关于认真学习贯彻中国共产党第十七届五中全会精神的通知》，要求各党支部组织党员学习党的十七届五中全会精神。同时，党委办公室向中层以上干部发放了《中国共产党第十七届中央委员会第五次全体会议公报》和《中共中央关于制定国民经济和社会发展第十二个五年规划的建议》等相关文件。11月上旬，党委理论中心组进行了集体学习，并邀请中国社会科学院人口所所长蔡昉做了题为“‘十二五’时期：战略机遇与风险挑战”的讲座。

（二）积极推进学习型党组织建设

3月，为进一步推动“学习型党组织”建设，引导广大党员、干部提高综合素质，开阔自身视野，培养健康情趣，激发读书热情，加强效能建设，树立良好

风气，营造自觉学习的良好氛围，做一个爱读书、读好书、善读书的人，在党员、干部中开展读书活动。同时要求各党支部、各部门结合各自实际，积极开展创建学习型党组织、学习型团队活动。

4月，馆党委办公室对中央国家机关司局级干部培训工作进行调研，然后根据调研情况讨论制定了《国家图书馆培训计划》和《国家图书馆培训手册》，并下发到全馆员工手中。培训计划是根据中央关于学习型社会、学习型组织、学习型政党建设的总体要求和文化部党组的统一部署、根据国家图书馆的实际制定的。6月12日，党委办公室与人事处、文教部共同举办了“国家图书馆培训动员大会”。

根据文化部直属机关党委《关于开展2010年党员培训工作的通知》（党委发字［2010］13号）文件精神，制定国家图书馆在职党员培训计划。6月17日至24日，举办党员培训班。副馆长、党委副书记常丕军出席开班仪式，并做题为《加强党风廉政建设，做合格共产党员》的开班动员讲座。培训班上，中央党校党建部主任梁妍慧教授做了《加强党性修养，弘扬优良作风》的专题讲座。参加培训的党员还集中学习了文化部党员培训文件和参考材料，并参观了“立法决策服务决策成就展”和“国家珍贵古籍特展”。另外，还进行了党员考试，以检测学习成果，并组织培训党员外出考察学习。

（三）全面开展“创先争优”工作

根据文化部直属机关党委《关于印发〈关于在文化部直属机关基层党组织和党员中深入开展创先争优活动的实施方案〉的通知》（党委发字［2010］36号）文件要求，制定了《国家图书馆创先争优实施方案》。此次“创先争优”活动以“爱岗敬业比作为，创先争优当先锋”为载体，把开展创先争优活动与大力培育和弘扬爱岗敬业、淡泊名利、甘于寂寞、严谨治学、默默耕耘、无私奉献的精神结合起来，鼓励广大党员在平凡的岗位上实现自己的人生价值。国家图书馆党委对各党支部开展创先争优活动情况及各党支部对本支部党员开展创先争优活动情况适时进行点评，组织召开“国家图书馆创先争优动员大会”，动员并部署国家图书馆创先争优活动，根据文化部直属机关党委要求，组织党员学习《李源潮同志在中央创先争优活动领导小组办公室全体人员会议上的讲话》、《李源潮、马凯同志在中央和国家机关创先争优调研座谈会上的讲话》等文件。

（四）反腐倡廉

3月29日下午，由文化部党组成员、驻文化部纪检组组长李洪峰带队的文化部驻部纪检组监察局暨部直属机关党委组成的检查组，来国家图书馆检查贯彻落实《中共文化部党组关于〈中共中央纪委关于推进惩治和预防腐败体系的检查办法（试行）实施意见〉》（文党发［2009］7号）文件精神、开展惩防体系建设自查工作的情况。为贯彻落实国务院第三次廉政工作会议精神，4月8日文化部召开了反腐倡廉制度建设工作会议，部署开展“反腐倡廉制度建设年”活动。文化部党组书记、部长蔡武出席会议并作了重要讲话。国家图书馆领导和纪检监察干部参加了这次会议。会后，按照文化部党组的部署和要求，国家图书馆结合工作实际贯彻落实。4月12日，国家图书馆领导班子召开了专题馆务会，研究部署国家图书馆反腐倡廉制度建设工作，贯彻落实文化部反腐倡廉制度建设工作会议精神和开展反腐倡廉制度建设暨“查找廉政风险点，制定预防措施”的工作。会议由周和平馆长主持，副馆长、党委副书记常丕军通报了近几年国家图书馆开展反腐倡廉工作和制度建设的情况。与会人员就如何学习贯彻文化部会议精神、结合国家图书馆工作实际开展反腐倡廉制度建设暨“查找廉政风险点，制定预防措施”工作进行了认真的讨论和分析研究。4月13日下午，召开“反腐倡廉制度建设工作会议”，传达了温家宝总理在国务院第三次廉政工作会议上的重要讲话精神、蔡武在文化部反腐倡廉制度建设工作会议上的讲话要点，以及文化部反腐倡廉制度建设工作会议情况和李洪峰关于落实蔡武同志讲话精神开展反腐倡廉制度建设工作的具体要求。

（五）组织召开民主生活会

为了开好民主生活会，根据国家图书馆党委的要求，由党委办公室进行了认真的研究和布置，在全馆17个党支部包括处级以上党员领导干部和党支部委员在内的100多位党员、干部中广泛征求了对领导班子和班子成员的意见和建议，并深入一线，专门听取了多个重点业务部门所属党支部的党员干部的意见。然后组织召开馆级领导班子民主生活会，并制定《国家图书馆2010年整改措施》，接着召开2009年度民主生活会整改措施落实情况通报会，向中层以上干部通报了国家图书馆2009年度民主生活会整改措施的落实情况。

国家图书馆第一届职工代表大会第六次全体会议

（六）围绕工作重心积极举办各种活动

2010年，举办了庆七一“颂歌献给党”演唱会活动；举办了2010年国家图书馆宣传工作会议，对优秀党支部和个人进行了表彰；组织国家图书馆员工为灾区、西南旱区和舟曲捐款。根据文化部直属机关党委《关于开展向沈浩同志学习活动的通知》（党委发字［2010］7号）文件精神要求，在党员干部中开展向沈浩同志学习的活动。

周和平馆长为乒乓球赛开球

乒乓球比赛颁奖

员工参加羽毛球比赛

阳光健步走活动

二、工会活动

1月12日，第一届职工代表大会第六次全体会议召开。大会分别由党委书记、常务副馆长詹福瑞和副馆长、副书记常丕军主持。来自各部门的77名职工代表和5名特邀代表出席了本次大会。本次会议的主要议题是审议《2010年国家图书馆工作要点》、讨论《国家图书馆2009年度财务工作报告》、审议《职代会一届五次会议关于提案办复情况的报告》。11月4日，第一届职工代表大会第七次全体会议召开。会议讨论《国家图书馆“十二五”规划纲要（草案）》。

为纪念“三八”国际劳动妇女节100周年，工会与妇委会共同举办了以关注女性健康为主题的“女性的中医养生与保健”专题讲座。为贯彻落实中国工会十五大精神，激励国家图书馆广大干部员工为文化大发展、大繁荣贡献力量，工会开展迎“五一”创先争优活动，表彰了一批优秀工会工作者和先进分工会组织。组队参加了文化部直属机关第二届职工运动会并取得辉煌战绩。代表文化部组团参加中央国家机关第三届职工运动会“农行杯”田径及趣味4项比赛。摄影俱乐部举办了《国家图书馆摄影俱乐部会员作品展》，并策划组织了赴山西捐书助学活动，在活动后举办摄影展览并赴山西省图书馆巡展。为大力倡导“全民健身”的健康理念，鼓励广大员工加强体育锻炼，逐步提高身体素质，举办“国家图书馆第四届羽毛球比赛”、“跳绳比赛”、“阳光健步走”等活动。开展工会干部培训工作，聘请工会工作专家为工会干部授课。举办第九届员工运动会。

三、团委工作

国家图书馆团委积极组织广大团员青年参加文化部“先进文化、和谐文化、廉政文化”第五次和第六次主题读书报告会。开展了“捐献一瓶水　奉献一份爱”为西南旱区捐水活动。举办“今天你读书了吗”主题读书演讲比赛，并承办文化部直属机关党委“放飞青春梦想　高扬理想风帆”中青年干部读书演讲比赛。召开“我心中的国图精神·国图人”征文活动总结会。组织百名青年团员参加世界读书日《劝学篇》朗诵。组织青年培训工作，提高团员自身的责任意识，为未来的职业发展打下了良好基础。

年度掠影

【召开2010年中层干部、党支部书记工作会议】

2月25日至26日，国家图书馆2010年中层干部、党支部书记工作会议召开。馆长周和平，党委书记、常务副馆长詹福瑞，副馆长、党委副书记常丕军，副馆长陈力、张志清、魏大威出席了会议，中层干部、党支部书记、主任助理参加了会议。25日下午，詹福瑞代表馆领导班子作工作报告。报告对2009年的工作进行了总结，对2010年的主要工作作出部署。与会人员围绕如何落实好《2010年国家图书馆工作要点》和工作报告的目标要求分组进行了讨论。

【召开党员培训班总结会】

7月14日上午，国家图书馆在学津堂召开了党员培训班总结会。副馆长、党委副书记常丕军出席总结会并讲话。党群工作部主任景鸿达主持会议。典藏阅览部副主任刘瑛、缩微文献党支部的张立朝、外文采编部党支部的罗翀、古籍馆联合党支部的冀亚平4位党员代表作了发言，分别就本次培训谈了自己的学习体会。

党员培训班总结会

【开展创建学习型支部活动】

按照馆党委《关于推进国家图书馆学习型党组织建设的实施方案》的相关要求，财务处、国资处联合党支部开展了创建学习型支部活动的动员和实施工作。（1）动员全体党员参与到学习活动中来，牢固确立全员学习、终身学习的理念，保证学习工作扎实推进，切实取得成效。一方面，引导鼓励党员加强政治理论基础知识的学习。思想决定行动，行动产生结果。必须坚定不移地坚持“用科学的理论武装人”，不断提高党性修养和理论水平，同时，紧密结合形势对党员进行思想政治教育，激发党员的爱国热忱和工作热情。另一方面，鼓励大家继续学习专业知识，争做学习楷模。做到专业学习与业务工作统筹规划，同步部署，将建设学习型党组织落实到日常工作中。（2）开展了多种形式的学习，推动建设学习型党组织。党员干部响应馆党委号召，热情阅读了发放的多种优秀读物，并记录了读书心得；在安排好工作的同时，带头参加了馆内组织的有关培训；

组织党员观看了电影《第一书记》，提高了党员干部为人民服务、为人民谋利益的自觉性；开展支部内业务学习和交流，提高业务水平和工作能力；提高自学专业知识的自觉性，牢固确立终身学习的理念，将努力学习、不断学习作为一生的追求。2010年，国家图书馆典藏阅览部党支部在文化部学习型党组织建设活动中获得“文化部直属机关学习型先进党支部”荣誉称号。

文化部检查组来馆检查惩防体系建设情况专题汇报会

【文化部检查组来馆检查惩防体系建设情况】

3月29日，文化部党组成员、中纪委驻文化部纪检组组长李洪峰率检查组对国家图书馆推进惩治和预防腐败体系建设进行了专项检查，中纪委驻文化部纪检组副组长、驻部监察局局长秦建业参加检查。国家图书馆组织了专题汇报，就贯彻落实《中共文化部党组关于贯彻落实〈中共中央纪委关于推进惩治和预防腐败体系建设的检查办法（试行）实施意见〉》（文党发[2009]7号）文件精神、开展惩防体系建设的自查情况进行了汇报。馆长周和平，党委书记、常务副馆长詹福瑞，副馆长、党委副书记常丕军出席了汇报会。詹福瑞代表国家图书馆汇报了国家图书馆自查工作的开展情况。周和平馆长就如何加强国家图书馆的惩防体系建设提出了“四个结合”：一是要将惩防体系建设与促进国家图书馆事业发展结合起来，二是要把惩防体系建设与制度建设结合起来，三是要把惩防体系建设与对问题易发部位的监督结合起来，四是要把惩防体系建设与干部的教育结合起来。检查组对国家图书馆惩防体系建设工作给予了充分肯定，李洪峰同志进行了点评，同时提出了几点具体意见：一是惩防体系建设和反腐倡廉制度建设要纳入领导班子和党委的重要日程，二是要进一步加强党务干部队伍建设，三是把党员集中培训作为本年度的一件大事，四是要认真做好查找廉政风险点这项重要工作，五是要进一步加大制度建设的力度。

【反腐倡廉制度建设工作会议召开】

为贯彻落实国务院第三次廉政工作会议精神、文化部反腐倡廉制度建设工作会议精神，4月13日，国家图书馆召开了“反腐倡廉制度建设工作会议”。全馆副科级以上干部、党支部书记、支部委员和人事处、国有资产管理处、财务处以及基建办公室等职能部门的全体工作人员参加了会议。会议由副馆长张志清主持。会上，副馆长、党委副书记常丕军传达了温家宝总理在国务院第三次廉政工作会议上的重要讲话精神、蔡武同志在文化部反腐倡廉制度建设工作会议上的讲话要点和李洪峰同志关于落实蔡武同志讲话精神开展反腐倡廉制度建设工作的具体要求。周和平馆长作了重要讲话。他从国家图书馆在文化建设中承担的责任及图书馆事业发展的角度，指出了国家图书馆深入开展反腐倡廉制度建设的必要性和重要性，提出了七项加强反腐倡廉制度建设的基本要求，并从4个方面具体部署了学习教育活动：一是加强学习，筑起反腐防贪的思想长城；二是完成好查找廉政风险点、制定预防措施的专项工作；三是做好制度梳理工作，进一步健全反腐倡廉机制；四是加大监督力度和对各项制度执行情况的检查。根据文化部的要求和国家图书馆反腐倡廉工作的实际，馆务会决定设立纪检监察办公室（处级机构），职数4人，进一步保证监督力量，促进反腐倡廉工作正常开展。

【援助玉树灾区】

4月14日，青海省玉树县发生7.1级强震。4月19日上午，国家图书馆紧急组织召开了中层干部会，传达了文化部关于抗震救灾的文件精神，并要求各部处加强领导，高度重视，广泛号召全体员工发扬“一方有难，八方支援”的传统美德，积极捐款，参与到灾害紧急救助当中来，为灾区群众奉献爱心，救助受到地震危害的群众。同日下午，国家图书馆开展了“心系玉树　抗震救灾”现场捐款活动。

【员工养生保健系列讲座开讲】

11月8日下午，国家图书馆员工养生保健系列讲座在总馆南区多功能厅开讲，首讲嘉宾是中国中医科学院院长曹洪欣教授，主讲的题目是“中医养生与亚健康防治”。馆领导、全馆中层干部、科组长、部分员工和离退休老同志近300人现场聆听了讲座。12月22日下午，国家图书馆员工养生保健系列讲座第二讲在总馆南区东415教室开讲，讲座嘉宾是中国中医科学院首席研究员、国医大师、全国老中医药专家学术经验继承工作指导老师——84岁的陆广莘教授，主讲的题目是“中医文化养生智慧”。副馆长、党委副书记常丕军，副馆长王军，馆长助理汪东波，部分中层干部、科组长、部分员工、离退休老同志和来馆读者200余人聆听讲座。

【创先争优动员大会召开】

8月6日下午，国家图书馆召开“国家图书馆创先争优动员大会”。党委书记、常务副馆长詹福瑞，副馆长、党委副书记常丕军，副馆长张志清出席会议。

2010年国家图书馆创先争优动员大会

国家图书馆参加第二届文化部直属机关职工运动会

国家图书馆参加第二届文化部直属机关职工运动会获团体总分第一名

全体中层干部、各党支部书记、各党支部委员参加会议。常丕军同志主持会议。会议首先由张志清宣读了《国家图书馆创先争优实施方案》。随后，詹福瑞作了动员讲话。馆党委研究决定：授予典藏阅览部分工会、中文采编部分会、立法文教联合分工会、外文采编部分工会为先进分工会荣誉称号；授予段洁滨、文立新、刘家平同志为优秀分工会主席荣誉称号；授予王致翔、郝政生、孟欣、李继红、李坚、袁玉红、董婧、王来祥、姜红同志为优秀分工会干部荣誉称号；授予赵建中、贺佳、王媛、张立、姜智民、史晓峰、槐燕、程佳羽、张海川、马骏、贾建红、路龙惠、张庆全、李红霞、章鑫尧、张峰同志为工会积极分子荣誉称号；授予张彦、李晓明、方自今、郝守真、赵建国同志为优秀工会之友荣誉称号。

【组队参加文化部直属机关第二届职工运动会】

5月15日，工会选派60名运动员组成代表队，参加文化部直属机关第二届职工运动会。运动会上，全体运动员精诚协作，顽强拼搏，90余人次获奖，其中金牌17枚，银牌17枚，铜牌13枚。国家图书馆以总分472的高分取得团体总分第一名，运动员及观众文明有序，发扬风格，获得“道德风尚奖”。

【庆七一“颂歌献给党”演唱会活动】

7月1日，国家图书馆举行庆七一“颂歌献给党”演唱会活动。文化部党组成员、驻部纪检组组长、部直属机关党委书记李洪峰，部直属机关党委常务副书记张雅芳参加了演唱会。国家图书馆馆长周和平，党委书记、常务副馆长詹福瑞，党委副书记、副馆长常丕军，副馆长陈力、张志清、魏大威都加入到各个员工方阵中，与大家共同高歌。演唱歌曲以传承和弘扬红色精神为主题，沿着党的诞生、发展和壮大的历史脉络向我们展示了我党光辉的战斗历程。

【举办复转军人联谊会】

为迎接“八一”建军节，馆工会为投身到国家图书馆的复转军人举办了一场联谊会。联谊会让复转军人回忆起那激情燃烧的军营岁月，也感到国家图书馆是一个温暖的家，是他们的第二故乡，纷纷表示要继续保持和发扬军人吃苦耐劳、知难而进的优良传统，进一步解放思想，提升业务能力，为国家图书馆又好又快发展作出新的更大贡献。

【举办第九届员工运动会】

10月24日，国家图书馆第九届员工运动会在中国人民大学运动场举行。文化部党组成员、中纪委驻文化部纪检组组长、文化部直属机关党委书记李洪峰、文化部直属机关党委常务副书记张雅芳、文化部直属机关工会主席蔡秀雯、紫竹院街道工委书记田桂茹以及馆领导班子全体成员出席了现场活动，与员工们一起参加此次运动会。典藏阅览部分工会荣获国家图书馆第九届员工运动会团体总分第一名。中文采编部分工会、北京北图文化发展中心工会、参考咨询部分工会、外文采编部分工会、古籍馆联合分工会分获团体总分第二至六名。

【工会干部培训班开班】

7月15日上午，国家图书馆工会干部培训班正式开班。馆工会委员、各分工会主席、委员及工会专职干部共计70余人参加了此次培训。副馆长、党委副书记常丕军同志主持开班仪式并作了重要讲话。常丕军同志首先就此次工会干部培训的必要性、目的及意义等方面作了详细阐述，指出国家图书馆广大工会干部要珍惜此次学习机会，进一步提升自身素质和能力，通过培训力争达到以下五方面的目标：一、通过学习，进一步认识工会的地位、作用，利用工会赋予的权力，为广大员工做好服务；二、进一步解放思想，掌握更多的工会理论知识，维护广大员工的合法权益；三、进一步推进民主化管理，充分发挥职代会作用，带领广大员工正确行使民主监督权利；四、正确、妥善处理员工各方面内部矛盾，引导广大员工团结协作，共建和谐国图。五、推进文化建设，开展文体活动，提高员工幸福指数。

现任北京市工会干部学院工会学教授、学院工会理论研究与发展专家委员会成员，北京市劳动争议仲裁委员会仲裁员张宝刚教授分别从不同层次、角度对工会工作的基本定位及基本要点进行了详细阐述。张教授的讲解通俗易懂，风趣幽默，寓教于乐，深受大家欢迎，大家在轻松愉快的氛围中学到了很多工会工作知识。

庆七一“颂歌献给党”演唱会（一）

庆七一“颂歌献给党”演唱会（二）

庆七一“颂歌献给党”演唱会（三）

工会干部培训班开班

【国家图书馆工会获2005至2009年度文化部直属机关先进工会组织奖】

国家图书馆工会被评为2005至2009年度文化部直属机关先进工会组织奖；党委书记、常务副馆长詹福瑞被评为“优秀工会之友”；国家图书馆原工会副主席景鸿达被评为“优秀工会主席”；国家图书馆工会干部王渡被评为“优秀工会干部”；国家图书馆分工会主席刘家平、叶忆文被评为“优秀工会积极分子”。

统计资料

- 购书经费统计
- 各项业务统计数据
- 入库成品光盘统计
- 馆史档案统计
- 立法决策服务平台资源统计
- 科研立项与学术成果
- 人员统计
- 馆外奖励
- 重要出访和来访
- 部分会议、培训、讲座、展览情况

统计资料

一、购书经费统计

单位：元

项目	经费	项目		经费
中文书	12063391.94	电子出版物	中文	10040958
西文书	48343896.66		外文	16208441
东文书	6523671.86		合计	26249399
俄文书	2053332.1	中文资料		254805.39
交换书	2993019.92	中文刊		2225370.44
港台书	5033735.73	外文刊		53970424.1
善本特藏	196559.34	港台刊		842987.29
学位论文	325113.53	中文报		343297.95
视听资料	400403.44	港台报刊		60652.16
联合国资料	770810.03	其他书		44805.84
图书装订费	1168584.5	地方文献		1193890.4
合计	165058151.6			

二、各项业务统计数据

1. 各类文献登记总量576017种，2273860册（件），登记册（件）与2009年相比，增加12.13%。

2. 各类文献编目加工总量为733392种，1224688册（件），编目加工种数与2009年相比，增加106.18%。

3. 正式入藏各类文献为750475种，1232678册(件)，正式入藏册(件)与2009年相比，增加48.68%；非正式入藏各类文献498218册(件)，非正式入藏册(件)与2009年相比，增加25.29%。

4. 剔除馆藏各类文献36580册(件)。

5. 至2010年底，馆藏总量为28979203册（件）。

6.全年共接待到馆读者5329889人次，与2009年相比，增加2.32%。

7.全馆流通书刊28263508册次，与2009年相比，增加5.01%。

8.国家图书馆网站访问量83019.8万人次，与2009年相比，增加83.86%。

9.各类咨询53.17万件，与2009年相比，增加27.26%。

10.办理读者证卡21.08万张，与2009年相比，减少8.15%。

11.培训、讲座、参观、展览等各项活动共接待读者37.04万人次，与2009年相比，减少10.79%；其中开办公益性讲座247场，共计6.23万人次；组织业界培训63期，共计0.47万人；接待参观454场，共计1.11万人次；举办展览81场，共计13.36万人次；举办其他活动242场，共计15.86万人次。

注： 总登记量报纸按单件统计，入藏量按合订册统计。

2010年各类文献入藏明细表(正式馆藏)

	文献类别	种 数	册（件）数	上年册(件)数	增长率%
图书	中文普通书	155789	336101	308856	8.82
	台港图书	18219	18219	16523	10.26
	线装书	214	491	146	236.30
	中文图书总计	174222	354811	325525	9.00
	西文图书	31236	34634	29712	16.57
	俄文图书	6000	6032	6041	-0.15
	日文图书	13589	14997	14451	3.78
	东文图书	2052	2115	2242	-5.66
	外文图书总计	52877	57778	52446	10.17
	图书总计	227099	412589	377971	9.16
期刊	中文期刊总计	11525	219309	211787	3.55
	西文期刊	4574	37687	43172	-12.70
	日文期刊	1518	12137	11980	1.31
	俄文期刊	934	9253	10371	-10.78
	东文期刊	148	1544	1055	46.35
	外文期刊总计	7174	60621	66578	-18.83
	期刊总计	18699	279930	278365	0.56
报纸	中文报纸总计	1326	--	6534	--
	外文报纸总计	95	1691	1634	3.49
	报纸总计	1421	--	8168	--
特藏专藏	善　本	75	4912	364	1249.45
	外文善本	2935	3849	5236	-26.49
	新善本	164	331	258	28.29
	精装精印	9	34	4	750.00
	金石文献	923	1118	144	676.39
	手　稿	28	249	90	176.67
	舆　图	2362	3912	3858	1.40
	画　片	0	0	93	-100.00
	照　片	13	272	73	272.60
	民语文献	2357	4271	1884	126.70
	学位论文	454362	454362	104675	334.07
	敦煌资料	510	702	938	-25.16
	地方文献	2825	3606	6002	-39.92
	图书馆学资料	309	310	261	18.77
	联合国资料	3182	3803	4754	-20.00
	中文资料	14056	16839	0	--
	特藏专藏总计	484110	498570	128634	274.50

续表

微缩	缩微平片	8436	15561	16507	-5.73
	缩微胶卷	115	4131	0	--
	缩微文献总计	8551	19692	16507	19.29
视听文献	录像带	0	0	0	--
	VCD	2373	4943	3649	35.46
	DVD	3149	6403	5506	16.29
	LD	0	0	0	--
	视频文献总计	5522	11346	9155	23.93
	录音带	462	791	2030	-61.03
	CD	2422	3578	2566	39.44
	MP3	442	455	1014	-55.13
	声频文献总计	3326	4824	5610	-14.01
	视听文献总计	8848	16170	14765	9.52
电子	电子文献总计	1727	2873	4696	-38.82
其他		20	20	0	--
正式入藏文献总计		750475	1232678	829106	48.68

注：项目“其他”指今年傅熹年先生随捐文物，含书画、扇、书案。

2010 年各类文献入藏表(非正式馆藏)

文献类别	册（件）数	上年册(件)数	增长率 %
中文书(借阅复本)	270296	192425	40.47
中文期刊(借阅本)	224360	202112	11.01
民语书(阅览本)	3562	3109	14.57
非正式入藏文献总计	498218	397646	25.29

2010年编目加工统计表

文献类别	种 数	册（件）数	上年种数	增长率%
中文图书	155789	606677	141463	10.13
台港图书	18219	18219	16523	10.26
线装书	398	2072	36	1005.56
西文图书	34171	38483	32728	4.41
俄文图书	6000	6032	6000	0
日文图书	13589	14997	13671	- 0.60
东文图书	2052	2115	2154	- 4.74
中文期刊	564	--	385	46.49
外文期刊	297	--	170	74.71
外文报纸	2	--	9	- 77.78
中文报纸	76	--	105	- 27.62
学位论文	454362	454362	104675	334.07
敦煌资料	509	701	350	45.43
联合国资料	3,182	3803	3968	- 19.81
国情资料（地方文献）	2825	3606	5163	- 45.28
善　本	75	4912	172	- 56.40
新善本	164	331	163	0.61
精装精印	8	34	4	100.00
手　稿	28	249	75	- 62.67
金石文献	778	--	4215	- 81.54
舆　图	3533	5442	2497	41.49
画　片	0	0	74	0
照　片	1013	1272	6	16783.33
民语文献	2356	5787	1023	130.30
缩微平片	8436	15561	9698	- 13.01
缩微胶卷	115	4131	0	--
音像资料	8848	16170	7588	16.61
电子出版物	1927	2873	2789	- 30.91
中文资料	14056	16839	0	--
其他	20	20	0	--
总　计	733392	1224688	355704	106.18

注：项目“其他”指傅熹年先生随捐文物，含书画、扇、书案。

2010年到馆读者人次、文献流通册次统计表

	人次	册次		人次	册次
1月	420788	1887077	7月	494020	3012187
2月	266710	1168038	8月	596040	3188160
3月	540994	2569255	9月	493288	2369912
4月	474252	2658295	10月	427603	2352750
5月	395752	2154915	11月	423566	2455648
6月	387323	2113682	12月	409553	2333589
合计	（人次）5329889			（册数）28263508	

2010年各阅览室与服务点接待读者人次统计表

阅览室及服务点名称	读者人次	阅览室及服务点名称	读者人次
国际组织与外国政府出版物阅览室	3272	外文文献第四阅览室 日本出版物文库阅览室	12181
海外中国学文献研究中心	6186	中文图书外借室	714137
法律参考阅览室	9672	中文图书区（北区）	1815720
OPAC检索(南区)	118527	工具书区（北区）	170231
OPAC检索(北区)	60804	经典图书区（北区）	106960
复制（南区）	303396	艺术与设计资料区（北区）	62383

续表

阅览室及服务点名称	读者人次	阅览室及服务点名称	读者人次
复制（北区）	3014	中文期刊区（北区）	241586
复制（南区自助）	3934	中文报纸区（北区）	204148
复制（北区自助）	82926	数字共享空间（北区）	757043
保存本阅览室	16779	善本阅览室	5882
缩微阅览室	21671	中国少数民族语文阅览室	3844
基藏书刊阅览出纳台	240887	敦煌吐鲁番资料研究中心	4511
基藏外文图书外借出纳台	97771	普通古籍阅览室（古籍馆区）	8075
工具书阅览室	24712	清史文献中心（古籍馆区）	589
中国年鉴阅览室	15540	地方志家谱阅览室（古籍馆区）	2223
学位论文阅览室	52105	地方文献第一阅览室（古籍馆区）	3692
台港澳文献阅览室	21709	地方文献第二阅览室（古籍馆区）	742
外文文献第一阅览室	37825	复制、扫描服务（古籍馆区）	1867
外文文献第二阅览室	24355	图书馆学资料室	412
外文文献第三阅览室	12760	少年儿童图书馆	55818
总计 5329889			

2010年咨询工作统计表

	一般咨询	代检索课题	编制文献	年累计
党和国家领导	0	5	503	508
中央国家机关	77	62	1789	1928
重点科教单位	11798	3391	495	15684
一般读者	508110	936	4579	513625
年累计	519985	4394	7366	531745

2010年基藏库书刊入库统计表

文献类型		年累计入库数	
		种数	册数
图书	中文图书	318746	330801
	西文图书	8376	9086
	俄文图书	1344	1352
	日文图书	861	1027
	东文图书	2063	2085
	民族语文图书	6949	7083
	台港图书	32	32
	内部图书	165	169
	学位论文	656840	656855
	其　他	13546	15052
合　计		1008922	1023542
期刊	中文期刊(合订本)	--	65058
	外文期刊(合订本)	--	24395
	内部刊(合订本)	--	1568
合　计		--	91021

2010年国际互借工作统计表

项目	借出资料	借入资料
人次	1932	684
册次	1932	684
复印(件)	875	388
拒绝(件)	226	141

2010年读者证卡统计

证卡名称		本年证卡	总计（2000/4/12起）
人工办证	贵宾卡	116503	1135622
	嘉宾卡		
	成人读者卡		
	少儿读者卡	2692	
自助办证	读者卡	91598	
合计		210793	
注：不含临时卡。			

2010年国际交换工作统计

国家和地区　117个			交换单位　552个	
类别	收到书刊资料		寄出书刊资料	
	种	册(份)	种	册(份)
图书	4681	4692	15604	16875
期刊	1521	8971	906	36180
报纸	0	0	36	43020
平片	1806	5454	--	--
光盘	514	868	--	--
磁盘	0	0	--	--
音像	21	21	--	--
舆图	25	25	--	--
胶卷	0	0	--	--
总计	8568	20031	16546	96075

三、入库成品光盘统计

2010年全年成品光盘（指国家图书馆制作保存自建资源的光盘介质）入库共计99481张，较2009年增长79.09%。成品光盘入库情况统计如下表。

序号	项目	DVD 光盘数量(张)	文献类型	文献数量	文件类型	光盘合计
1	2008年中文图书	2	图书	--	书目数据	2
	2009年中文图书	43414 930 16	图书	40025册 40025册 --	TIFF PDF 数据库等	44360
	2010年中文图书	5878 116	图书	5919册 4841册	TIFF PDF	5994
2	2009年基藏本补藏	18462 364 6	图书	20314册 20314册 --	TIFF PDF 数据库等	18832
3	2009年盲人数字图书馆	2	图书	487册	TXT	2
4	2010年少儿数字图书馆	780 14 14	图书 连环画	1101册 1101册 --	TIFF PDF 数据库	808
5	2009年文津图书奖（第五届）	328 10 6	图书	565册	TIFF PDF 数据库等	344
	2010年文津图书奖（第六届）	510 8 6	图书	717册	TIFF PDF 数据库等	524
6	2009年民国图书	30 12 6	图书	4018种 4272册	TIFF PDF 数据库等	48
	2010年民国图书	42 14 6	图书	3896种 3997册	TIFF PDF 数据库等	62
7	2006年地方志全文影像	49	地方志	1408种	PDF	49

8	2009年宋人文集	8 8 2	中文古籍	415种 1969册 --	TIFF PDF 书目数据	18
9	2010年哈佛燕京	44 500	中文古籍	4094册 4094册	PDF JPG2000	544
10	2009年博士论文	22414 422 20	博士论文	36442册 39614册 --	TIFF PDF 数据库等	22856
	2010年博士论文	4066 72	博士论文	6614册 6498册	TIFF PDF	4138
11	2010年傅雷手稿	66 2	手稿	31种 --	TIFF 书目数据等	68
12	2010年展览素材保存	18 2	展览素材	2场 --	DOC JPEG PDF PSD MPEG-2 说明文件	20
13	2010年培训平台课件制作	4 4 2	培训课件	68场 --	SCORM 非标准格式 说明文件	10
14	2009“掌上国图”公开版权资源建设	2	图书	2049篇	DOC	2
	2010年“掌上国图”公开版权资源建设	2	图书	2049篇	DOC	2
15	2010年外文藏书票数字化	10 2 2	藏书票	301幅	TIFF JPG 元数据及说明文件	14
16	馆藏民国时期抗战图书书目数据制作	2	图书	--	ISO	2
17	2008年文津讲坛视频	49 1 1	视频	44场	视频 书目数据 说明文件	51

17	2009 年文津讲坛视频	57 1 1	视频	53 场	视频 书目数据 说明文件	59
18	2009 年业务培训和讲座	36 2 2	视频	18 场 53 条 --	MPG 书目数据 说明文件	40
	2010 年业务培训和讲座	86 2 2	视频	43 场	视频 元数据 说明文件	90
19	2009 年重大活动视频资料	10 2 2	视频	15 场 -- --	MPG 书目数据 说明文件	14
	2010 年重大活动视频资料	78 2 2	视频	52 场	视频 元数据 说明文件	82
20	2009 年馆内重大活动视频专题片	2 2 2	视频	1 场	MPG 元数据 说明文件	6
21	2009 年展览素材保存	2	视频	--	说明文件	2
22	2009 年文津读书沙龙	122 2 2	视频	61 场	MPG 元数据 说明文件	126
23	2010 年学术讲座摄编及资料数字化制作	308 2 2	视频	151 场	视频 元数据 说明文件	312
合计		99481				99481

四、馆史档案统计

1.文书档案：共计 53 万页，其中，1909—1949 年 61 卷 771 条 17753 页，1949—2007 年 430000 页。

2.基建档案：1930—2008 年共计 95435 件，83727 页。

3.音像档案：1949 年至今共计 700 余小时。

4.实物档案：300 余件。

五、立法决策服务平台资源统计（统计截止日期：2010年10月31日）

表一 平台资源统计表

数据库名称	文件	字数	图片	视频	备注
各国议会资料	188	859.2	3000	0	更新维护，见表二
国际组织资料	171	190	244	0	更新维护，已发布，见表二
民国法规	10904	1619.2	0	0	项目已结，维护，已发布
世界遗产	22	5.3	78	0	维护，已发布
新书推荐	2300	91.6	2150	0	更新维护并新增，已发布； 新增发布，见表三
省情数据	34	643	1634	0	更新维护并新增，已发布； 更新维护，见表二； 新增发布，见表三
讲座	15	0	0	1396	更新维护并新增，已发布； 新增发布，见表三；WMV格式
国关史图文库	425	451.6	719	0	新增，未发布，见表三
各国背景资料	195	1037.3	2643	0	更新维护，已发布，见表二
中国学导航					馆网，维护
合计	14254	4897.2	10468	1396	

备注：

平台现有数据总量：文件14254个/条；文字4897.2万字，图片10468张，视频1396分钟。

数据更新、维护量：文件11495个/条；文字3997.5万字，图片6714张。

数据新增、发布量：文件610个/条；文字204.8万字，图片915张。

数据新增未发布量：文件286个/条；文字520.8万字，图片1082张，视频366分钟。

表二 平台资源更新、维护量统计表

数据库名称	文件	字数	图片	视频	备注
各国议会资料	188	859.2	3000	0	更新维护，已发布
国际组织资料	171	190	244	0	更新维护，已发布
民国法规	10904	1619.2	0	0	维护，已发布
世界遗产	22	5.3	78	0	维护，已发布
省情数据	15	286.5	749	0	更新维护，已发布
各国背景资料	195	1037.3	2643	0	更新维护，已发布
中国学导航					馆网，维护
合计	11495	3997.5	6714	0	

表三 平台资源新增量统计表

数据库名称	新增文件	新增字数	新增图片	新增视频	备注
新书推荐	600	18.8	450	0	新增，已发布
省情数据	10	186	465	0	新增，已发布
	9	170.5	420	0	新增，未发布
讲座	5	0	0	366	新增，未发布；WMV格式
国关史图文库	272	350.3	662	0	新增，未发布
合计	896	725.6	1997	366	

六、科研立项与学术成果

（一） 2010年度立项课题

类型	编号	课题名称	申请人	研制时间	备注
国家质检总局公益性科研专项项目		乡镇社区图书馆管理标准研究	索传军	2010.10—2012.12	
社科基金后期资助	10FZW017	族谱所见文学批评资料整理研究	张廷银	2010.12—	
社科基金重点	10ATQ005	大陆藏汉文古籍藏书题跋整理与研究	詹福瑞	2010.7—2013.12	
社科基金	10BZS012	简帛文献与汉代民间信仰研究	汪桂海	2010.7—2013.12	
社科基金	10BTQ021	我国公共图书馆的政府公开信息服务机制与模式研究	梁惠玮	2010.7—2012.10	
部级	10DF32	中国古代画论研究补遗	郭建平	2010.9.1—2012.12.31	文化部文化艺术科学研究项目
部级		中国残疾人数字图书馆	魏大威	2010.8—2013.7	国家文化创新工程项目
部级		全国图书馆节能减排现状调查与对策分析	汤更生	2010.7—2013.6	创新项目
部级		数字图书馆新媒体技术服务研究	李春明	2010.7—2012.6	创新项目
部级		公共文化服务与交流中移动技术应用模式研究	谢　强	2010.9—2012.9	提升计划
部级		我国文化行业标准化工作现状与发展趋势研究	索传军	2010	文化部委托调研项目
馆级	NLC-KY-2010/01	我国公共图书馆未成年人服务的现状及分析	李晓明	2010.11—2011.11	
馆级	NLC-KY-2010/02	国内外主要图书馆文献传递服务模式研究	刘庆财	2010.11—2011.12	
馆级	NLC-KY-2010/03	国际组织和外国政府网络信息资源的开放获取、长期保存和利用机制研究	武　翰	2010.11—2012.6	
馆级	NLC-KY-2010/04	国家图书馆数字资源建设与服务联盟化发展模式研究	梁蕙玮	2010.11—2011.12	
馆级	NLC-KY-2010/05	连续出版物（期刊）电子附件的入藏标准、著录规则及服务模式的体系构建	杨　静	2010.11—2012.6	

馆级	NLC-KY-2010/06	跨文化语境下的主题标引模式对比研究	蔡　丹	2010.11—2012.6	
馆级	NLC-KY-2010/07	国家图书馆藏西域文献整理与研究	萨仁高娃	2010.11—2012.12	
馆级	NLC-KY-2010/08	国家图书馆在中国近代目录学史上的地位研究	全根先	2010.11—2012.6	
馆级	NLC-KY-2010/09	明代中后期浙东藏书家研究	张　玮	2010.11—2012.6	
馆级	NLC-KY-2010/10	国家图书馆藏常熟翁氏家书的整理与研究	李红英	2010.11—2012.12	
馆级	NLC-KY-2010/11	敦煌遗书题跋辑录	刘　波	2010.11—2012.6	
馆级	NLC-KY-2010/12	国家图书馆藏诸家致王国维书信研究	孙　俊	2010.11—2012.4	
馆级	NLC-KY-2010/13	国家图书馆西文汉学善本提要	彭福英	2010.11—2012.12	
馆级	NLC-KY-2010/14	国家图书馆藏敦煌写本题记研究	李燕晖	2010.11—2012.6	
馆级	NLC-KY-2010/15	近代北京教堂照片整理研究	翁莹芳	2010.11—2012.6	
馆级	NLC-KY-2010/16	周星诒的藏书及其题跋研究	高柯立	2010.11—2011.10	
馆级	NLC-KY-2010/17	书画修复技术规范与质量要求	杜伟生	2010.11—2011.12	
馆级	NLC-KY-2010/18	古籍修复案例分析	张　平	2010.11—2011.12	
馆级	NLC-KY-2010/19	国家图书馆馆藏民国时期政府出版物调查	李　娟	2010.11—2012.6	
馆级	NLC-KY-2010/20	馆藏东亚同文书院历史文献调研	王广生	2010.11—2012.6	
馆级	NLC-KY-2010/21	馆藏民国文献保存现状调查（以民国图书为主）	荣　杰	2010.11—2011.4	延至2011.12
馆级	NLC-KY-2010/22	纸质文献去除油渍的化学方法研究	胡　泊	2010.11—2012.6	
馆级	NLC-KY-2010/23	云计算环境下图书馆服务研究	赵　娜	2010.11—2012.6	
馆级	NLC-KY-2010/24	国家数字图书馆基层服务模式的研究	魏达贤	2010.11—2011.12	
馆级	NLC-KY-2010/25	国家图书馆数据安全现状调查及保障方案研究	郑守洋	2010.11—2011.12	
馆级	NLC-KY-2010/26	数字资源长期保存迁移技术及其在国家图书馆中的应用研究	董晓莉	2010.11—2012.6	
馆级	NLC-KY-2010/27	国家图书馆数字电视服务模式研究	张　炜	2010.11—2012.6	

（二）2010年度结项课题

课题类型	编号	课题名称	申请人	研制时间	鉴定时间
社科基金	01ATQ001	数字图书馆体系结构的研究	孙一钢	2001.6—2002.12	2010.3
社科基金	04ATQ001	我国图书馆职业资格认证制度的建立与实施	孙蓓欣	2004—2005	2010.4.22
国家科技支撑计划	2006BAH02A12	数字平面内容支撑技术平台	孙一钢	2006.11—2008.12	2010.5.20
馆级	NLC-KY-2007/21	国家图书馆电子阅览用户信息需求及信息行为研究	邵　燕	2007.7.1—2008.12.31	2010.4.1
馆级	NLC-KY-2007/07	数字化过程中的古籍保护问题研究	王　荟	2007.7.1—2009.6.30	2010.4.8
馆级	NLC-KY-2007/ZD01	国家图书馆数字战略研究	索传军	2007.7.1—2008.12.31	2010.5.12
馆级	NLC-KY-2007/08	参考工作知识服务模式研究	赵　红	2007.7.1—2008.8.31	2010.5.27
馆级	NLC-KY-2009/15	国家图书馆二期工程冷却塔冬季运行问题研究及解决方案	张大华	2009.7—2010.4	2010.6.3
馆级	NLC-KY-2008/10	虚拟家庭图书馆	宋　姝	2008.7—2009.6	2010.6.3
馆级	NLC-KY-2008/05	汉英文献修复词汇规范研究	张志清	2008.7—2010.6	2010.8.5
馆级	NLC-KY-2008/12	CNMARC书目数据与CMARC书目数据之比较研究	朱青青	2008.7—2010.6	2010.8.18
馆级	NLC-KY-2009/32	图书馆用主流机构仓储开源软件比较研究	冯红娟	2009.7—2010.6	2010.8.19
馆级	NLC-KY-2007/18	数字资源长期保存的介质研究	胡昱晓	2007.7.1—2009.6.30	2010.9.14
馆级	NLC-KY-2008/23	敦煌祭文辑校	赵大莹	2008.7—2010.6	2010.9.28
馆级	NLC-KY-2008/19	Web 2.0理念及技术在国家图书馆网站的应用研究	陈月婷	2008.7—2009.6	2010.10.26
馆级	NLC-KY-2007/14	结合国家图书馆馆藏分析四部中华经典著作在西方的传播	雷　亮	2007.7.1—2009.6.30	2010.10.29

（三）科研学术成果

1.学术专著类

顾犇：《信息资源建设的实践和思考》

戴剑波、刘华梅：《受控词表的互操作研究》

高红等主编：《世界各国图书馆馆藏发展政策精要》

张芳译：《康·安·斯卡奇科夫所藏汉籍写本和地图题录》

朱兵主编：《SCI、SCIE来源期刊信息指南》

李晓明主编：《国家图书馆藏民国时期抗战图书书目提要》
林世田：《敦煌遗书研究论集》
杨怀珍：《国家图书馆藏彝文典籍目录（附图录）》
贾双喜：《传拓与传拓技法问答》
王红蕾：《憨山德清与晚明士林》

2.学术论文类

陈力：王国维《传书堂藏善本书志》略述
王文玲、李广建：Web 数据整合的语义映射研究
顾犇：第 76 届国际图联大会编目相关论文评析
王洋：跨行业编目共享发展趋势探析
王彦侨、翟军：《中国分类主题词表》与《中文主题词表》对比研究
朱青青、王彦侨：关于编目共享模式的几点思考
朱青青、孙凤玲：两岸编目规则比较研究
翟军：探讨主题分析中文献类型的标引
宋芸芳：搜商在图书馆中文名称规范工作中的运用
秦静、刘洁萍：同名标目附加成分存在的问题及其应对
王维纳：再论台版文献的联合编目
史建桥、崔云红： 台湾出版新形势给图书采访工作带来的影响及对策——以国家图书馆为例
卜书庆：近年来国际知识组织规范进展研究
卜书庆：基于《中分表》的国家数字图书馆知识组织思考
刘华梅等合著（第二作者）：60 年来情报检索语言及其互操作进展（1949—2009）
刘华梅等合著：基于受控词表互操作的集成词库构建研究
蒋宇弘：博士学位论文出版现状及分析
蒋敏：UNIMARC 的发展历程和趋势
黄梦洁、刘波：关于我国图书馆界开展图书寄存服务的几点思考
张玮：明代藏书家祁承㸁的采访思想
刘彤等合著（第二作者）：图书编辑业务流程外包过程中的几点思考
黄术志：国家图书馆接受日本赠书探讨
张芳、陈玉玉：国家图书馆俄文图书回溯书目数据制作外包回顾
罗翀、刘玉绵：《国际标准书目著录》（统一版）的一体化特色分析
宋振佳：俄罗斯图书馆法发展概况及其启示
马静等合著：面向和谐社会目标的公共图书馆信息服务拓展策略
韩华：蒙元时期的传教士与中西交通
王兴译：特许阅读：国际图联在推进全球图书馆建设中的作用
赵红：知识服务环境下的参考咨询

唐晶、马红健、张李江：协作·共进：新时期参考咨询工作探讨与展望
——2009 年“全国参考咨询工作会议”述评
刘洁：Web3.0 时代的城市：我们生活在哪里
陈魏魏、孙翠玲：论国家图书馆缩微文献的保护与开发利用
冯京桉：基于网格技术的数字图书馆信息服务架构设计
冯京桉：浅析现代信息社会中国际互借服务的发展
朱兵：特征因子及其在 JCR Web 中与影响因子的比较
董曦京：国际标准图书馆标识符[ISO15511-ISIL]与中国图书馆代码应用方案探讨
李超：国家图书馆经典文献的整合与利用
李超：图书馆视觉识别系统管理：分析与应用
陈慧娜：学位论文的典藏困境与解决策略
冷熠、郭希增：适合图书数字化出版工艺的电子文件分析
梁蕙玮、王志庚：中国政府公开信息整合服务平台现状与未来
梁蕙玮、赵荣荣：公共图书馆开展电子政务项目整合服务探讨
梁蕙玮等合著：用户元数据初探
王志庚、梁蕙玮、张文静：Open Access Resource Management: a New Role for the National Library of China
萨蕾：网络信息资源的规范控制探究
萨蕾、李丹：公共图书馆“泛”政府信息的整合
刘峥：多载体资源的编目、加工和管理
张志平、邵燕：试论网络环境下音视频数据库的配置建设
胡洁、司铁英：图书馆自建音视频数据库的著作权问题刍议
陈安洲、许玉梅：国家图书馆建立竞争情报数据库平台的可行性研究
龙伟、杨勇：中文近代文献数字馆藏建设的策略与实践
肖红、龙伟：国家图书馆 Library2.0 实践初探
李华伟：民国文献数字化利用及其著作权问题
李华伟等合著（第二作者）：图书馆怎样维权——由殷志强诉金陵图书馆侵权案引发的思考
李春明：国家图书馆的著作权管理
王志庚、陈力：我国公共图书馆政府信息整合服务的方向与策略
张炜、李春明：国家数字图书馆服务领域的新拓展
——“国图空间”数字电视项目的规划与建设
李春明、陈力、张炜：中国残疾人数字图书馆建设展望
胡洁、滕静静：公共图书馆立法应明确保护读者隐私权
张军：缩微品发行目录建设综述
孟利群、刘五建、刘永久：缩微文献醋酸综合症的延缓实验研究
肖红译：英国国家图书馆的国际合作项目

易鑫磊：国际图联：推动图书馆国际化的进程
陈月婷译：转变中的国家图书馆的角色和职能
孟利群、刘五建：缩微胶片油渍现象分析
刘明：敦煌唐写本《玉台新咏》考论
刘明：《纂图互注扬子法言》版本考略
徐亚娟：龙母传说中的壮民族文化因子
徐亚娟：珠江流域龙母传说的展演
徐亚娟：新世界里的沉香屑——试论解放后张爱玲在上海的文学创作
刘波、林世田：国家图书馆藏BD14546背壁画榜题写本研究
刘波、林世田：国立北平图书馆拍摄及影印出版敦煌遗书史事钩沉
刘波：纪念向达教授诞辰110周年国际学术研讨会综述
刘波、黄梦洁：清末民政部所建京师图书馆史事钩沉
吴碧华：美国国会图书馆地图收藏服务的调查研究
刘忠民：国家图书馆馆藏照片资源建设及利用
杨怀珍：国家图书馆藏彝文典籍概述
吴澍时、钱律进：《国语》与《左传》中“君子曰”之比较
苏晓君：从国图馆藏看金陵书局所刻书
尤海燕：《歌林拾翠》刊刻年代考论——兼论奎壁斋郑元美的刊刻活动时间
徐慧：明中期文学复古运动中的“别支”——祝允明六朝论与六朝文风
杨印民：元代官府祗应酒品的生产与管理
张杰等合著（第二作者）：政治力学创议
贾双喜：中国国家图书馆珍藏甲骨之往事
胡辉平：殷卜辞中“大示”问题再研究
王文蓓、汪桂海：章钰藏书题跋补辑
王红蕾：钱谦益《大佛顶首楞严经疏解蒙钞》考论
王红蕾：《绛云楼书目》各抄本互异原因略考
王红蕾：浅析《绛云楼书目》的若干问题
向辉等合著：加拿大古籍保护工作概况
田丰：浅谈古籍保护工作的国际化
索传军、游毅：试论网络环境下图情类文献利用状况
索传军：试论信息生命周期的概念及研究内容
张廷银：家谱所见底层文人对古代诗文名篇的解读
张廷银：缪荃孙致凌霞函札释读
卓连营：用进废退：县级图书馆公共性的历史抉择
陈清慧：明代藩府刻书辑考
张燕婴：稿本《春在堂诗编》残卷述略

马学良、孙蕊：从“整理国故”看哈佛燕京学社汉学引得丛刊的价值
马学良、李伟：哈佛燕京学社汉学引得丛刊的文献学价值与思想
徐苇、金中仁：聚焦应用　提升效益——谈图书馆信息共享空间

3.国家标准类

汪东波等起草（第二起草人）：文献主题标引规则（国家标准）
申晓娟等起草（第二起草人）：文献著录第 3 部分：连续性资源（国家标准）
申晓娟等起草：信息与文献——都柏林核心元数据元素集（国家标准）
贺燕等起草：馆藏说明（国家标准）
顾犇等起草：信息与文献术语
刘峥等起草（第二起草人）：文献著录第 9 部分：电子资源

4.职务发明专利类

田周玲发明，纸张酸碱度检测笔及其检测方法，发明专利
罗涛、杨敬红、余益平、邱成喜、李新亮、魏大威、邢军、张红、季士妍、只莹莹等发明，磁卡办证机，实用新型专利

七、人员统计

（一）2010年馆领导名单

周和平	馆长（副部长级）	
詹福瑞	党委书记、常务副馆长	
常丕军	副馆长、党委副书记	
陈　力	副馆长	
张志清	副馆长	2010 年 6 月试用期满，转正 （文人函[2010]1425 号）
魏大威	副馆长	2010 年 6 月试用期满，转正 （文人函[2010]1425 号）
王　军	副馆长	2010 年 11 月任命，试用期一年 （文人函[2010]2442 号）
孙一钢	馆长助理	2010 年 11 月聘任 （国图人发 [2010]77 号）
汪东波	馆长助理	2010 年 11 月聘任 （国图人发 [2010]77 号）

（二）2010年处级干部名单

办公室	主任 主任 副主任	孙一钢 张　彦 霍瑞娟	2010年8月聘任 2010年8月解聘
财务处	处长 副处长	胡惠英 张　军	
人事处	副处长 副处长	王青云 李翠薇	2010年2月聘任，主持工作 2010年8月解聘
党群工作部 （2010年4月设立）	主任	景鸿达	2010年4月聘任
纪检监察办公室 （2010年4月设立）	主任	毛晓梅	2010年4月聘任
党群工作与纪检监察 办公室（2010年4月撤销）	主任 正处级纪检监察员	景鸿达 毛晓梅	2010年4月解聘 2010年4月解聘
离退休干部处	处长	郝守真	
业务管理处	处长 副处长 副处长 副处长	汪东波 申晓娟 王　磊 毛雅君	
国际交流处 （台港澳交流处）	处长	严向东	
国有资产管理处	处长 副处长 副处长	王　军 魏　崇 安　洁	2010年2月解聘 2010年2月聘任，主持工作
保卫处	处长 副处长	赵建国 曹　伟	
基建工程办公室 （2010年2月设立）	主任	李昌明	2010年2月聘任
总务部	主任 主任 副主任	王　军 李昌明 文立新	2010年2月聘任，11月解聘 2010年2月解聘
中文采编部	主任 副主任 副主任	顾　犇 陈荔京 王　洋	

外文采编部	主任	高　红	
	副主任	张艳霞	
立法决策服务部	主任	卢海燕	
	副主任	张　洁	
参考咨询部	主任	方自金	
	副主任	马红健	2010年8月调离
典藏阅览部	主任	李晓明	
	副主任	黄　洁	
	副主任	刘　瑛	
数字资源部	主任	王志庚	
	副主任	李春明	
缩微文献部	主任	李　健	
	副主任（正处级）	张　彦	2010年8月聘任
	副主任	王青云	2010年2月解聘
国家图书馆古籍馆	副馆长（正处级）	苏品红	2010年3月聘任
	副馆长（副处级）	苏品红	2010年3月解聘
	副馆长（副处级）	林世田	
国家古籍保护中心办公室	主任	陈红彦	
	副主任	李翠薇	2010年8月聘任
文化教育部	主任	曹　宁	
	副主任	牛春兰	
计算机与网络系统部	主任	孙一钢	2010年8月解聘
	总工程师(正处级)	吴　斌	2010年5月调离
	副主任	邢　军	2010年8月主持工作
研究院	院长	索传军	
中国图书馆学会秘书处	秘书长	汤更生	
	副秘书长	孙学雷	
《中国图书馆学报》编辑部	副主编	蒋　弘	
国家图书馆出版社	社长	郭又陵	
	总编辑	徐　蜀	
	副社长	姜　红	
	副总编辑	贾贵荣	

（三）员工结构

截至2010年底，国家图书馆在编员工1353人，离退休人员826人。

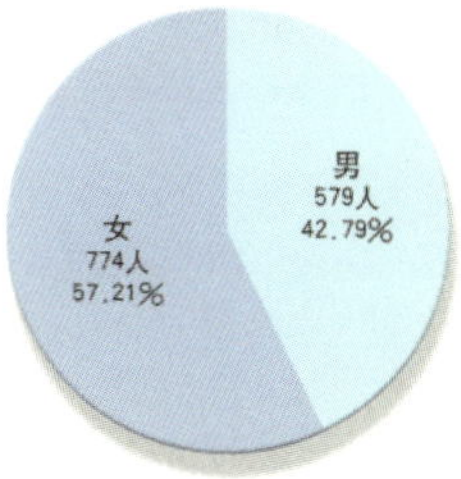

性别结构

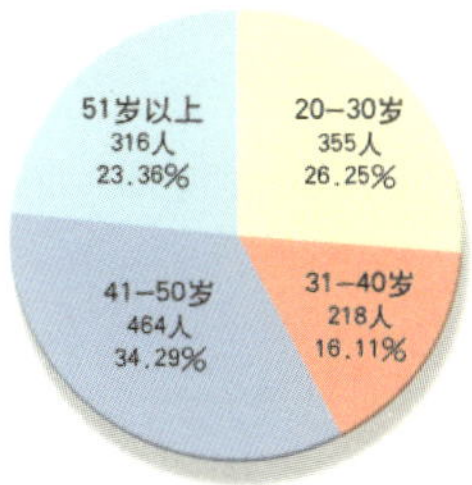

年龄结构

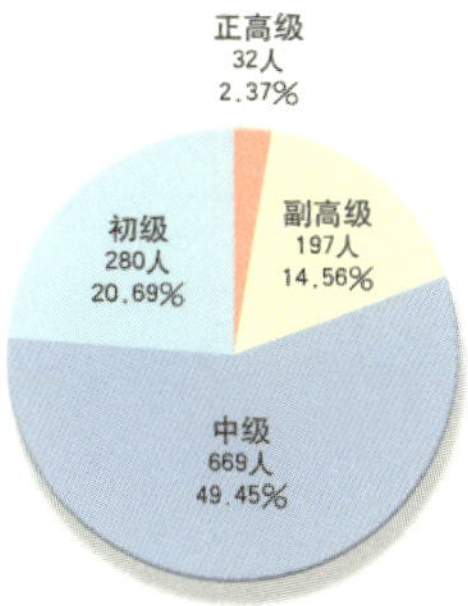

专业技术职务任职资格情况

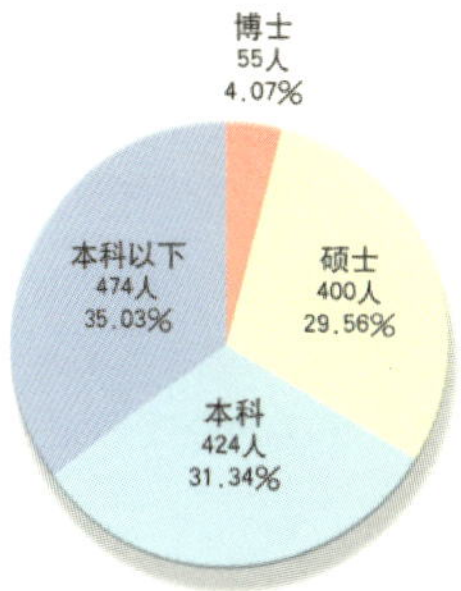

学历结构

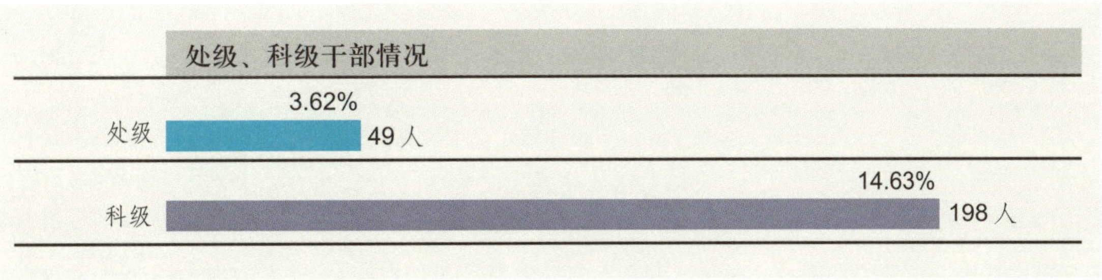

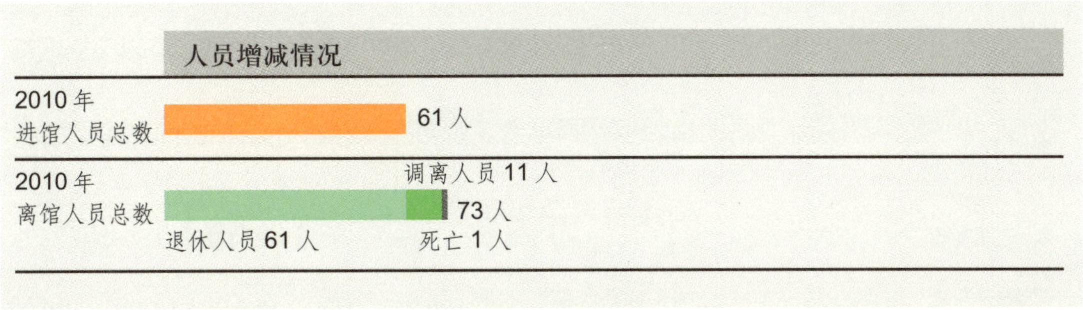

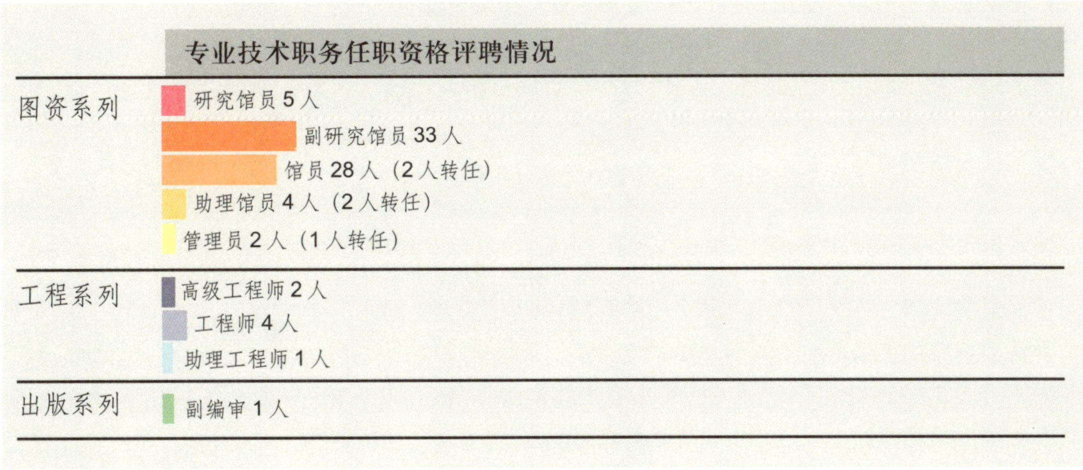

八、馆外奖励

2010年，国家图书馆共获馆外各级单位颁发的奖励195项，其中集体获奖35项，185名员工个人获奖160项。

获奖者	获奖项目	授予单位
国家图书馆	全国科普工作先进集体	中华人民共和国科学技术部、中共中央宣传部、中国科学技术协会
国家图书馆	2010年度文化部文化信息工作先进单位	文化部
国家图书馆	北京市科学技术普及工作先进集体	北京市科学技术委员会、中共北京市委宣传部、北京市人力资源和社会保障局、北京市科学技术协会
国家图书馆	文化部申办因公护照签证工作优秀单位	文化部外联局
国家图书馆	海淀区人口和计划生育工作先进集体	北京市海淀区人民政府
国家图书馆	首都绿化美化花园式单位	北京市海淀区人民政府绿化委员会
国家图书馆	北京市爱国卫生红旗单位	北京市爱国卫生运动委员会
国家图书馆	2010年度紫竹院地区社会治安综合治理工作先进集体	紫竹院街道工委、紫竹院街道办事处
国家图书馆	文化部直属机关第二届职工运动会“团体第一名”	文化部直属机关工会
国家图书馆	文化部直属机关第二届职工运动会“道德风尚奖	文化部直属机关工会
国家图书馆	紫竹院地区2010年度人口和计划生育工作先进集体	紫竹院街道办事处
国家图书馆	2010年度预备役军事训练先进单位	北京陆军预备役防化团训练基地
国家图书馆	北京市交通安全先进单位	海淀区紫竹院地区安委会
国家图书馆	2010年Balis馆际互借服务特殊贡献奖	Balis馆际互借中心
国家图书馆团委	“文化援疆筑和谐，书卷传情润新苗”公益捐书活动先进团委	文化部直属机关团委
国家图书馆人事处	“讲党性、重品行、作表率，树组工干部新形象活动”先进集体	文化部“讲党性、重品行、作表率”活动领导小组
保卫处党支部 典藏阅览部党支部	“文化部直属机关学习型党支部”	中国共产党文化部直属机关委员会
国家图书馆保卫处	北京市公安局集体嘉奖	北京市公安局
国家图书馆典藏阅览部团支部	“文化援疆筑和谐，书卷传情润新苗”公益捐书活动先进团支部	文化部直属机关团委

中国图书馆学会	国际创新奖	美国图书馆协会
中国图书馆学会	海外智力为国服务行动计划先进单位	中国科协海外智力为国服务行动计划领导小组
《第一批国家珍贵古籍名录图录》(国家图书馆出版社)	“第三届中华优秀出版物奖”图书奖	中国出版工作者协会
《赵凤昌藏札》(国家图书馆出版社)	2009年度“优秀古籍图书奖”一等奖	中国出版工作者协会、古籍出版工作委员会
《郑振铎藏古吴莲勺庐抄本戏曲百种》(国家图书馆出版社)	2009年度“优秀古籍图书奖”二等奖	中国出版工作者协会、古籍出版工作委员会
《清宫恭王府档案总汇：和珅秘档》(国家图书馆出版社)		
《北京藏黄正甫刊本三国志传》(国家图书馆出版社)		
《冀淑英古籍善本十五讲》(国家图书馆出版社)	2009年度“优秀古籍图书奖”普及读物奖	中国出版工作者协会、古籍出版工作委员会
《中国马克思主义史学的理论成就》(国家图书馆出版社)	“北京市第十一届哲学社会科学优秀成果奖”一等奖	中共北京市委、北京市人民政府
《领导干部历史文化讲座——文津演讲录图文本·艺术卷》(国家图书馆出版社)	2010年度全行业优秀畅销品种	中国书刊发行业协会
《部级领导干部历史文化讲座——图文全书·艺术卷》(国家图书馆出版社)		
国家图书馆保卫处消防科	紫竹院地区安全生产先进单位	紫竹院街道安全生产委员会
国家图书馆保卫处古籍馆保卫科	什刹海地区综合治理成员单位先进集体	北京市西城区什刹海地区社会治安综合治理委员会
国家图书馆参考咨询部	2010年中国图书馆应用技术与专业设备展览会“最受欢迎参展单位”	中国图书馆学会
“中国阅读之旅体验区”项目(中国图书馆学会)	“优秀科普产品奖”优秀奖	中国（芜湖）科普产品博览交易会组委会

九、重要出访和来访

出访情况	
1月5日—9日	中文采编部研究馆员卜书庆赴香港与浸会大学进行业务交流。
2月3日—7日	中文采编部主任顾犇赴德国参加“国际图联国际标准书目著录修订组特别会议”。
2月27日—3月2日	数字资源部主任王志庚赴阿联酋参加“第二届阿拉伯文字处理研讨会”。
4月12日—17日	自动化部李志尧随文化部团组赴香港、澳门参加港澳大学生实习项目宣传活动。
4月17日—24日	国家图书馆出版社社长郭又陵随团赴英国参加“第四十届伦敦书展”。
5月10日—19日	副馆长常丕军、立法决策部主任卢海燕、李嘉、国际交流处郝金敏4人赴英国参加“文献中国”研讨会并参访相关图书馆。
6月11日—29日	国际交流处处长严向东、自动化部主任孙一钢2人赴美国、加拿大、墨西哥参加“世界数字图书馆年会”并访问三国图书馆。
6月13日—20日	副馆长魏大威、国家图书馆发展研究院院长索传军、数字资源部主任助理吕淑萍、外文采编部副研究馆员李吉子4人赴韩国参加“第十三次中韩业务交流”。
7月2日—9月29日	数字资源部陈瑜、外文采编部霍晓伟赴日本出版贩卖株式会社研修。
8月8日—13日	古籍馆刘波赴英国参加国际敦煌项目（IDP）工作小组会议。
8月8日—18日	常务副馆长詹福瑞等11人赴瑞典参加国际图联年会。
10月6日—11日	古籍馆副馆长林世田、文化教育部田苗赴美国进行业务交流，采访拍摄平馆藏书相关事宜。
11月1日—5日	副馆长张志清、国际交流处处长严向东、保卫处处长赵建国、业务处副处长申晓娟、中文采编部副主任王洋、出版社副总编贾贵荣、古籍馆肖禹等7人赴台湾参加“中文文献资源共建共享合作会议”。
11月1日—11日	国家图书馆中国文献影像技术协会副秘书长张文增赴台湾参加“2010海峡两岸档案及缩微学术交流会”。
11月10日—12月8日	业务处贺燕、中文采编部廖永霞作为交换馆员赴新加坡国家图书馆管理局进行业务交流和学习。

11月18日—27日	国家图书馆出版社发行部副主任陈晓莉赴台湾参加“大陆古籍艺术团书展暨两岸专业类图书发行研讨会”。
12月18日—29日	馆长周和平、馆长助理孙一钢、业务处副处长毛雅君赴德国、马耳他、西班牙和埃及就海外文化中心图书馆相关事宜进行调研。

来访情况

1月27日	法国驻华使馆官员柯蓉来访，副馆长张志清会见了来访客人。
2月9日	美国驻华使馆新闻文化参赞宋涛（Thomas F. Skipper）一行4人来访，常务副馆长詹福瑞会见了来访客人。
3月3日	美国哈佛大学燕京图书馆馆长郑炯文来访，副馆长张志清会见了来访客人。
3月10日	美国普林斯顿大学东亚图书馆馆长马泰来来访。
3月16日	美国斯坦福大学图书馆总馆长迈克尔·凯勒（Michael Keller）一行5人来访，常务副馆长詹福瑞、副馆长常丕军分别会见了凯勒先生一行。
4月12日	英国牛津大学图书馆中文部高级图书馆员何大伟（David Helliwell）来访。
4月22日	美国哥伦比亚大学东亚图书馆代理馆长瑞亚·库普曼斯-德布瑞恩（Ria Koopmans- de Bruijn）来访，副馆长陈力会见了来访客人。
4月23日	台湾汉学研究中心副主任吴英美等2人来访，馆长周和平会见了来访客人。
4月23日	香港中央图书馆高级馆长郑刘美丽来访。
4月27日	乌克兰图书馆界代表一行21人来访。
4月30日	英国国家图书馆架构和研发部负责人肖恩·马丁（Sean Martin）等4人来访，副馆长魏大威会见了来访客人。
5月5日	马来西亚国家图书馆等机构图书馆员代表团一行14人来访。
5月14日	Taylor & Francis 公司代表团一行10人来访。
5月17日	泰国朱拉隆功大学代表团一行15人来访。

5月24日	印度尼西亚图书馆界代表团一行47人来访。
5月24日	澳大利亚亚太多媒体机构（MAAP）一行3人来馆洽谈展览合作事宜。
5月25日	蒙古国家图书馆馆长其拉扎布等2人来访，副馆长魏大威会见了来访客人。
5月27日	法国国家图书馆馆长布鲁诺·拉辛（Bruno Racine）来我馆交流访问，并作客“世界图书馆馆长论坛”，陪同来访的还有法国国家图书馆国际交流处处长热拉尔德·格伦贝格（Gérald Grunberg）及东方部主任裴程，馆长周和平、副馆长常丕军分别会见了拉辛一行。
6月1日	美国袁清教授等5人来访，副馆长张志清会见了来访客人。
6月1日	圣智出版公司总裁邓恩等4人来访，副馆长陈力会见了来访客人。
6月2日	梵蒂冈图书馆副馆长皮亚佐尼等4人来访。
6月2日	普林斯顿大学东亚图书馆馆长马泰来来访,馆长周和平会见了来访客人。
6月2日	美国宾汉姆顿大学图书馆馆长约翰·美德尔（John Meador）等3人来访。
6月7日	韩国忠南大学图书馆馆员一行6人来访。
6月21日	美国芝加哥大学东亚图书馆馆长周原来访，副馆长张志清会见了来访客人。
6月22日	美国哈佛大学燕京图书馆馆长郑炯文等2人来访,副馆长张志清会见了来访客人。
6月23日	美国桥水州立学院图书馆馆长麦克尔·萨默斯（Michael Somers）等4人来访。
6月23日	伊朗古兰经研究中心一行4人来访。
6月24日	法国教育部、法国数字教育企业代表团一行14人来访。
7月27日	法国文化中心多媒体图书馆一行3人来访。
8月7日	南非文化与艺术部部长露露·克辛瓜纳（lulama Xingwana）女士一行4人来访，馆长周和平会见了来访客人。
8月12日	香港文化代表团一行45人来访。

8月31日	香港文林出版社总编钟惠沁一行2人来访。
9月3日	来华进行国事访问的乌克兰总统亚努科维奇到访中国国家图书馆，专程向国家图书馆赠送《佩柳索普纳奇科福音书》复制本，馆长周和平代表中国国家图书馆接受了赠书。
9月10日	来京参加第五届中美图书馆合作会议的境外代表60余人来馆参观。
10月18日	法国著名历史学家伯纳·布立赛专程来访并签名赠送其历史名著《1860：圆明园大劫难》，副馆长张志清会见了来访客人。
10月28日	泰国文化部长因塔拉颂巴一行16人来访，馆长周和平会见了来访客人。
11月23日—26日	日本国立国会图书馆调查及立法考察局专门调查员、国土交通调查室主任山口广文等一行5人来访，并进行两馆间的第29次业务交流，馆长周和平会见了代表团一行，副馆长常丕军陪同会见。
12月6日	越南胡志明博物馆代表团一行4人来访。

十、部分会议、培训、讲座、展览情况

（一）会议

时间	会议名称	地点	备注
1月12—16日	中国图书馆学会2010年秘书长联席会议 暨《中国图书馆年鉴》编纂工作培训班	厦门	中国图书馆学会联办
1月13日	纪念“文津讲坛”500期座谈会	北京	
1月29日	《中华再造善本》续编工作座谈会	北京	
1月	部级领导干部历史文化讲座2010年新春座谈会	北京	中央国家机关工委、文化部、社科院联办，国家图书馆承办
2月1日	全国文化信息资源共享工程督导和公共图书馆评估工作总结会议暨古籍保护工作会议	北京	文化部联办
2月24日	古籍修复人才培养座谈会	南京	江苏省古籍保护中心联办
4月11—19日	2010年全国古籍评审工作会议	北京	文化部联办
4月27—30日	“交流·合作·共建·共享” ——中国联合国托存图书馆馆员培训研讨会	北京	联合国达格·哈马舍尔德图书馆联办
4月27日	第三批全国古籍重点保护单位评审工作会议	北京	文化部联办
4月28日	第三批《国家珍贵古籍名录》和全国古籍重点保护单位评审会议	北京	文化部联办
5月11日	国家图书馆数字资源征集工作研讨会	北京	
5月12日	“影像中的第二次鸦片战争 ——纪念圆明园被英法联军焚毁150周年”研讨会	北京	
5月21日	甲骨申遗工作座谈会	北京	
5月27日	全国图书馆联合编目中心2010年工作会议 暨江苏省分中心揭牌仪式	南京	
5月31日—6月2日	第二届全国文献编目工作研讨会	南京	
6月1日	古籍定级国家标准征求意见座谈会	北京	
6月1日	纪念袁同礼先生诞辰115周年、逝世45周年座谈会	北京	
6月10日	政府立法咨询服务座谈会	北京	国务院法制办主办，国家图书馆承办
6月11日	国家图书馆国情咨询顾问委员会成立会议	北京	
6月12日	国家图书馆国情咨询专家委员会成立会议	北京	
6月16—17日	敦煌文献·考古·艺术综合研究 ——纪念向达教授诞辰110周年国际学术研讨会	北京 北京	北京大学历史学系暨中国古代史研究中心、敦煌研究院联办
6月22—24日	自然因素与文献保存保护国际研讨会	北京	国际图联保存保护中心中国中心等单位联办
6月29日	2010年国家图书馆数字资源征集专家组会议	北京	

7月7—9日	西藏自治区古籍普查工作会议	北京	
7月12日	雷峰塔经版本研讨会	北京	
7月26日	图书馆法与知识产权论坛	长春	中国图书馆学会图书馆法律与知识产权专业委员会联办
7月27日	全国图书馆信息服务无障碍联盟会议	长春	中国图书馆学会联办
8月11—12日	全国公共图书馆讲座工作研讨会	北京	
8月19日	全国古籍保护工作座谈会	乌鲁木齐	新疆维吾尔自治区古籍保护中心联办
8月24—25日	《普通古籍定级标准》修订讨论会	北京	
8月26日	《简帛古籍定级标准》修订讨论会	北京	
9月8日	国家数字图书馆推广工程座谈会	北京	
9月9—10日	第五届中美图书馆合作会议	北京	中国图书馆学会、美国国会图书馆联办
9月14日	国家图书馆信息联络员工作会议	北京	
9月16日	《谢辰生先生往来书札》、《谢辰生文博文集》首发式暨座谈会	北京	故宫博物院、文物出版社、中国文物报社联办
9月25日	《碑帖拓本定级标准》修订讨论会	北京	
10月21—22日	全国图书馆少儿服务工作座谈会	北京	
10月22日	《舆图定级标准》修订研讨会	北京	
10月24日	“平馆藏书”专家论证会议	北京	
10月29日	《中国少数民族文字古籍定级标准》修订讨论会	北京	
11月2日	中华医藏展览咨询会	北京	
11月4—5日	中国少数民族文字古籍定级标准专家审定会	北京	
11月11日	国家数字文化建设研讨会	北京	
11月12日	“全国古籍普查平台”二期开发验收会	北京	
11月15日	纪念陈垣先生诞辰一百三十周年学术研讨会	北京	北京师范大学、中国社会科学院历史研究所联办
11月26日	2010年全国图书馆企业信息服务年会暨第六届国家图书馆企业信息服务年会	北京	中国图书馆学会、中关村科技园区管理委员会联办
12月15—16日	国家数字图书馆推广工程启动仪式暨全国图书馆创新服务工作座谈会	北京	
12月16日	全国省级公共图书馆立法决策咨询服务研讨会	北京	
12月20日	全国古籍保护工作会议	北京	文化部联办
12月22日	古籍定级标准专家研讨会	北京	
12月23—24日	古籍形制·图像·文本——中日书籍史比较研究学术研讨会	北京	北京大学国际汉学家研修基地、日本国文学研究资料馆联办

（二）培训

时间	培训名称	主讲人	地点	备注
3月1－17日	第十三期全国古籍普查培训班		南宁	广西图书馆联办
3月4日	女性职场保健与养生	蒲志兰	北京	职场提升系列培训
3月9－13日	科技信息服务如何助力企业研发	张李江、朱兵、辜军	苏州	苏州独墅湖图书馆联办
3月14－19日	第一期全国古籍普查平台审核人员培训班		武汉	华中师范大学联办
3月15－23日	第十四期全国古籍普查培训班		南京	南京图书馆联办
3月17日－4月2日	第十五期全国古籍普查培训班		杭州	浙江图书馆联办
4月6日－6月25日	第十一期全国古籍修复技术培训班		天津	天津图书馆联办
4月9日，4月13日	office2007基础培训		北京	图书馆学系列培训
4月16日	国家图书馆历史、性质与任务	富　平	北京	应知应会系列培训
4月22－28日	第十六期全国古籍普查培训班		沈阳	辽宁图书馆联办
4月30日	国图员工职业道德	富　平	北京	应知应会系列培训
5月4－14日	第五期全国古籍鉴定与保护高级研修班		合肥	安徽省图书馆联办
5月7日	国家图书馆业务布局	马　涛	北京	应知应会系列培训
5月14日	国家图书馆文献利用	马　涛	北京	应知应会系列培训
5月20日，6月4日	国家图书馆员工文明行为规范	金　龙	北京	应知应会系列培训
5月20日－6月2日	第十七期全国古籍普查培训班		北京	
5月25日－8月6日	第十二期全国古籍修复技术培训班		广东	中山大学图书馆联办
5月26日－6月6日	第十八期全国古籍普查培训班		广东	广东省立中山图书馆联办
6月12日	推进国家图书馆学习型组织建设	周和平	北京	国家图书馆培训工作动员大会讲话
6月16－25日	第十九期全国古籍普查培训班		银川	宁夏图书馆联办
6月25日	国家图书馆员读者意见管理	赵　俭	北京	应知应会系列培训
6月25日，6月28日	office2007基础培训			图书馆学系列培训
6月28日－7月8日	第二十期全国古籍普查培训班		天津	天津图书馆联办
7月2日	一线员工服务规范	毛雅君	北京	职场提升系列培训
7月5日　7月8日　7月12日　7月18日	信息资源建设系列课程	刘兹恒	北京	图书馆学系列培训
7月7－8日	藏文古籍普查培训班		拉萨	西藏古籍保护中心联办
7月9日	再谈今日中国之道德状况分析	万俊人	北京	文津讲坛系列培训（播放录像）
7月13日	从本届英国议会选举看西方民主思想的历史脉络	钱乘旦	北京	科级以上干部系列培训
7月14日	图书馆新技术应用	孙一刚	北京	图书馆学系列培训
7月16日	明朝，一个多姿多彩的时代	毛佩琦	北京	文津讲坛系列培训（播放录像）
7月19－28日	第二十一期全国古籍普查培训班		北京	
7月21日	读者服务基础英语	严向东	北京	应知应会系列培训
8月2－11日	全国中医编目与保护研修班		咸阳	咸阳中医学院联办
8月5日	国学与人生智慧	张国刚	北京	科级以上干部系列培训
8月6日	探索天山走廊	杨　镰	北京	文津讲坛系列培训（播放录像）
8月12日	“2010国家图书馆新员工系列培训”开班典礼	周和平	北京	新员工系列培训

8月13日	百年传承国图精神	李致忠	北京	新员工系列培训
8月30日	出访人员汇报会	严向东、卢海燕	北京	
8月30日－9月11日	第二十二期全国古籍普查培训班		哈尔滨	黑龙江省图书馆联办
8月31日	《中国分类主题词表》(第二版)	卜书庆、曹玉强	北京	图书馆学系列培训
9月1日	文献资源建设	顾　犇	北京	新员工系列培训
9月3日	国家图书馆历史上的文化名人	陈　力	北京	新员工系列培训
9月7日	信息资源编目	高　红	北京	新员工系列培训
9月8日	文献典藏与利用	李晓明	北京	新员工系列培训
9月10日	《论语》的核心精神	钱　逊	北京	历史文化讲座系列培训
9月12－17日	第二期全国古籍普查平台审核人员培训班		武汉	华中师范大学联办
9月13－21日	第二十三期全国古籍普查培训班		吉林	吉林市图书馆联办
9月17日	古籍保护工作规划与发展	张志清	北京	新员工系列培训
9月20日	宗教、人生与和谐	叶小文	北京	科级以上干部系列培训
10月9日－12月17日	第十三期全国古籍修复技术培训班		北京	
10月11日－12月24日	第十四期全国古籍修复技术培训班		昆明	云南省图书馆联办
10月12－14日	电子阅览室管理系统		北京	系统管理员系列培训
10月13－27日	第三期全国碑帖鉴定与保护研修班		桂林	桂林图书馆联办
10月15日	参考咨询理论与实务	卢海燕	北京	新员工系列培训
10月20日	人际沟通能力的提高	朱青君	北京	职场提升系列培训
10月21日	国家图书馆社会教育与文化传播工作	曹　宁	北京	新员工系列培训
10月21日	国家图书馆安全保卫教育培训	赵建国	北京	新员工系列培训
10月22日	无线网络系统使用	甘　蒂	北京	系统管理员系列培训
10月26日	关于国家总书库建设的若干思考	陈　力	北京	科级以上干部系列培训
11月4日	数字图书馆理论与实践	魏大威	北京	新员工系列培训
11月5日	图书馆与阅读推广	王余光	北京	图书馆学系列培训
11月8－22日	第二十四期全国古籍普查培训班		南昌	江西省图书馆联办
11月15－28日	第二十五期全国古籍普查培训班		昆明	云南省图书馆联办
11月15日	馆藏古籍善本特色及展览讲解特点	张志清	北京	讲解员系列培训
11月16日	讲解词的撰写方法和展后资料整理与开发	齐吉祥	北京	讲解员系列培训
11月16日	讲解词的撰写方法和展后资料整理与开发	杨丹丹	北京	讲解员系列培训
11月17日	讲解基本技巧与礼仪	孙丽梅	北京	讲解员系列培训
11月17日	讲解实战	郑　菲	北京	讲解员系列培训
11月17日	中文图书采选漫谈	陈远焕	北京	图书馆学系列培训
11月18日	国家数字图书馆建设与新媒体服务	邢　军	北京	讲解员系列培训
11月19日	展前综合训练	孙丽梅	北京	讲解员系列培训
11月19日	新疆的发现及其历史与现实意义	孟宪实	北京	讲解员系列培训
11月25日	文教平台使用	刘　丽	北京	系统管理员系列培训
11月26日	摄影课程入门	赵建忠	北京	职场提升系列培训
11月29日－12月10日	第二十六期全国古籍普查培训班		厦门	福建省图书馆联办
11月30日	国学与传统文化	刘梦溪	北京	科级以上干部系列培训

（三）讲座

时间	讲座名称	主讲人	备注
1月1日	中国文学与人文地理	杨　义	文津讲坛
1月5日	“建设中关村国家自主创新示范区的战略思考 /从投资人的角度看,创业者应该注意什么”	郭洪等	
1月9日	圆明园遗址的历史文化价值及保护利用的若干问题	张文彬	
1月9日	中华文化对外传播的理由和途径	李庆本	
1月9日	重思中华文化	陈绶祥	文津讲坛
1月10日	金融危机后的国际形势与中国外交	金灿荣	
1月15日	企业应成为技术创新主体/自主创新和社会责任	梅萌等	
1月17日	如何认识当前北京经济形势	于秀琴	
1月17日	从生命美学到生态美学	魏家川	
1月22日	海归创业中关村	徐国洪等	
1月23日	重建文化中国的国际形象	金元浦	
1月23日	“清华简”与先秦思想文化	李学勤	部级领导干部历史文化讲座
1月24日	唐代官吏的培养和选拔	吴宗国	文津讲坛
1月26日	中国需要“个性”教育——因性施教与性格培养	孙云晓	
1月29日	创新工场：打造“中国智造”/中小企业的股权融资	李开复等	
1月30日	全球气候变化与中国绿洲农业的机遇与挑战	赖先齐	
1月30日	常识・理性・信仰	白岩松	
1月30日	话剧，一种充满魅力的艺术形式	周志强	部级领导干部历史文化讲座
1月30日	中国古代的本命禁忌	张　帆	文津讲坛
1月31日	当下我们如何做父母	梁晓声	文津讲坛
2月5日	从国内的3G标准诞生谈中国无线通信的自主创新 /速度与平衡：10年磨一剑——IT魔术师的创业历程	徐广涵等	
2月6日	安阳曹操墓及汉代墓葬考古	赵　超	
2月6日	戏剧艺术给予我们什么样的“娱乐”？ ——从话剧艺术的当代性谈起	王晓鹰	文津讲坛
2月7日	中国：走向福利社会	王思斌	文津讲坛
2月18日	从梵本《维摩诘经》中的两段故事看佛教哲学的女性观	程恭让	文津讲坛
2月27日	寄情于青灯黄卷中——著名学者傅增湘的藏书与校勘	王　菡	中国典籍与文化系列讲座
2月27日	系统科学与战略思维	李建华	
2月27日	当代中国的八种思潮	马立诚	
2月27日	秦汉中央与地方政府的权力结构及问责制度	林甘泉	部级领导干部历史文化讲座
2月28日	中国传统音乐及其传承保护	乔建中	文津讲坛
3月5日	产业基金在中关村发展中的作用/天使投资	童雪松等	
3月6日	蒋介石日记和蒋介石其人	杨天石	
3月6日	简帛辨伪与流失简牍的抢救	胡平生	
3月7日	北京剧场与舞台的历史记忆	赵　珩	文津讲坛
3月13日	非文字史料与多种声音看历史	赵世瑜	文津讲坛

3月13日	《史记》十五讲之第一讲： 导论——《史记》的民族凝聚力与研究现状	张大可	中国典籍与文化系列讲座
3月14日	科技发展的态势与前瞻	王渝生	文津讲坛
3月19日	制度与创业	郭凡生	
3月20日	四库系列丛书及其使用	杨 讷	中国典籍与文化系列讲座
3月20日	忽必烈的元帝国与蒙汉二元政策	李治安	文津讲坛
3月21日	中国舞蹈文化说	罗 斌	文津讲坛
3月21日	联合国与中国	陈 健	
3月21日	当下视野中的意境纵横谈	王德岩	
3月24日	中国发展阶段与教育错位改革	温铁军	
3月26日	持续创新，均衡发展／管理创新——企业永恒的主题	王文京等	
3月27日	18世纪欧洲文化中的中国风	叶廷芳	
3月27日	精准农业技术在我国的应用	王纪华	
3月27日	《史记》十五讲之第二讲：《史记》是一部继往开来的百科全书	张大可	中国典籍与文化系列讲座
3月28日	中国外交面临的新挑战、新难题	王逸舟	文津讲坛
3月28日	世博会的历史文化和中国的创新价值	周汉民	部级领导干部历史文化讲座
4月2日	品牌人生／民族品牌的自主创新之路	王永等	
4月3日	《史记》十五讲之第三讲：史记对中国历史学的贡献	张大可	中国典籍与文化系列讲座
4月4日	探索天山走廊	杨 镰	文津讲坛
4月6日	数字资源的整合与揭示	公丕俭	
4月7日	欧洲在中国，中国在欧洲：一部交流融合史	以撒亚·亚纳科内（意）	
4月9日	“公益”文化创业的重要领域／开启你的创业人生	袁 岳等	
4月10日	文化艺术的新秩序	赵树林	
4月10日	明朝，一个多姿多彩的时代	毛佩琦	文津讲坛
4月10日	《史记》十五讲之第四讲：《史记》对中国文学的贡献	张大可	中国典籍与文化系列讲座
4月11日	咫尺天涯或天涯咫尺——网络时代的人际交流	朱青君	
4月11日	综述伊朗——伊朗和中国的关系，伊朗的作用和地位	刘振堂	
4月16日	创业不走寻常路／读懂企业，从容就业	刘东华等	
4月17日	20世纪上半叶北京文化人的生活	孙 郁	
4月17日	罗马的崛起	杨共乐	
4月17日	国际视野下的西藏问题	沈卫栄	部级领导干部历史文化讲座
4月18日	印度洋与中国的战略安全	宋宜昌	
4月18日	苗蛮图与相关民族文化	李德龙	
4月18日	什么是好电影？	贾磊磊	文津讲坛
4月23日	阅读的力量	朱永新	“世界读书日”系列讲座
4月23日	经典阅读：读，还是不读？——当代中外阅读的现状与前景	郭英剑	“世界读书日”系列讲座
4月25日	再谈今日中国之道德状况分析	万俊人	文津讲坛
4月27日	《史记》十五讲之第五讲：司马迁怎样写历史人物	张大可	中国典籍与文化系列讲座
4月27日	哥本哈根气候大会与中国的积极贡献	于庆泰	
5月5日	卫匡国与其著作：欧中文化交流的先锋	里卡多·思卡尔德奇尼(意)，阿尔多·卡戴里诺(意)	

5月7日	揭示硅谷成功秘诀　提升自主创新能力 /创业——在红海中发现蓝海	谈　锋等	
5月8日	历史名园文化	耿刘同	
5月8日	北大传统与大学文化	温儒敏	文津讲坛
5月14日	颠覆式创业与互联网创业的技巧 /海归创业大潮与创业成功因素	周鸿等	
5月15日	工业化经济与粮食安全	孙中才	
5月16日	最美的教育就是最简单的教育	尹建莉	
5月16日	天气预报与百姓生活	俞小鼎	
5月16日	如何理解西方文明的核心因素	韩水法	文津讲坛
5月21日	创新成就未来/中关村——创业的热土	陈沛等	
5月22日	圆明园对世界和平、和谐、和睦的深远意义	宝　询	
5月22日	高句丽与高句丽历史研究	厉　声	部级领导干部历史文化讲座
5月23日	清代的四大活佛	张羽新	
5月23日	食品安全	王纪华	
5月23日	当前形势与发展方式转变	张燕生	文津讲坛
5月24-29日	国家图书馆数字资源使用指南	欧阳宏吉等	图书馆服务宣传周系列讲座
5月27日	创新与创业	李彦宏	
5月28日	谷歌与新世界	布鲁诺·拉辛 （法）	世界图书馆馆长论坛 第7期讲座
5月29日	2010年话说房地产	郭笑文	
5月29日	新疆探险发现与环境变迁	杨　镰	中国典籍与文化系列讲座
5月30日	气候变化与低碳经济	刘嘉麒	
5月30日	现代战争与低碳经济	焦国力	
5月30日	品读金庸——金庸小说之文化价值及其他	陈　洪	文津讲坛
6月1日	扬州木偶	焦锋等	
6月1日	管一辈子的教育——回归教育本质，激扬生命价值	林　格	
6月1日	创新教育，创意精彩人生	徐国静	
6月5日	金融危机后的世界经济趋势	洪平凡	
6月5日	在天成象 在地成形——山东省沂源县牛郎织女传说的 在地化研究	叶　涛	文津讲坛
6月6日	从秦公大墓到秦始皇陵	赵化成	文津讲坛
6月6日	解读《发现北京》	舒　乙	
6月6日	少数民族权益与中国社会和谐	张海洋	
6月7日	数字化时代图书馆的角色：发展及展望	芭芭拉·莉森 （德）	世界图书馆馆长论坛 第8期讲座
6月8日	中澳关系：发展及展望	韩　锋	
6月11日	物联网与智慧地球发展趋势分析与展望：发展及展望	吕廷杰	
6月12日	中国文化的大传统与小传统	叶舒宪	文津讲坛
6月12日	联合国教科文组织的文化策略	杜晓帆	
6月12日	第三批国家珍贵古籍名录与特展评述	李致忠	中国典籍与文化系列讲座

6月14日	藏传佛教与藏文典籍	王　尧	中国典籍与文化系列讲座
6月18日	3G时代——终端厂商的机遇与挑战/TD产业的崛起与市场机遇	荣秀丽等	
6月18日	中国的传拓术	冀亚平、卢芳玉、袁玉红	中国典籍与文化系列讲座
6月19日	古书的版本和印本	杨成凯	中国典籍与文化系列讲座
6月19日	东北文化与东北振兴	邴　正	
6月19日	当代伊斯兰政治化的历史剖析	金宜久	部级领导干部历史文化讲座
6月20日	智慧人生	叶　曼	
6月20日	有机农业与有机食品	刘玉凯	
6月20日	理解“市场”：一个经济人类学的视角	张小军	文津讲坛
6月22日	从天津意租界到天津意式风情区	朱利奥·马凯蒂（意大利）	
6月22日	民族文字古籍——中华古籍的瑰宝	史金波、黄润华、萨仁高娃	中国典籍与文化系列讲座
6月24日	朝鲜汉籍与日本汉籍的刊刻	朴在渊（韩），住吉朋彦（日）	中国典籍与文化系列讲座
6月25日	专利信息在企业技术创新中的作用/垂直互联网的机会与挑战	刘延淮等	
6月26日	敦煌——一个永恒的话题	林世田、史睿、刘　波	中国典籍与文化系列讲座
6月26日	以“世界公民”的高瞻远瞩看圆明园遗址的未来走向	杨乃济	
6月26日	长白山与长白山文化	张福有	
6月27日	世界遗产与自然美	王旭晓	
6月27日	唐代宫廷女性面面观	蒙　曼	
6月27日	智慧解读“黄帝内经”	王　寅	文津讲坛
6月28日	广东音乐赏析	黄日进	
7月2日	当前我国经济形势及创业机遇分析	胡光宇	
7月2日	三批国家珍贵名录入选佛教文献评述	李际宁	中国典籍与文化系列讲座
7月2日	稿抄本鉴赏	孙　俊	中国典籍与文化系列讲座
7月3日	千年学府，千载学规——白鹿洞书院揭示	蔡厚淳	
7月3日	绘画中的时尚	杨道圣	
7月3日	剪不断 理还乱——抗战后期蒋介石与宋子文的政治与亲缘关系	汪朝光	文津讲坛
7月4日	岭南民俗：嬗变多姿·开发利用	叶春生	
7月4日	神奇、神秘、神妙的巴蜀文化	谭继和	
7月6日	珍贵舆图与避暑山庄	苏品红	中国典籍与文化系列讲座
7月6日	宋元古籍之美	陈红彦	中国典籍与文化系列讲座
7月9日	如何得到风投青睐	南立新	
7月10日	中国传统文化与陕西	韩养民	
7月10日	聆听楚文化　走近湖北人	刘玉堂	
7月11日	读泰山：文化长卷　历史石书	周　郢	

7月11日	中医的健康智慧	史欣德	
7月12日	中国文人艺术在当代的命运	白谦慎	
7月16日	技术创新方法和TRIZ理论	阮汝祥	
7月17日	完美主义与强迫人格	訾　非	
7月17日	北京市第六次全国人口普查简介	顾兖州	
7月17日	西化与中国化——从佛教的历史看中外文化的交流与互动	王邦维	部级领导干部历史文化讲座
7月18日	伊朗核问题	华黎明	
7月18日	西方音乐素描	宋　瑾	
7月18日	诺贝尔文学奖的性质与评选过程	高建平	文津讲坛
7月23日	英国游戏产业青年创业者的经验与机会	Jeremiah Alexander（英）	
7月25日	碑帖拓本的欣赏与鉴定	孟宪钧	文津讲坛
7月30日	青年励志与创业	郭　为	
7月31日	女性的素质提升与职业发展	石秀印	
7月31日	午后红茶中的科学试验——用手中的数据推断我们的生活	马景义	
7月31日	古典诗歌赏析与人文素质提升	程郁缀	文津讲坛
8月6日	千人计划与海归创业	俞振华等	
8月7日	《史记》十五讲之第六讲：秦皇汉武千秋凭说——司马迁笔下的雄主	张大可	中国典籍与文化系列讲座
8月7日	联合国的同声传译	陈　锋	
8月9日	什么造就了冠军	侯　斌	
8月14日	《史记》十五讲之第七讲：秦汉之际天下三嬗——司马迁笔下的陈胜、项羽、刘邦	张大可	中国典籍与文化系列讲座
8月14日	琴道·琴药·琴乐——古琴古诗词音乐会	俞伯荪等	
8月14日	创新型城市的测度与分析	赵彦云	
8月14日	阿Q与中西文化的发展模式	高旭东	文津讲坛
8月18日	我对文学的黄金誓言——我的个人创作与台湾文学	朱天文	
8月21日	性别与审美	魏家川	
8月21日	《史记》十五讲之第八讲：长风呼啸，马蹄声碎——司马迁笔下的楚汉相争	张大可	中国典籍与文化系列讲座
8月22日	孙中山与辛亥革命	周铁农	百年辛亥专题研究系列讲座
8月22日	换个角度看晚清	马　勇	文津讲坛
8月24日	文化跨界：科学、艺术与社会	菲利普·鲍尔（英）	
8月27日	本土企业家与海归企业家对话	刘淮松等	
8月27日	《资治通鉴》与王朝兴衰	张国刚	部级领导干部历史文化讲座
8月28日	《史记》十五讲之第九讲：西汉盛世时期的三大冤案——司马迁笔下的政治斗争	张大可	中国典籍与文化系列讲座
8月28日	城市社区建设的理论与实践思考	于显洋	文津讲坛
8月29日	剧变的世界与大国的责任	何茂春	文津讲坛
8月29日	古都北京建城与建都的考古见证	齐　心	
9月4日	《史记》十五讲之第十讲：历史前进的沉重脚步——司马迁写史的悲剧情怀	张大可	中国典籍与文化系列讲座

9月4日	普罗文学的政治性与世界性——小林多喜二、鲁迅与1930年代中日左翼文学的同时代性	赵京华	文津讲坛
9月5日	《周易》的智慧	鲁洪生	文津讲坛
9月5日	从社会心理学视角看积极老龄化	郭敦仪	
9月5日	清王朝的最后十年	郑师渠	百年辛亥专题研究系列讲座
9月10日	开启儿童智能的另一把金钥匙	陈泽铭	
9月11日	对GDP核算的再认识	魏小真	
9月11日	晚明专制政治松动与早期人文主义——从“口喃耳语”到“抵掌剧谈”	商　传	文津讲坛
9月11日	《史记》十五讲之第十一讲：选贤任能未了情——司马迁笔下的明君贤臣	张大可	中国典籍与文化系列讲座
9月11日	辛亥革命与留日学生	王晓秋	百年辛亥专题研究系列讲座
9月12日	三民主义与中华民国的意识形态教育	李广良	百年辛亥专题研究系列讲座
9月12日	气候变化的事实、影响及应对策略	罗　勇	
9月12日	制度变革滞后与清王朝的覆亡	雷　颐	文津讲坛
9月14日	网络级发现服务的由来、现状及发展前景	John Law	
9月17日	依托中关村，创建世界级农业企业	邵根伙	
9月18日	戒毒者的生理心理社会特征	杨　波	
9月18日	从您身边的问卷调查谈起	杨震宁	
9月18日	《庄子》的思想及其生活智慧	陈鼓应	部级领导干部历史文化讲座
9月18日	《史记》十五讲之第十二讲：能屈能伸大丈夫——司马迁笔下的雪耻故事	张大可	中国典籍与文化系列讲座
9月19日	论圆明园研究的史料基础	阙维民	
9月19日	英法被俘者圆明园受虐致死考谬	王开玺	
9月25日	在联合国从事新闻工作的经历	钱文荣	
9月25日	《史记》十五讲之第十三讲：桃之夭夭，灼灼其华	张大可	中国典籍与文化系列讲座
9月26日	大片时代的到来：中国电影艺术创作应该走向何方？	姚国强	
9月	汉字的起源及演变	胡平生	
10月3日	阅读是一种信仰	曹文轩	
10月5日	说古道今谈改革	王天有	文津讲坛
10月16日	《史记》十五讲之第十四讲：司马迁的进步思想	张大可	中国典籍与文化系列讲座
10月16日	投资心理学	翁学东	
10月16日	中日漫画比较	王九成	
10月17日	丹青照我心——谈吴冠中先生对当代绘画的贡献及作品欣赏	容　铁	
10月17日	语言与音乐的关系	孙玄龄	
10月17日	东方思维与中医学	王　琦	文津讲坛
10月23日	百年中国看天津——天津历史文化漫谈	罗澍伟	文津讲坛
10月23日	《史记》十五讲之第十五讲：司马迁——大一统时代的文化巨人	张大可	中国典籍与文化系列讲座
10月23日	阳光心态，幸福人生——解读积极心理学	樊富珉	
10月23日	革命的余波——中华民国成立之初的西式民主实验及其挫折	汪朝光	百年辛亥专题研究系列讲座

10月24日	辛亥革命与孙中山研究的几个问题	尚明轩	百年辛亥专题研究系列讲座
10月24日	易经是比特思维的先驱?	董光璧	文津讲坛
10月30日	国际上的人权问题	陈士球	
10月30日	把脉百姓感知 服务民主决策——解读北京调查总队专项调查	王健华	
10月30日	当代中国传统与现代的变奏	刘梦溪	部级领导干部历史文化讲座
10月31日	合理营养，走向健康	贾健斌	
10月31日	辛亥革命与民国外交家陈友仁	陈元珍	百年辛亥专题研究系列讲座
11月6日	为辛亥革命正名——兼论辛亥革命的历史意义	王开玺	百年辛亥专题研究系列讲座
11月6日	故宫文物南迁的意义和影响	郑欣淼	文津讲坛
11月7日	基督教传教士对中国经典的译介及其文化意义	杨慧林	文津讲坛
11月7日	辛亥革命时期知识界的平民意识	郭双林	百年辛亥专题研究系列讲座
11月7日	京剧是一本书	吴　江	部级领导干部历史文化讲座
11月18日，11月24日	书籍点亮人生，书香洋溢校园	曹　颖、张建平	
11月20日	关于北京投资和房地产市场的几点判断和认识	郑　新	
11月20日	《孙子兵法》————超越时空的军事理论经典	刘　庆	部级领导干部历史文化讲座
11月20日	海峡两岸的辛亥革命史研究	朱　英	百年辛亥专题研究系列讲座
11月21日	清末政治转型与辛亥革命——以谘议局资政院为视角	黄福寿	百年辛亥专题研究系列讲座
11月21日	当代视觉艺术的文化品格	唐　骅	
11月27日	“蚁族”青年网络行为的特点及成因	雷　雳	
11月27日	交个医生做朋友——医疗中的选择	吴海云	
11月27日	历代对《孟子》的理解与阐释	董洪利	文津讲坛
11月28日	陈独秀和瞿秋白深化研究举例	陈铁健	文津讲坛
11月28日	辛亥革命前后的文化革新与五四新文化运动	耿云志	百年辛亥专题研究系列讲座
11月28日	走近消费	张铁军	
11月30日	国际关系的中长期发展趋势	王逸舟	
12月4日	理性与感性中的二胡	韩　军	
12月4日	一国之宝 史学巨擘——陈垣先生的为人、为学和为师	陈智超	文津讲坛
12月4日	辛亥革命时期的民族认同和民主主义	李　帆	百年辛亥专题研究系列讲座
12月5日	蔡锷在北京	曾业英	百年辛亥专题研究系列讲座
12月5日	辛亥革命时期的社会风尚	孙燕京	百年辛亥专题研究系列讲座
12月5日	儒道互补与人生	牟钟鉴	文津讲坛
12月9日	中外著作权的限制与例外及其与图书馆的关系	黄国彬	
12月11日	蒙元帝国的海上活动——明初郑和远航的基础	刘迎胜	文津讲坛
12月12日	调节情绪的有效方法——CBT	王建平	
12月12日	推理小说：阅读之前 没有真相	止　庵	
12月18日	蒙古往事：成吉思汗的草原传奇	冉　平	
12月18日	章太炎与辛亥革命	张昭军	百年辛亥专题研究系列讲座
12月18日	宋明理学	范曾	部级领导干部历史文化讲座
12月18日	中医养生防病实践	王阶	部级领导干部历史文化讲座
12月19日	快乐阅读、快乐写作	葛冰、葛竞	

12月19日	数学与人文	丘成桐	
12月19日	百年回眸——孙中山宪政思想的昨日与今朝	朱维究	百年辛亥专题研究系列讲座
12月20日	我的台湾三十年	廖信忠	
12月25日	“美在关系”说新探	童庆炳	文津讲坛
12月26日	珍爱生命，科学应灾	徐德诗	
12月26日	如何看待当前北京经济形势	于秀琴	

（四）展览

时间	展览	地点	备注
2009年11月23日–2010年1月11日	国家图书馆创新服务展	北京	
2009年12月16日–2010年5月12	科学旗帜 民族楷模——钱学森生平展巡展	天津、西安、成都、温州、桂林、苏州	天津泰达图书档案馆、陕西省图书馆、四川省图书馆、浙江温州图书馆、广西桂林图书馆、苏州独墅湖图书馆联办
2009年12月22日–2010年2月9日	第五届文津图书奖展览	北京	
1月11–28日	文津讲坛500期纪念展	北京	
2月8–28日	传统节日展巡展	天津	天津泰达图书档案馆联办
2月10日–3月1日	庆赏昇平——清内府彩绘戏曲人物扮相图谱展	北京	
2月10日–4月20日	明容与堂刻本《水浒传》插图展	北京	
2月10日–4月20日	“百子团圆”展览	北京	
2月10日–3月28日	“中国年”展巡展	泰州	江苏泰州图书档案馆联办
2月12日–3月4日	“从甲骨文到计算机”展览	北京	
3月5日–4月9日	国家图书馆员工摄影展	北京	
3月9-16日	居高声远 激荡广西——从空中俯瞰八桂辉煌景象大型航拍摄影展暨开幕式	北京	广西壮族自治区图书馆、广西日报传媒集团联办
3月24-30日	百年广州油画展	北京	广州日报社联办
4月22日–12月7日	“汉字：文化津梁 中国奇迹”展览巡展	北京、桂林、西安、天津、南宁、南昌、厦门	广西桂林图书馆、陕西省图书馆、天津泰达图书档案馆、广西壮族自治区图书馆、首都图书馆、江西省图书馆、中国儿童中心、厦门图书馆联办
5月15–22日	绿色生活 图说北京——2010北京科技周展览	北京	北京市科学技术协会联办
5月19–25日	国家图书馆参加文化部运动会图片报道展览	北京	
5月31日–12月20日	国家图书馆少年儿童图书馆暨少儿数字图书馆揭幕展	北京	
6月1–20日	让经典伴随我们成长——中外儿童文学展	天津	天津泰达图书档案馆联办
6月10日–	国家图书馆立法决策服务成就展	北京	
6月11日–7月12日	国家珍贵古籍特展	北京	文化部主办，国家图书馆（国家古籍保护中心）承办
8月14日–11月18日	国家图书馆摄影俱乐部“捐资助学山西行”图片展览	北京、太原	山西省图书馆联办
8月20日–10月19日	新疆历史文献暨古籍保护成果展	乌鲁木齐	文化部、新疆维吾尔自治区人民政府主办，国家图书馆（国家古籍保护中心）、新疆维吾尔自治区文化厅承办
9月21日–11月19日	“凤凰涅槃·震痛与振兴——中外摄影家看唐山”展览巡展	北京、上海、西宁、成都	中国艺术研究院、中共唐山市委市政府、上海图书馆、青海省图书馆、四川省图书馆联办
11月15–30日	陈垣先生诞辰一百三十周年纪念展	北京	北京师范大学、中国社会科学院历史研究所联办
2010年12月15日–2011年1月14日	全国公共图书馆讲座工作展	北京	
2010年12月20日–	第六届国家图书馆文津图书奖展览	北京	长期展出

重要文件选编

- 2010年馆发文件目录
- 重要文件选编

重要文件选编

一、2010 年馆发文件目录

◇ 关于孙一钢同志聘任的通知
国图人发［2010］1 号
◇ 关于王青云同志聘任的通知
国图人发［2010］2 号
◇ 关于馆领导班子分工调整的通知
国图办发［2010］3 号
◇ 关于印发《2010 年国家图书馆工作要点》的通知
国图办发［2010］4 号
◇ 关于印发周和平同志在国家图书馆“十二五”规划座谈会上的讲话的通知
国图办发［2010］5 号
◇ 关于成立国家图书馆工程建设领域突出问题专项整治工作领导小组的通知
国图人发［2010］6 号
◇ 关于成立国家图书馆重点工程领导小组的通知
国图人发［2010］7 号
◇ 关于撤销总务部基建工程科的通知
国图人发［2010］8 号
◇ 关于馆领导分工调整的通知
国图办发［2010］9 号
◇ 关于李昌明等 3 人职务聘任的通知
国图人发［2010］10 号
◇ 国家图书馆关于颁发馆长特别奖的决定
国图办发［2010］11 号
◇ 国家图书馆关于表彰 2009 年度先进集体的决定
国图人发［2010］12 号
◇ 国家图书馆关于表彰 2009 年度创新奖项目的决定
国图人发［2010］13 号
◇ 国家图书馆关于表彰 2009 年度服务标兵的决定
国图业发［2010］14 号
◇ 国家图书馆关于 2009 年度科研成果奖励的决定
国图业发［2010］15 号
◇ 关于古籍馆副馆长（正处级）岗位竞争上岗的通知
国图人发［2010］16 号
◇ 关于下发《2010 年工作任务分解表》的通知
国图办发［2010］17 号

◇ 关于公示古籍馆副馆长（正处级）拟任人选的通知
国图人发［2010］17号
◇ 关于苏品红同志试用聘任的通知
国图人发［2010］18号
◇ 关于做好国家图书馆“十二五”规划编制工作的通知
国图业发［2010］19号
◇ 关于下发2010年4月重点工作任务分解表的通知
国图办发［2010］20号
◇ 关于设立党群工作部、纪检监察办公室的通知
国图人发［2010］21号
◇ 关于下发《国家图书馆2010年度员工继续教育计划》的通知
国图人发［2010］22号
◇ 国家图书馆关于对2009年度宣传工作优秀集体和个人通报表扬的决定
国图办发［2010］23号
◇ 国家图书馆关于表彰2009年度安全保卫工作先进集体、先进个人的决定
国图保发［2010］24号
◇ 关于景鸿达、毛晓梅职务聘任的通知
国图人发［2010］25号
◇ 关于组织援藏干部和援青干部选派报名工作的通知
国图人发［2010］26号
◇ 关于下发2010年5月重点工作任务分解表的通知
国图办发［2010］27号
◇ 关于下发2010年4月重点工作任务完成情况通报的通知
国图办发［2010］28号
◇ 关于李晓明职务聘任的通知
国图人发［2010］29号
◇ 关于设立国家图书馆少年儿童馆的通知
国图人发［2010］30号
◇ 关于调整公文审批权限和审批流程的通知
国图办发［2010］31号
◇ 关于延长景鸿达、毛晓梅职务聘期的通知
国图人发［2010］32号
◇ 关于印发《国家图书馆2010年培训工作方案》的通知
国图办发［2010］33号
◇ 关于下发《国家图书馆预算考评办法（暂行）》的通知
国图计发［2010］34号
◇ 关于下发2010年6月重点工作任务分解表的通知
国图办发［2010］35号
◇ 关于下发《国家图书馆读者意见管理办法（试行）》的通知
国图业发［2010］36号

◇ 关于下发《国家图书馆读者证卡管理办法》的通知
国图业发〔2010〕37号
◇ 关于下发《国家图书馆馆藏文献库房管理条例》的通知
国图业发〔2010〕38号
◇ 关于下发《国家图书馆关于在馆舍内拍摄影视资料的规定（试行）》的通知
国图业发〔2010〕39号
◇ 关于下发《国家图书馆馆外人员来馆实习和志愿服务管理办法》的通知
国图业发〔2010〕40号
◇ 关于下发《国家图书馆基藏库入库证和参考咨询工作证管理办法》的通知
国图业发〔2010〕41号
◇ 关于下发《国家图书馆缴送工作管理暂行办法》的通知
国图业发〔2010〕42号
◇ 关于下发《国家图书馆捐赠文献接受管理办法》的通知
国图业发〔2010〕43号
◇ 关于下发《国家图书馆捐赠文献专藏管理规定（试行）》的通知
国图业发〔2010〕44号
◇ 关于下发《国家图书馆科研奖励办法》的通知
国图业发〔2010〕45号
◇ 关于下发《国家图书馆科研项目管理办法》的通知
国图业发〔2010〕46号
◇ 关于下发《国家图书馆科研项目经费管理办法》的通知
国图业发〔2010〕47号
◇ 关于下发《国家图书馆立法决策服务项目收费标准规定》的通知
国图业发〔2010〕48号
◇ 关于下发《国家图书馆青年科研基金实施办法》的通知
国图业发〔2010〕49号
◇ 关于下发《国家图书馆剔除文献管理办法》的通知
国图业发〔2010〕50号
◇ 关于下发《国家图书馆为中央国家机关立法决策服务保密工作管理办法》的通知
国图业发〔2010〕51号
◇ 关于下发《国家图书馆为中央国家机关立法决策服务工作条例》的通知
国图业发〔2010〕52号
◇ 关于下发《国家图书馆文津出版基金资助实施办法》的通知
国图业发〔2010〕53号
◇ 关于下发《国家图书馆文献采选条例》的通知
国图业发〔2010〕54号
◇ 关于下发《国家图书馆文献竞拍工作管理办法》（试行）的通知
国图业发〔2010〕55号
◇ 关于下发《国家图书馆文献利用数量规定》的通知
国图业发〔2010〕56号

◇ 关于下发《国家图书馆文献利用条例》的通知
国图业发［2010］57号
◇ 关于下发《国家图书馆学术道德规范》的通知
国图业发［2010］58号
◇ 关于下发《国家图书馆业务流程中文献管理办法》的通知
国图业发［2010］59号
◇ 关于下发《国家图书馆部委分馆管理办法》的通知
国图业发［2010］60号
◇ 关于下发《国家图书馆特殊文献购买管理办法》的通知
国图资发［2010］61号
◇ 关于下发2010年6月重点工作任务完成情况表的通知
国图办发［2010］62号
◇ 关于开展“根除火灾隐患平安喜迎国庆”夏季火灾隐患排查行动的通知
国图保发［2010］63号
◇ 关于下发《国家图书馆工程建设财务管理办法》的通知
国图计发［2010］63号
◇ 关于印发周和平同志在2010年国家图书馆中层干部工作会议上的讲话的通知
国图办发［2010］64号
◇ 关于孙一钢等5人职务聘任的通知
国图人发［2010］65号
◇ 关于成立国家图书馆职称资格评审（推荐）委员会及相关机构的通知
国图人发［2010］66号
◇ 关于2010年度职称评审工作的通知
国图人发［2010］67号
◇ 关于公示2010年度高级专业技术职务任职资格评审结果的通知
国图人发［2010］68号
◇ 关于给予牛春兰行政警告处分的决定
国图监发［2010］69号
◇ 关于给予赵景辉行政警告处分的决定
国图监发［2010］70号
◇ 关于典藏阅览部员工赵景辉和文化教育部员工牛春兰违反馆规馆纪造成不良影响的通报
国图监发［2010］71号
◇ 关于下发《国家图书馆邮件收发管理办法(暂行)》的通知
国图总发［2010］72号
◇ 关于公开招聘工作人员的通知
国图人发［2010］73号
◇ 关于2010年度全员考核工作的通知
国图人发［2010］74号
◇ 关于公示国家图书馆馆长助理拟聘任人选的通知
国图人发［2010］75号

◇ 国家图书馆关于公开选拔中层管理干部的启事
国图人发［2010］76号
◇ 关于聘任孙一钢、汪东波为国家图书馆馆长助理的通知
国图人发［2010］77号
◇ 关于馆领导班子分工调整的通知
国图办发［2010］78号
◇ 关于机构调整的通知
国图人发［2010］79号
◇ 关于中层干部竞争上岗的通知
国图人发［2010］80号
◇ 关于在机构调整干部竞争上岗工作中严肃纪律的通知
国图监发［2010］81号
◇ 关于下发《国家图书馆“十二五”规划纲要》的通知
国图办发［2010］82号
◇ 关于公示正处级岗位拟聘任人选的通知
国图人发［2010］83号
◇ 关于设置处级非领导职务岗位的通知
国图人发［2010］84号
◇ 关于张志清等5人兼任职务的通知
国图人发［2010］85号
◇ 关于郝守真等15人职务聘任的通知
国图人发［2010］86号
◇ 关于王青云等8人职务试用聘任的通知
国图人发［2010］87号
◇ 2010年度全员考核情况通报
国图人发［2010］88号
◇ 关于馆领导成员分工调整的通知
国图办发［2010］89号
◇ 关于公示副处级岗位拟聘任人选的通知
国图人发［2010］90号
◇ 关于刘瑛等14人职务聘任的通知
国图人发［2010］91号
◇ 关于辛璐等18人职务试用聘任的通知
国图人发［2010］92号

二、重要文件选编

《国家图书馆“十二五”规划纲要》

“十二五”时期（二〇一一年至二〇一五年）是我国全面建成小康社会，加快转变经济发展方式，实现科学发展的攻坚时期，是推动文化大发展大繁荣，提升国家文化软实力，基本建成公共文化服务体系的重要阶段。深刻认识并准确把握国内外形势新变化新特点，科学制定国家图书馆“十二五”规划，对于抓住图书馆事业发展的重要战略机遇期，促进国家图书馆事业平稳快速发展，为我国经济建设、政治建设、文化建设、社会建设作出应有的贡献，具有十分重要的意义。

一、加快图书馆现代化转型，开创国家图书馆事业发展新局面

（一）“十一五”回顾

“十一五”时期，面对经济社会发展的新局面和广大社会公众不断增长的基本文化需求，国家图书馆以邓小平理论和“三个代表”重要思想为指导，以科学发展观为统领，以建设现代化、国际化的国家图书馆为目标，秉承“传承文明、服务社会”的宗旨，全面落实“人才兴馆、科技强馆、服务立馆”的发展战略，圆满完成了“十一五”规划确定的主要目标和任务。经过五年的努力奋斗，基础业务稳步推进，服务能力持续增强，在公共文化服务中的地位和影响力显著提升。五年来取得的主要成绩有：

——国家图书馆总馆北区馆舍落成，正式开馆接待读者。馆舍总面积增至25万平方米，跃居世界国家图书馆第三位。读者接待能力增长一倍，阅读环境明显改善。

——国家数字图书馆工程主要建设任务完成。软硬件基础设施明显改善，标准规范体系初步建立，技术体系日臻成熟，服务架构与业务流程基本形成，多种基于数字图书馆技术的创新服务面向社会公众推出。

——馆藏文献信息资源数量持续增长。至2010年底，馆藏文献总量将达2900万册（件），数字资源总量将达480TB，书目数据总量将达745万条，传统文献与数字资源结合的馆藏体系基本形成。

——实施“服务立馆”战略，服务工作稳步推进，基本形成了到馆服务与远程服务互为补充的服务模式和重点突出、统筹兼顾的分层服务体系。年均接待到馆读者超420万人次，文献流通2060万册次，网站点击量3.4亿人次，解答各类咨询36万件。

——实施“人才兴馆”战略，人才结构日趋合理，全员素质明显提高，基本形成了一支由学科专家、业务骨干与复合型管理人才组成的人才队伍。

——实施“科技强馆”战略，科研工作迈上新台阶。科研项目、科研经费和科研成果数量显著增加，获得立项的省部级及以上科研项目数量超过历史同期。

——主动参与并积极策划国家重点文化工程，在公共文化服务体系建设中的作用进一步彰显。中华再造善本工程、中华古籍保护计划、县级数字图书馆推广计划等取得显著的社会影响。

——深化改革，与事业发展相适应的管理体制和运行机制基本形成。作为中央文化体制改革试点单位，根据中央关于进一步深化文化体制改革的要求，进行了富有成效的劳动人事制度、分配制度、后勤管理体制和馆属企业的改革。

——拓展国内外业务交流与合作，初步建立了跨系统、跨地区的图书馆合作共享机制，建立国际图联保存保护中心中国中心、国际图联中文语言中心，在国内外图书馆界的影响力得到提升。

——成功举办百年馆庆系列活动，国家图书馆的社会影响进一步扩大。荣获中央文明办授予的“全国文明单位”称号。

五年取得的成绩来之不易，为“十二五”时期的发展积累了丰富的经验，奠定了坚实的基础。

（二）“十二五”发展环境

当前和今后一个时期，随着我国经济社会的发展和图书馆事业的进步，国家图书馆仍将处于一个重要的发展机遇期。

党的十七届五中全会指出，文化是一个民族的精神和灵魂，是国家发展和民族振兴的强大力量。要推动文化大发展大繁荣、提升国家文化软实力，坚持社会主义先进文化前进方向，提高全民族文明素质，推进文化创新，深化文化体制改革，增强文化发展活力，繁荣发展文化事业和文化产业，满足人民群众不断增长的精神文化需求，基本建成公共文化服务体系，推动文化产业成为国民经济支柱性产业，充分发挥文化引导社会、教育人民、推动发展的功能，建设中华民族共有精神家园，增强民族凝聚力和创造力。中央的要求和社会公众的需求为图书馆事业发展提供了强劲动力。

以网络技术、信息处理技术、新媒体技术等为代表的现代技术的发展，为图书馆事业发展提供了强大的技术支撑，三网融合加速推进，新媒体发展迅猛，要求国家数字图书馆拓展建设思路，培育新型服务业态。

数字出版方兴未艾，出版物数量激增，资源载体、类型与来源日趋多样化，图书馆用户信息获取行为与方式日益多元化，要求图书馆创新服务模式，拓展服务领域，提高服务水平。

全国图书馆事业的蓬勃发展，为国家图书馆的工作提供了更广阔的空间，国际范围内图书馆事业的发展为中国提供了可资借鉴的丰富经验，要求国家图书馆发挥行业引领作用，在国际图书馆事务中有所作为。

同时，必须清醒地认识到，国家图书馆事业发展中还存在着一些亟待解决的问题，主要表现为：传统图书馆业务与数字图书馆业务的深度融合尚待加强；建设国家文献信息资源保障体系的目标尚未实现；读者服务工作与满足人们不断增长的精神文化需求尚有差距；为国家立法决策服务能力和服务水平有待进一步提升；社会教育职能有待进一步拓展；引领与协调全国公共图书馆事业发展的工作有待进一步加强；适应现代化图书馆建设的管理体制与运行机制有待进一步完善。

（三）指导思想

制订“十二五”规划，必须坚持以邓小平理论和“三个代表”重要思想为指导，深入贯彻落实科学发展观，适应经济社会新变化，充分发挥国家图书馆在传承文明、服务社会中的重要作用，加强文献资源总库建设，加快数字图书馆建设成果在全国的推广应用，根据技术的发展变化不断扩大服务范围，提高服务水平，拓展社会教育职能和业界服务职能，为提高全民族文明素质，推动科学发展，转变经济增长方式，推动文化大发展大繁荣，促进公共文化服务体系建设，推进文化“走出去”战略作出贡献。

（四）主要目标

“十二五”规划应顺应国家经济社会发展，与加强社会主义文化建设的重大部署紧密衔接，为经济社会发展提供资源保障，为提高全民素质提供基本平台。今后五年的主要目标是：

——文献信息保障能力进一步提升。以国家文献资源总库建设为重点，文献收藏范围不断扩大，馆藏资源结构渐趋合理，出版物保存本制度更加完善，文献缴送率不断提高，缺藏文献补充取得实质进展。

——信息资源组织与管理能力进一步增强。以国家文献资源总目建设为重点，文献揭示能力明显改善，建成一批成体系、有特色的专题知识库，传统资源与数字资源、馆藏资源与网络资源实现较好整合。

——面向用户信息需求的服务体系进一步完善。形成立法决策服务网络化、深层次，科研教育服务专业化、个性化，社会公众服务方便快捷、细致周到，业界服务示范引导、主动到位。

——国家数字图书馆建设成果进一步推广。以国家数字图书馆推广工程建设为重点，建设覆盖全国的数字图书馆服务网络，形成海量分布式数字资源库群，建立满足不同需求的全媒体服务平台。

——综合保障能力进一步提高。人才队伍结构更趋合理，科研对业务的促进作用显著增强，内部管理机制更加高效，业界引领作用大幅提升，国际影响力不断扩大，总馆南区改造全面完成。

二、建设国家文献资源总库，提高文献信息保障能力

按照国家文献资源总库建设要求采集入藏各类文献信息资源，馆藏文献平均年增长80万册（件）以上，数字资源平均年增长100TB以上，其中自建数字资源较“十一五”期间有较大增长。

（五）扩大文献收藏范围

从全国文献资源保障体系建设的战略高度构建国家图书馆文献资源体系，努力保持世界中文文献最全和国内外文文献最多的大馆地位。

在赋予国家总书库建设新内涵的基础上，厘清国家文献资源总库的建设要求与收藏范围，继续贯彻“中文求全”、“国内出版物求全”与“外文求精”的采选方针，全面收藏国内出版的各学科、各类型与各载体文献，尽力收藏海外中国学与中国研究主题的文献，加强对港澳台地区出版物的收藏，加强国际组织与外国政府出版物、周边国家与地区出版物的收藏，重视各个历史时期缺藏文献的收集，重视非正式出版物和各类出版物替代品的收藏。

（六）完善保存本制度建设

继续完善出版物保存本制度建设，研究并实施将内容相同的不同版本与版式的文献，以及内容相同、页码不同或装帧方式不同的文献纳入保存本范围，研究并实施将新型载体文献和港澳台地区的出版物纳入保存本馆藏体系。

（七）进行缺藏文献补藏

利用补采、征集、交换、数字化结合数字印刷技术等方式，完成有保存本缺基藏本的国内出版物的补藏，开展保存本缺藏的国内出版物的补藏。

（八）收集海外中国古籍

探讨通过购买、交换或受赠等方式，收藏散佚海外的中国古籍原件，通过合作数字化、合作缩微化、合作出版等方式，收藏中国古籍的复制件。

（九）扩充外文文献馆藏

增加外文文献保有量，在继续增加人文、社科领域外文文献收藏的基础上，重视科技文献收藏和结构调整，并有计划地开展海外中国学、法律及其他重要学术性资料的缺漏补藏。形成学科专业全、语言种类多，印本资源与数字资源、实体资源和网络资源互为补充的外文文献保障体系。

（十）采集与保存中文网络信息资源

从文献信息资源建设全面性的高度，审视中文网络信息资源的采集与保存问题，对具有长期保存意义的中文网络信息资源进行采集与保存，重点采集开放存取资源、政府公开信息、数字出版物以及有价值的个人原创数字内容等，提供开放存取资源的统一发现服务。

三、建设国家文献资源总目，加强文献信息资源的整合与揭示

全面整合各类元数据与对象数据，建立文献信息资源整合、揭示与发现平台，进一步提高文献揭示能力。

（十一）建设专题知识库群

选择具有战略、历史、文化价值的特色文献，结合馆藏优势和用户的知识需求，开发语义关联与知识组织工具，深度挖掘各类信息资源，以

对多种载体、多种形式、多种类型、分散异构的信息资源的多维整合与深度揭示为重点，再现知识关联，形成有机的知识网络，构建一批体系化、特色化专题知识库群。建设基于网络的知识组织与管理基础设施，增强国家图书馆的知识提供与知识服务能力。

（十二）整合馆藏文献信息资源

加强对馆藏各文种各类型各载体信息资源的组织与整合，构建从元数据到对象数据的集成发现与获取环境，基本实现元数据、全文数据和实体馆藏的集成整合与揭示，提高文献信息整合与揭示的准确性、深度和内在关联性。开展全国文献信息资源统一发现与服务调度工作，实现国内图书馆信息资源的统一发现、整合与揭示。

（十三）建设中文信息资源元数据集中仓储

根据信息资源生产、流通、应用的社会化趋势和图书馆信息资源全媒体服务的要求，及时制定与修订各类文献信息组织的标准规范。

加强馆藏中文文献编目过程中的规范控制工作，探讨并适时开展中文规范的全球合作共建与共享，着手实施中文文献组织管理中的语义标注。

调整各类馆藏信息资源的元数据生产政策及机制，加强元数据在数字资源整合揭示方面的功能。启动中国国家书目和全国图书馆联合目录的编制，建设中文信息资源元数据集中仓储。

四、强化立法决策服务，建设多层级立法决策服务工作网络

强化立法决策服务，形成多层级立法决策服务工作网络；建设面向国家立法决策服务的文献信息收藏、研究与服务中心。

（十四）建立立法决策服务资源保障体系

加强立法决策服务相关文献的收集与整理工作，建立面向立法决策服务的文献信息保障基地。重点加强中国学、法律法规、国外政府统计数据、国外政府出版物、地方文献资源等文献信息的收藏；结合政府立法决策专向需求，加大数字资源整合力度，建设一批专题数据库；建设中外法律文献收藏、研究与服务中心，适时建立国家图书馆法律馆；建设中国学文献中心。

（十五）完善国情咨询机制

进一步完善"国家图书馆国情咨询顾问委员会"和"国家图书馆国情咨询专家委员会"的管理与运行机制，形成高水平的国情咨询团队，为国家图书馆事业发展和立法决策服务工作的拓展提供决策参考。

（十六）建立政府立法决策服务工作网络

与国务院各部委建立有效的信息沟通和日常联系机制，提供针对性的服务。继续扩大分馆覆盖范围，将分馆建成相关部委业务领域的文献信息最终查询基地。依托国家图书馆立法决策服务平台，与各部委政务网合作，加快建立计算机网络服务平台，提升中央国家领导机关和地方

政府的政务信息化水平。

（十七）建立全国公共图书馆立法决策服务平台

与全国省级公共图书馆合作，建立面向地方政府的立法决策服务平台；开展立法决策咨询合作、业务研究和经验推广，规范立法决策服务工作，在整体上提高图书馆为政府立法决策服务的水平。

五、创新服务模式与方式，拓宽服务范围与渠道，不断提高服务水平和服务能力

以用户需求为导向，形成文献信息研究、参考咨询、文献提供、讲座培训等多元服务链。

（十八）为重点教育科研与生产单位提供专业服务

从跟踪国家重大战略领域和重点建设项目的需求入手，建立学科馆员制度，加强面向重点教育、科研与生产单位主动提供深层次、专业化信息咨询服务的能力。

（十九）为社会公众提供便捷服务

努力为到馆读者提供更好的环境与更为精细的服务，在三网融合的信息环境下，通过手机、电视、智能移动终端等多种渠道，为更广泛的社会公众提供服务。

（二十）为特殊人群提供专门服务

加强未成年人适用的数字资源建设，探索面向未成年人服务的新模式，引领与推动全国图书馆少年儿童服务事业的发展。在继续加强中国盲人数字图书馆建设的基础上，探索为残障人士提供方便有效的信息与知识服务的新途径。

（二十一）为图书馆界提供主动服务

继续开展以引领业务、开放资源、主动服务、合作共赢为特色的图书馆业界服务，与全国图书馆行业系统、区域系统建立广泛的合作。建立覆盖各类型图书馆的文献集中发现与获取平台，在馆际互借与文献传递、虚拟参考咨询、数字图书馆建设与服务等方面引领全国图书馆的共建与共享。广泛开展面向基层图书馆提供培训等专业支持的志愿服务，为广大基层图书馆，尤其是中西部地区城市图书馆的建设提供智力支持，从而为基本建成公共文化服务体系作出贡献。

六、实施“国家数字图书馆推广工程”，催生网络环境下新的文化服务业态

以国家数字图书馆为核心，在全国范围内实施“国家数字图书馆推广工程”，以技术手段打破不同行业、不同地域图书馆之间的界限，使全国分散异构的数字图书馆系统能够连接为一个超大型数字图书馆，从而

推动我国文献信息资源的共建共享。

（二十二）完成“国家数字图书馆工程”

全面完成“国家数字图书馆”软硬件平台搭建、标准规范研制等建设任务，进行系统联调联试，通过国家验收。以“国家数字图书馆工程”搭建的平台为基础，全面提升数字图书馆服务能力。

（二十三）建设一个海量分布式数字资源库群

在全国公共图书馆间建立有效的数字资源共建共享机制，以技术手段整合国家数字图书馆与全国各公共图书馆的自建与外购数字资源，形成海量分布式数字资源库群，到“十二五”末，数字资源总量达到10000TB，每个省级数字图书馆拥有资源100TB，每个市级数字图书馆拥有资源30TB，每个县级数字图书馆拥有资源4TB。同时，依托各省级数字图书馆，建立若干数字资源建设中心、数字资源保存中心和数字资源服务中心，构建分级分布式公共文化服务数字资源保障体系，实现资源建设、保存和服务的统一规划、调度与管理。

（二十四）建设覆盖全国公共图书馆的数字图书馆虚拟网

借助移动通讯网、广播电视网、互联网等现有网络通道，以及VPN等现代网络技术，建立以国家数字图书馆为核心，以省级数字图书馆为主要节点的全国性数字图书馆虚拟网。依托该虚拟网，形成覆盖全国省、市、县、乡镇(街道)、村(社区)的数字图书馆服务网络，支持全国各地区数字图书馆系统间资源与服务的全面共建共享。

（二十五）建立全媒体数字图书馆服务平台

在海量分布式资源库群丰富的资源基础上，以技术手段对资源进行有效的组织、整合、知识挖掘，利用移动通讯网、广播电视网、互联网等，通过建立优秀中华文化展示平台、立法决策网络服务平台、专业性信息服务平台、公民终身学习平台和国际化文化交流平台，搭建起满足不同服务需求的全媒体数字图书馆服务体系。

七、拓展社会教育职能，将图书馆建设成为有吸引力的公共文化场所

利用图书馆物理空间、其他社会空间、互联网、移动终端等各种渠道，进一步拓展社会教育职能，以展览、讲座、培训等丰富多彩的文化活动，满足社会公众的多元化的精神文化需求，将图书馆建设成为公民教育的终生学校，有吸引力的公共文化场所。

（二十六）建立网上学习社区

为公众提供一个方便的虚拟多用户学习环境，提供以提高综合素质和职业技能为目标的学习平台和课件，支持公民终身学习。通过整合网络阅读资源和提供阅读服务，建立网络阅读联合社区，为公众提供丰富的网络阅读资源，通过互联网和智能移动终端等新媒体手段，优化网络阅读服务环境，使国家图书馆成为网络读书活动的一个重要阵地。

（二十七）开展讲座与展览资源共建共享

通过建设讲座联盟和展览联盟，在全国公共图书馆界开展讲座与展览资源的共建共享，使优秀的讲座资源和展览资源全国覆盖，全民共享，充分发挥图书馆的文化传播和社会教育职能。

（二十八）开展丰富多彩的培训活动

加大培训工作力度，利用多种渠道扩大培训工作的覆盖面，丰富面向图书馆界、面向社会不同群体的培训内容，使培训工作成为社会教育职能拓展的重要手段。

（二十九）改善图书馆物理空间

结合总馆南区的改造，进一步改善图书馆的物理空间与环境，营造更有品质的阅读空间，更具吸引力的公共文化空间，丰富公众的文化体验与知识体验。

八、建设国家文献战略储备库，实现馆藏资源的长期战略保存

从国家信息资源战略保存高度，研究与解决国家图书馆馆藏各类文献保存本的异地战略保存与馆藏数字资源异地容灾备份保存，建立国家级文献资源保障中心。

（三十）实现传统载体文献的异地战略保存

加强文献信息资源的保存保护工作，依托国家文献战略储备库，实施对国家文献资源总库所藏图书、期刊、报纸及缩微制品等传统载体文献的异地战略保存，并在条件许可的情况下代存各省市图书馆所藏孤本、珍本文献。

（三十一）实现数字资源的异地容灾备份保存

依托国家文献战略储备库，建立数字资源灾备系统，对馆藏数字资源进行异地容灾备份保存。建立互联网信息资源合作机制，实现对互联网信息资源的长期保存。

九、实施总馆南区改造工程，提高物理环境保障水平

根据国家图书馆事业发展的需要，对总馆南区进行全面维修，新建综合服务楼，改善读者与员工生活条件。

（三十二）实施并完成总馆南区改造

以“完善功能、改善环境、修旧如初”为基本原则，在充分论证、精心设计、合理安排现有业务的基础上，结合国家图书馆少年儿童图书馆、名人专藏馆、中文资源全面入藏等重大新业务的开展，实施并完成总馆南区的维修改造。

（三十三）建设综合服务楼

建设设计合理、功能完善、设施完备的综合服务楼，改善员工业余文化生活设施和工作设施，完善读者服务设施，将以人为本、改善民生

落在实处。

十、推进"中华古籍保护计划"，全面提升我国古籍保护工作水平

以古籍普查、摸清家底为核心，人才培养、科学实验为重点，全面推进古籍保护工作，建设国家级古籍修复中心和中文文献保存保护研究中心。

（三十四）继续做好古籍普查工作

加大古籍普查工作力度，推进《中华古籍总目》分省卷的编纂，继续利用普查平台扩大古籍登记的范围，实现对古籍的分级保护。在普查的基础上，继续评审《国家珍贵古籍名录》和"全国古籍重点保护单位"。着手建设中华古籍资源库，促进古籍普查成果的利用。

（三十五）做好古籍利用与成果出版

在加强古籍原生性保护的同时，继续开展古籍的再生性保护。改善古籍服务模式与服务理念，在加大古籍保护的同时，加强古籍的开发与利用，积极推进《中华再造善本续编》等的编纂出版。

（三十六）加强古籍人才培养

在全国形成一支熟悉文献、技术优良的古籍专业人员队伍。推动在职进修制度化，与高等院校和科研院所合作培养古籍保护人才。开展文献修复师等职业资格认证，改善古籍专业人员的知识结构，稳定人员队伍。

（三十七）加强对中西部地区古籍收藏单位的支持力度

在西藏、新疆古籍保护工作的基础上，进一步推进民族地区的古籍保护工作，使全国古籍保护得到均衡发展。

（三十八）加强民国文献保护

依托全国古籍保护计划，研究民国文献保护技术，适时启动试点工作，为全面实施做好准备。

十一、加强科研工作，为事业发展提供理论与技术支撑

建立与研究型图书馆相适应的科研工作体制机制，科研对业务工作的促进作用进一步增强，科研成果原创性以及具有自主知识产权的科研成果增加，科研成果转化效果凸显。

（三十九）科研、人才培养与业务发展有机结合

充分认识科研工作对图书馆事业发展的重要性，促进科研工作、人才培养和业务工作的有机结合，实现科研工作、人才培养与业务发展三者的良性互动，通过科研工作促进人才培养与成长，通过科研成果转化，推动业务与服务创新。

（四十）加强重点领域研究

加强科研工作的统筹规划和总体设计，围绕全国图书馆事业发展中

亟须研究解决的问题，结合国家图书馆工作发展需要，确立科研工作的重点研究领域，在公共文化服务体系建设中图书馆的地位与作用、数字环境下图书馆转型与发展、信息资源建设与管理、数字图书馆技术、文献整理与文献学研究、文献保存保护、缩微技术及其应用、图书馆管理以及图书馆基础理论等领域开展深入研究。

（四十一）完善科研管理体制

充分发挥研究院和各业务部门等专兼职研究机构的作用，通过博士后工作站进站人员、国外访问学者、馆外协作科研团队等科研力量提升科研能力，增加科研产出。修订和完善科研管理的各项制度，进一步增加对科研的经费投入，加强对科研项目立项审核、已立项目的动态跟踪管理、鉴定验收以及优秀科研成果奖励等科研管理工作。

（四十二）促进科研成果推广

依托中国图书馆学会、全国图书馆标准化技术委员会、全国文献影像技术标准化技术委员会等平台，开展以图书馆与文献信息领域标准规范制修订为主要内容的科研及其科研成果的推广。重视科研成果的出版，使科研成果产生良好的社会效益与经济效益。

十二、加强人才队伍建设，为事业发展提供人才保障

根据《国家中长期人才发展规划纲要(2010—2020年)》、《全国文化系统人才发展规划（2010—2020年)》的精神，制定我馆人才发展规划，统筹推进人才队伍建设。

（四十三）加强专业人才队伍建设

以提高专业技术人才的专业技术水平和业务素质为核心，以高层次人才和紧缺人才培养、专业梯队建设为重点，构建分层分类的人才培养体系，打造一支老中青相结合的、素质优良、勇于创新的高素质专业人才队伍。

创新专业技术人才队伍培养模式，充分利用重大文化工程的人才聚集效应，提升我馆专业人才整体实力。创新专业技术人才引进模式，探索刚性引进与柔性引进的有机结合。加大高层次领军人才及急需紧缺专门人才的培养和引进。充分发挥老专家在人才队伍建设中的作用，建立业务传帮带制度。积极引导专业技术人才合理分布与流动，保证基础业务岗位专业技术队伍的稳定。加强岗位培训，鼓励员工参加在职学历教育，加快专业技术人员知识更新。

（四十四）加强管理干部队伍建设

建立健全党性教育、理论教育、业务培训和实践锻炼“四位一体”的干部培养教育体系，着力培养各级管理干部的大局意识、宏观管理能力和执行能力，建立分层管理、分级负责的管理机制。

加强后备管理干部队伍建设，不断完善后备干部培养与选拔模式，加强新提任管理干部培训力度。健全综合考核评价体系，强化管理干部

考核工作。加大管理干部交流力度，推进中层管理干部定期交流和轮岗。注重管理干部廉政建设，健全权力约束制衡机制，加强干部监督管理。

十三、推进业界交流与合作，扩大行业影响力

对外合作交流广泛深入，与国内外图书馆的合作领域和合作范围得到拓展，在国际图书馆事务中的话语权与影响力进一步扩大。

（四十五）加强与业界交流

加强与国内外图书馆界的交流与合作，进一步扩大资源共享的广度与深度，发挥国家图书馆在国内图书馆界的引领作用，加快事业发展的国际化进程，扩大在国际图书馆事务中的影响力。

（四十六）拓展与其他机构的合作

加强与各类博物馆、档案馆、展览馆以及信息研究机构的交流与合作，加强与各类出版机构、出版物发行机构的交流与合作，推动各类文化服务与信息服务联盟的建立。

（四十七）发挥行业组织作用

充分发挥中国图书馆学会与中国文献影像技术协会的作用，推动学术交流、学术研究与行业协调。重视行业联合、自律与自强，增强行业的凝聚力和影响力。

（四十八）加强对外合作与交流

发挥国家图书馆代表国家执行有关对外文化协定、开展对外文化交流的职能，提升国家图书馆的国际影响力。积极参与国际图联等组织的工作与活动，发挥国家图书馆作为国际图联中文语言中心和国际图联保存保护中心中国中心的作用；积极组织和参与国际图书馆界双边和多边业务研讨和交流活动，寻求有实质性内容的国际性合作项目；配合国家文化“走出去”战略，在中国驻外文化中心建立图书馆，宣传中国优秀传统文化，展示我国现代化建设成就。

十四、建立充满生机与活力的管理体制和运行机制，营造良好的事业发展环境

根据中央关于文化体制改革的要求，深化内部机制改革，建立充满生机和活力的管理体制和运行机制。经费投入显著增长，事业发展政策环境继续优化。

（四十九）深化干部人事制度

进一步深化干部人事制度改革。完善干部“聘任制”，坚持用德才兼备、以德为先的标准，选拔管理干部；坚持竞争性选拔干部的工作机制，加大干部聘任与考核过程中群众评价的参考比重。

（五十）完善岗位管理

进一步完善岗位管理，按照“自下而上，因需设岗；分级管理，择优聘用；强化考核，同岗同酬”的原则，规范岗位管理，实现岗位管理与薪酬管理、绩效管理的有机结合。

（五十一）理顺业务流程

根据事业发展的需要，对现有业务流程与组织架构进行优化，实现数字图书馆建设与图书馆传统业务的有机结合。加强对部门工作的绩效考评，逐步实现部门绩效考评与经济奖惩挂钩。

（五十二）加强安全保卫工作

深入开展创建平安单位活动，坚持“安全第一、预防为主”的综合治理方针，继续完善各种安全管理制度和各项安全应急预案。建设馆区全覆盖的现代技防设施。加强保卫队伍建设，提高安保人员的整体素质。

（五十三）继续开展部分业务外包

按照“管办分离”的原则，推进后勤服务的社会化改革。继续探讨多种用工方式，倡导志愿服务，创新社会化用工模式，推进部分业务的外包，加强外包工作管理。

十五、加强党的领导，发挥党组织在事业发展中的保障作用，以及工会与群众组织在事业发展中的促进作用

认真学习和实践科学发展观，贯彻落实党的路线方针政策，围绕国家图书馆事业发展的中心工作，不断加强基层党组织建设，发挥党组织在事业发展中的保障作用。

（五十四）加强党组织建设

进一步加强党的基层组织和党员队伍建设，提高基层党组织的凝聚力和战斗力，充分发挥党员的模范带头作用。推进学习型组织建设，深入开展创先争优活动，通过全员培训工作提高员工的综合素质。

（五十五）加强领导班子建设

切实加强领导班子自身建设，进一步解放思想、转变观念、改进作风、廉政勤政，提高驾驭全局、开拓创新、把握事业发展方向的能力。坚持民主集中制，提高决策的科学性和可行性，提高执行力和执行效果。

（五十六）完善党政工团立体推进工作机制

进一步健全完善党政工团立体推进工作的机制，加强共青团工作，完善职代会各项制度，支持群众组织开展健康向上、群众喜闻乐见的活动。

（五十七）以人为本，重视人文关怀

尊重员工的劳动和创造，关心员工生活和身心健康，积极为员工个人发展创造条件。落实好国家有关离退休干部政策，关心离退休员工的生活。注重发挥离退休老专家的作用。

全馆员工要解放思想、开拓创新、求真务实、敬业奉献，为实现国家图书馆第十二个五年规划而奋斗！谱写国家图书馆事业发展新篇章！

《2010年国家图书馆工作要点》

2010年工作的指导思想是：以邓小平理论和“三个代表”重要思想为指导，以科学发展观为统领，全面贯彻党的十七大和十七届三中、四中全会精神，以推进我馆现代化、国际化建设为目标，继续落实“人才兴馆、科技强馆、服务立馆”三大发展战略，突出重点，统筹兼顾，做好全年的各项工作。

一、制定《国家图书馆“十二五”规划纲要》

全面分析检查“十一五”规划发展目标的实现程度、重点任务的完成情况以及主要措施的落实情况，针对规划中的各项目标和任务的实际执行情况与预期效果存在的差距，查找原因，提出解决方案，力争在2010年年内圆满完成规划既定的目标和任务。

全面总结国家图书馆前一个五年规划期间取得的成就，深刻分析当前国内外图书馆事业面临的挑战与机遇，站在学科发展与事业发展的高度，思考国家图书馆在下一个五年的发展总体思路、战略目标和主要任务，在预研究的基础上，启动《国家图书馆“十二五”规划纲要》的编制工作，力争上半年完成；围绕规划纲要的目标和任务策划2011年的工作项目，争取列入国家财政支持的专项。

二、加快推进国家数字图书馆工程，启动一期维修改造工程

根据信息技术的发展和用户信息需求的变化，适时调整国家数字图书馆工程建设方案；建设存储系统、服务器系统、集群系统、网络安全系统等硬件系统；建设文献数字化系统、数字资源组织系统、数字资源发布与服务系统、数字资源保存系统等主干系统；完成元数据、对象数据、知识组织、长期保存等标准规范的研制；构建针对新兴媒体的数字资源发布与传输平台；进一步利用新的成熟技术拓展资源服务渠道，开创新的服务领域，扩大服务范围。

完成一期维修改造工程的立项审批工作；结合一期维修改造，根据业务需求做好业务格局规划和服务布局调整；做好一期维修改造实施方案与前期准备工作，年内开工建设。

三、加强图书馆基础业务工作

提高中文文献和重点学科领域外文文献入藏的全面性；做好地方文献、古籍特藏、中文资料、法律文献、海外中国学文献、国际组织与外国政府出版物等文献的采访工作；结合全国联合编目和快速印刷系统开

展缺藏文献的补充工作；力争试验性开展电子图书的缴送工作；进一步做好音像资料、缩微文献的入藏；加大网络资源的采集和整合力度；着力推动版权征集工作；继续进行未编目文献的书目数据制作和馆藏挂接工作；加大各类数字资源以及数字资源与传统资源的整合与揭示力度；推进各主要语种文献编目过程中的规范控制；着手编制《中国国家书目》；进一步完善各类数据的检验与评估机制；调研论证名人专藏馆的设立；继续进行保存本库、基藏本库、北区藏品库房和古籍库房的调整工作，努力改善文献的典藏环境；继续做好数字资源的长期保存；结合数字图书馆灾备系统的建设，综合考虑传统载体文献与数字资源的长期保存，论证国家文献战略储备库建设方案；继续进行业务管理规章、规范的制订与修订工作，重点抓好文献采选政策、咨询档案管理、业务统计，以及数字资源管理等规章规范的制修订。

依托中华古籍保护计划与国家数字图书馆建设，补藏古籍和民国文献，加快古籍特藏文献的编目；加强古籍文献的保护与修复工作；加强民国文献及其他破损严重文献的抢救性保护工作；加快民国文献缩微化与善本古籍彩色缩微工作；结合古籍普查平台，着手建立中华古籍特藏资源库框架体系，整合古籍资源；推出第一批国家图书馆善本书志。

不断优化Aleph500系统功能；适时启用新的全国联合编目系统；着手建立国家图书馆综合业务统计平台；加强网络系统安全管理；继续做好其他业务工作的技术支撑平台建设，保障各应用系统安全稳定运行。

四、开创各项服务工作新局面

全面提升国家图书馆立法决策服务水平。深化服务内容，扩大服务影响，提高品牌影响力，建立国家图书馆立法决策服务工作网络；总结国家图书馆部委分馆建设经验，建设部委分馆示范馆，延伸为部委立法决策服务平台，不断提高服务水平；强化立法决策服务队伍能力建设，适时组建国情咨询顾问委员会；开展法律法规信息服务系统和海外中国学文献研究中心网站建设。

继续做好到馆读者服务，结合一期改造，进行读者分流，力争将一期维修改造对读者服务工作的影响降到最低；策划并实施馆藏资源与服务推介项目；进一步加大公共文化服务力度，增加在互联网上提供的公共服务资源量，提高资源获取的便捷性；继续增加与推广以视频资源为主的高清数字电视内容，使用户通过电视实现图书预约与续借，建设数字电视直播平台；大力开展面向移动信息终端的服务，加强音视频、图片、图书等手机适用资源的建设，与移动运营商合作，启动移动图书馆项目，利用3G网络提供服务；加大对重点教育、科研和企业的服务力度，力争在服务模式、服务手段和服务效果上都有所突破；在做好现有系列讲座、展览的基础上，开发文津图书奖及各类讲座、展览的衍生产品，进一步扩大影响，打造社会教育服务品牌。

继续实施基层图书馆服务行动、基层资源分发与点播系统、全国图书馆联合编目系统、联合虚拟参考咨询服务、政府公开信息整合服务联盟、残疾人数字图书馆联盟、全国公共图书馆讲座联盟和展览联盟等图书馆业界服务项目；加大国家数字图书馆的资源与服务在分馆及其他各级各类图书馆的推广力度；面向全国图书馆界从业人员提供业务与技能培训；积极拓展与国内外文献信息机构在文献传递与馆际互借业务方面的合作；以全国图书馆标准化技术委员会、全国文献影像技术标准化技术委员会为平台，推动图书馆事业标准化、规范化；充分发挥中国图书馆学会的作用，做好公共图书馆法立法支撑研究、志愿者行动、年会和国际交流等工作；建立中国图书馆学会国家图书馆分会。

五、实施国家重点文化工程

全力支持全国文化信息资源共享工程的建设，借助全国文化信息资源共享工程的平台，策划并实施“县级数字图书馆推广计划”。

继续办好部级领导干部历史文化讲座，开通讲座网站，提升讲座水平，扩大品牌效应。

大力推进“中华古籍保护计划”，深入开展全国古籍普查登记工作，完成第三批《国家珍贵古籍名录》和全国古籍重点保护单位的评审和上报工作；启动并开展《中华古籍总目》分省卷的编撰工作，开展藏文古籍普查工作及民文古籍其他文种的普查调研；继续开展古籍保护与鉴定人才培养工作，举办各类在职培训班，与有条件的高等院校、办学机构合作，开展各级学历教育和课程教育；配合文化部做好全国古籍修复人员的职业资格认证工作，开展国家级古籍修复师的认定；继续开展全国古籍普查平台的建设工作，并完成大部分省古籍保护中心的平台安装工作；开展古籍保护相关标准的研究与制定工作；建设国家级古籍保护实验室并开展实验研究；完善全国古籍保护科研项目的评审及管理工作；进一步在全国范围内协调开展古籍数字化工作，努力促成以多种方式实现海外古籍的回归与利用；做好中华再造善本工程续编工作。

六、加强科学研究工作与人才队伍建设

着手整合我馆科研力量，聘请客座教授和研究员指导并参与相关科研项目，形成馆内外力量相结合的科研队伍；重点建设数字图书馆、文献保存与保护等科研基地；继续做好博士后科研工作站的工作；积极组织申报各级各类科研课题；完成首批重大科研项目的鉴定及后续出版工作，适时启动第二批重大科研项目的招标工作；鼓励结合业务工作实践开展科学研究，加大对实用性研究项目的支持力度；加强对科研工作的

管理和科研成果的转化；加强图书馆间科研项目合作；充分发挥研究院申报和完成科研课题以及培养学术带头人的作用。

总结与评估《国家图书馆2006—2010年人才发展规划》，制定《国家图书馆2011—2015年人才发展规划》；积极参与国家文化名家工程、新世纪百千万人才工程、文化部优秀专家等高级人才的培养与遴选工作；拓展与高校、科研院所联合办学的渠道；调整和优化员工继续教育政策，鼓励员工修读双学位；继续实施全员培训，提高全员培训的实效；鼓励员工岗位进修，促进员工岗位成才；重视人才梯队建设；在实施咨询馆员制度的基础上，探讨试行学科馆员制度的可行性；开展“创新人才”聘期考核及选拔调整工作；做好与国内大型图书馆管理干部的双向交流培养工作。

七、推进与国际图书馆界交流与合作

积极参与海外中国文化中心的建设；积极探讨开展定向定题的、有针对性的出国出境考察；探讨在重点业务领域实行骨干人才派出培养机制；积极发挥我馆作为国际图联中文语言中心和国际图联保存保护中心中国中心的作用；积极配合重大对外文化交流活动，开展有关工作。

承办中美图书馆第五次合作会议和保存保护国际会议；参与中文文献资源共建共享合作会议；继续实施中美图书馆员专业交流项目；继续参与世界数字图书馆项目；推进哈佛燕京图书馆古籍数字化合作项目与“中华寻根网”合作项目；推动与日韩欧美等重点国家的业务交流，积极策划亚洲数字图书馆合作项目；继续实施国际访问学者项目。

八、深化改革，健全激励机制

按照《中共中央、国务院关于深化文化体制改革的若干意见》精神和文化部的要求，继续深化干部人事制度改革，就建立科学有效的激励机制开展调研，探索建立适合公益性文化单位特点的激励与约束机制。

强化部门精细管理，提高部门之间的协调与合作能力，提高管理效率和管理水平；加大工作督查力度；对外包工作开展全面的绩效评估，加强监管、有序地推进外包工作；做好馆属企业的监管工作，调整和优化馆属企业产业结构，提高竞争力；按有关要求，完成国家图书馆出版社转企改制工作。

九、全面提高综合保障能力

积极争取国家财政投入，广开经费来源渠道，努力增加收入，为全馆事业发展、员工福利待遇等方面提供经费保障；进一步加强预算管理和预算执行力度；建立专项经费绩效考评机制。

贯彻落实《国家图书馆国有资产管理暂行办法》和《国家图书馆合同管理办法（暂行）》，进一步完善政府采购制度；规范馆属企业监管人员派出制度，确保国有资产保值增值。

完成《国家图书馆安全保卫工作暂行规定》的修订，进一步落实各级各岗责任制，坚持责任追究制度，实行“一票否决”制度；通过现代化技术手段逐步完善漏水报警、安防监控等各项设备设施及保卫措施；深入开展创建平安单位活动；加强我馆一期改造工程中的安全管理力度；抓好重大节日的安全检查、重大活动的安全保障和日常安全管理工作；加大对员工和读者的安全教育；加强对外包单位、驻馆公司和出租场地的安全管理。

对北区馆舍的运行状况进行全面评测，并进行调试和检修；完善后勤管理体制和运行机制，努力提高服务水平和服务质量；做好节能减排工作；强化对物业公司监管力度，建立健全规范有序、运行高效的监督管理考核标准；努力争取与保持我馆在精神文明建设、爱国卫生等领域获得的各项荣誉称号。

十、加强党的建设和干部队伍建设

继续深化学习实践科学发展观活动，进一步巩固和扩大活动成果；按照整改落实方案，努力解决影响和制约我馆科学发展的突出问题；建设学习型党委和学习型领导班子；配合文化部直属机关党委做好党员教育培训工作；召开国家图书馆第二届党代会。

强化领导干部的大局意识和责任意识，谋实招、办实事、求实效；提高干部队伍的能力素质，抓好干部队伍的作风建设；做好中层管理干部届满后的竞聘工作。

加强党风廉政建设，通过多种教育形式，继续推进我馆以完善惩治和预防腐败体系为重点的反腐倡廉建设，提高防腐拒腐能力；加强审计监督工作，加大各项规章制度的执行力度。

召开国家图书馆第三次工会代表大会暨第二届职工代表大会；举办第九届员工运动会。

加强团干部理论学习和团务培训工作；召开团代会和青年工作会议。

进一步做好统战工作与妇女工作。

落实好离退休员工的相关政策，加强与离退休老同志的联系与沟通，关心离退休员工的生活，为离退休员工做好服务。

《国家图书馆读者证卡管理办法》

为加强国家图书馆各类读者证卡的管理，制定本办法。

一、国家图书馆读者证卡种类

国家图书馆读者证卡分为国家图书馆读者卡（以下简称读者卡）、中华人民共和国居民身份证（以下简称第二代身份证）、国家图书馆嘉宾卡（以下简称嘉宾卡）、国家图书馆贵宾卡（以下简称贵宾卡）四种。

二、国家图书馆读者证卡功能

（一）开架阅览室阅览功能：可阅览普通开架阅览室藏书刊。

（二）闭架阅览室阅览功能：可阅览普通闭架阅览室藏书刊与基藏库藏书刊。

（三）中文图书外借功能：可外借中文图书外借室藏图书，可外借“国图电子图书手持阅读器”。

（四）外文图书外借功能：可外借基藏库藏部分外文图书，可外借“国图电子图书手持阅读器”。

三、国家图书馆读者证卡及其功能办理条件

（一）年满16周岁的中国公民与外籍人士均可办理读者卡。任一读者卡，自动具有开架阅览室阅览功能与闭架阅览室阅览功能。持有读者卡的中国公民，可办理中文图书外借功能和外文图书外借功能。

（二）年满16周岁的中国公民所持第二代身份证自动具有开架阅览室阅览功能。同时，持第二代身份证可办理闭架阅览室阅览功能、中文图书外借功能和外文图书外借功能。

（三）对国家图书馆工作与事业发展有较大贡献的人士可办理嘉宾卡，嘉宾卡根据专项审批意见，具有相应功能。

（四）部级及其以上领导干部、全国人大代表和政协委员、中国科学院和中国工程院院士可办理贵宾卡，贵宾卡具有全部四种功能。

四、国家图书馆读者证卡及其功能办理手续

（一）办理读者卡时，持本人有效身份证件（身份证、军官证、士兵证、护照、港澳通行证、台胞回乡证、户口簿，下同），填写《国家图书馆读者证卡及其功能申请表》有关项目，首次办理免工本费。

（二）持第二代身份证申请闭架阅览室阅览功能时，填写《国家图书馆读者证卡及其功能申请表》有关项目。

（三）持已办读者卡或第二代身份证申请中文图书外借与外文图书外

借功能时，填写《国家图书馆读者证卡及其功能申请表》有关项目，交纳相应数量的押金(中文图书外借功能：押金100元；外文图书外借功能：押金1000元)。

（四）办理嘉宾卡时，由馆相关部门根据需要提出申请，以报文形式报送所在部门主管馆长审批。批准后，持本人有效身份证件，填写《国家图书馆读者证卡及其功能申请表》。

（五）办理贵宾卡时，由馆相关部门提出申请，以报文形式报送所在部门主管馆长审批。批准后，由有关部门代办。

五、国家图书馆读者证卡使用办法

（一）一般性规定

1.每人限办一卡；国家图书馆读者证卡只限本人使用，不可转借他人。

2.持证读者在各服务点通过验证放行。

3.70岁以上的持卡读者可实行代借制度。首次借阅或更换委托人时，被委托人持委托人有效身份证件、国家图书馆读者证卡、委托书和被委托人有效身份证件、国家图书馆读者证卡，在办证处记录或修改相关档案后，可办理代借手续。

4.贵宾卡持有者可实行代借制度。首次借阅或更换委托人时，被委托人持委托人有效身份证件、贵宾卡、委托书和被委托人有效身份证件、国家图书馆读者证卡，在办证处记录或修改相关档案后，可办理代借手续。

（二）注册办法

1.国家图书馆读者证卡实行注册制度。

2.国家图书馆读者卡，每三年注册一次。未能如期注册的读者卡将被置停。验证注册后可恢复使用。

3.第二代身份证除开架阅览室阅览功能不需注册外，其他功能注册办法同读者卡。

4.嘉宾卡与贵宾卡，每三年注册一次，由本人注册或有关部门代为办理。

（三）清退外借功能办法

1.清退功能时，须还清所借图书，由本人持读者卡、有效身份证件和押金收据退回押金；若委托他人代为办理，还须同时提交委托人的有效身份证件。

2.押金收据确因不慎丢失，在履行相应的清退功能手续后，由本人持读者卡与有效身份证件取回押金。

（四）挂失和补办办法

1.国家图书馆读者证卡丢失须办理挂失。若又找到原证卡，可凭本人有效身份证件解除挂失。未找到原证卡，凭本人有效身份证件交工本费补办新卡，原证卡同时作废。

2.补办新卡时，另交证卡工本费5元，原卡内已交押金和一卡通充值金额一并转入新卡。

（五）国家图书馆读者证卡置停办法

1.读者使用国家图书馆读者证卡须遵守国家图书馆借阅规则及相关规定。如果违反，可视情节轻重将其国家图书馆读者证卡进行部分服务点置停或全馆范围置停，待接受处理并纠正后恢复使用。

2.读者证卡置停事由

（1）读者将阅览室的书刊资料等擅自夹带出室外。

（2）读者拒不交纳违约金、赔偿金。

（3）读者违反著作权法相关规定。

（4）读者将读者卡借予他人使用。

（5）读者违反我馆借阅相关规定，影响我馆正常阅览秩序，经工作人员制止无效的。

3.置停期限

（1）未交纳违约金、赔偿金的，其读者证卡置停期限自违规之日起，至交纳违约金、赔偿金之日止。

（2）其他违反规定的，视情节严重程度，其读者证卡置停1—3个月。

（3）累计3次被置停的读者证卡，予以吊销。由办证处备案。被吊销读者卡的读者2年内不得重新办理任何一种读者证卡及其功能。

4. 置停程序

（1）置停违规读者的证卡，须由违规行为发生地点或处理地点人员以书面方式说明情况，由该部处主任签字审批后，提交办证处办理。发生地点或处理地点人员须同时将置停情况告知违规读者本人，并记录备查。

（2）办证处人员凭部门主任审批意见置停相应读者证卡及其功能，并在备注项中注明置停时间、事由和发生地点或处理地点。

（3）因未交纳违约金、赔偿金被置停的读者证卡和／或功能，违规读者已按规定交纳相应违约金、赔偿金后，由发生地点或处理地点人员通知办证处予以恢复；其他事由被置停的读者证卡和／或功能，根据记录时间，由办证处人员予以恢复，但违规记录保留。

六、附则

本办法经2010年第14次馆务会议讨论通过，自发布之日起开始实行，原《国家图书馆读者卡办理和使用的管理办法》（国图业发［2006］25号）同时废止。本办法解释权属业务管理处。

《国家图书馆馆藏文献库房管理条例》

第一章 总则

第一条 本条例适用于本馆各类馆藏文献库房(不含采编加工流程中文献存放地点)的管理。

第二条 本馆各类馆藏文献库房根据入藏文献的级别、类型、载体形式、学科、文种、使用方式或开放方式等标准来进行划分，根据现有库房格局、入藏文献级别和使用方式，将我馆各类文献库归类为以下四种形式，并根据需要依其他标准进一步划分：

一、保存本库：指我馆入藏图书、报刊保存本的库房。如中文图书保存本库、中文报刊保存本库等。

二、基藏本库：指我馆入藏图书、报刊和部分特藏、专藏文献基藏本的库房。如各外文书刊阅览室、国际组织与外国政府出版物阅览室等。

三、流通本库：指我馆入藏中文图书、报刊和部分专藏文献流通本的库房。如各中文书刊报阅览室、图书馆学资料室等。

四、特藏文献库：指我馆入藏各类特藏文献的库房。包括古籍特藏品库、缩微文献库、数字资源藏品库等。

各类文献库房中，凡入藏文献未区分存放保存本、基藏本和流通本的，依入藏文献的最高级别归类管理。

第三条 本条例包括总则、人员入库管理、安全管理、藏品管理、卫生管理、库房管理人员、附则等七个部分。

第二章 人员入库管理

第四条 各类库房非本库管理人员入库，须按规定出示相关证卡，如须履行审批和登记手续，应出示相关批件，并经库房管理人员核准登记入库。

第五条 入库登记内容包括：入库者姓名(参观只登记陪同者姓名)、入库人数、入库事由、入库及出库时间。

第六条 各类库房原则上不接待参观，如必须参观，须按规定审批并有专人陪同，入库参观者应遵守各库房相关管理规定，未经允许不得拍照、摄像。

第七条 进入库房，严禁携带各类易燃、易爆、易腐蚀、易污染等危险品；严禁携带食品；严禁携带箱包、兜袋等包装用品(开架库房另见细则)。

第八条 非工作时间原则上不允许入库，确须入库，按相关规定审批；由保卫处核准、开关库门，办理相关手续后陪同入库。遇紧急灾情须立即入库，可由总值班负责人批准先行入库，事后补办相关手续。

第三章　安全管理

第九条　库房管理人员到岗后、下班前应对库房进行全面巡查，发现问题，及时向有关部门汇报并保护好现场。

第十条　下班后关好门窗、水电，锁好库门；遇节假日放假，没有开放任务的库房应封库。

第十一条　库内严禁擅自拉接电源线，电器设备用毕须及时切断电源。

第十二条　各类库房内严禁吸烟、严禁使用明火，因施工必须使用明火，须由总务部及该库所属部处主任批准，并在消防科办理“明火施工许可证”后，方可施工，施工时还应有消防部门工作人员现场监督。

第十三条　各库房应保持通道畅通，配电盘及消防器材附近严禁堆放杂物。

第十四条　遇防灾系统报警，查明原因，并立即与保卫、消防及本部门领导联系，及时处理险情。

第十五条　库房钥匙由专人保管，下班后将钥匙存放于指定地点，任何人不得将钥匙携出馆外。换锁或配钥匙须经保卫科批准备案，任何人不得擅自操作。

第十六条　定期检查、维护库内各种救灾、报警等器材、设备，如有损坏、失灵，及时报修。

第十七条　各类库房内设专人负责定期检查、施放除虫、灭鼠药物。

第四章　藏品管理

第十八条　库房管理人员对出入库藏品须认真清点数量，检查藏品是否污损，并按规定履行交接手续，入库藏品及时上架。发现问题及时与交接部门联系，必要时上报部门领导。

第十九条　各类库房按相应的排架规则进行排架。

第二十条　读者或本馆工作人员使用藏品，按馆有关规定提取；本馆相关部门因公提取藏品须履行相关审批及交接手续；参考咨询部门使用馆藏文献，执行馆定《国家图书馆文献利用条例》的相关条款。库房管理人员应认真履行工作职责，确保藏品安全，不丢不损。任何人不得私自下架藏品，影响正常流通。

第二十一条　各类库房按规定定期或不定期进行库内藏品的清点工作，发现问题及时处理，确保藏品、目录(数据)、账目的一致性。

第二十二条　库房内藏品一律不得直接放置于地面上。凡有破损的藏品，库房管理人员有义务进行简单修整或外送修复、装订，暂不流通。剔除、注销藏品应按有关规定办理注销手续。

第五章　卫生管理

第二十三条　库房内应保持清洁卫生，无尘无土，阅览室应保持阅览桌、椅的清洁。各库房卫生工作指派专人负责。

第二十四条　清扫库房过程中要确保藏品及各种设备的安全、不污不损，清洁存放藏品柜(架)时，湿度不宜过大，更不得滴水、流水。同时，要始终保持室内正常温、湿度。

第六章　库房管理人员

第二十五条　各类库房应指派专人进行管理。库房管理人员应热爱本职工作，遵守库房管理条例及馆内其它有关规章制度，忠于职守。

第二十六条　各类库房管理人员应掌握所负责库房藏品管理的一般知识，熟悉库藏，做好藏品的日常管理工作，直接接触读者的库房管理人员还应做好读者服务工作。

第二十七条　库房管理人员应掌握所负责库房内消防器材、用具的分布情况和使用方法，通晓一般消防知识，能及时、准确地处理险情。

第二十八条　库房管理人员有责任对入库者进行监督管理，入库人员应服从库房管理人员管理，对拒不服从管理者，库房管理人员有权制止其入库。

第二十九条　库房管理人员工作时间不得擅自离岗，造成空岗或无人值守。

第三十条　库房管理人员要认真做好值班记录，保存好提书清单、入库批件等。

第七章　附则

第三十一条　各库房的值班记录、提书清单、领导签发的入库批件、入库登记表等均由负责该库管理的科组留档不少于十二个月。

第三十二条　各类库房管理人员必须严格遵守本条例的各项条款，对于违反本条例发生重大问题的，按馆有关规定给予经济处罚并追究当事人及部门领导责任。

第三十三条　本条例经2010年第14次馆务会议通过，自发布之日起开始实行。2002年第13次馆长办公会通过的《国家图书馆馆藏文献库房管理暂行条例》同时废止。本条例解释权属业务管理处。

附件1.《国家图书馆保存本库管理细则》
附件2.《国家图书馆基藏本库管理细则》
附件3.《国家图书馆流通本库管理细则》
附件4.《国家图书馆古籍特藏品库管理细则》
附件5.《国家图书馆数字资源藏品库管理细则》
附件6.《国家图书馆缩微文献库管理细则》

附件1　国家图书馆保存本库管理细则

一、根据《国家图书馆馆藏文献库房管理条例》(下称《条例》)制定本细则。细则中凡与《条例》重复之具体条款，本细则不再列出，参照《条例》相关条款执行。

二、本细则适用于本馆书、报、刊保存本库房的管理。

三、出入库管理

(一) 基藏书库按保存本库、基藏本库不同库区进行管理，基藏书库出入库管理由保卫处负责，保存本库出入库管理由典藏阅览部负责。进入基藏书库内的保存本库除办理基藏书库入库手续外，还应办理保存本库入库手续，具体审批规定及限制如下：

1.基藏书库工作人员每日首次进入基藏书库须持本馆工作证经门卫核准后，换发入库胸卡方可入库；下班出库，凭胸卡换回工作证。工作期间可凭胸卡临时出入。

2.基藏书库非保存本库管理人员因公进入保存本库、典藏阅览部其他业务科组工作人员因公进入基藏书库或保存本库，须持有典藏阅览部主任签发的“基藏书库临时入库证”或“入库通知单”，经门卫核准换发胸卡后入库，活动限在工作所涉及的藏品区域内。

3.非典藏阅览部工作人员因公进入基藏书库，须持本馆有关部门签发的“基藏书库入库证”或“基藏书库临时入库证”，经门卫核准换发入库胸卡后入库。进入保存本库，还须持有典藏阅览部主任签发的“入库通知单”，并在库房管理人员陪同下入库。

4.基藏书库、保存本库如遇紧急灾情，维修、抢险人员须立即入库，可由该库所属科组长通知门卫允许先行入库，事后补办相关手续。

(二) 本馆其他保存本库非本库管理人员入库审批规定及限制如下：

1.本部处其他业务科组工作人员因公进入本部处所属保存本库、本馆其他部门工作人员因公入库，须持有该库所属部处主任签发的“入库通知单”，并在该库管理人员陪同下入库。

2.保卫、消防及维修人员因公入库，须持有该库所属部处主任签发的“入库通知单”，并在库房管理人员陪同下入库。遇紧急灾情须立即入库，可由该库所属科组长批准先行入库，但事后必须补办相关入库手续。

(三) 保存本库一般不接待参观。确有必要接待参观，须报请主管馆长批准，签发“入库通知单”并通知该库所属部处主任。国内参观人士由接待部处陪同，国外参观人士由国际交流处陪同。入库参观者一律不得翻阅库内藏品，未经主管馆长批准，严禁携带照相、摄像器材入库。

(四)非上述各库管理人员入库，一律履行登记手续。

(五)进入库房任何人严禁携带易燃、易爆、易腐蚀、易污染等危险品;不得穿大衣、风衣、雨衣等入库，不得携带箱包、兜袋等包装用品入库。

(六)任何人不得携带个人书籍入库，不得擅自携带库内藏品出库。

四、安全管理

(一) 库内工作人员餐具、水具应放置于指定位置，严禁放在书(报、刊)架(柜)上。

(二) 应保持库内正常的温湿度。温、湿度变化范围: 温度16℃～22℃、相对湿度45%～60%。如超出正常范围，及时通知设备管理人员进行处理。温、湿度计有专人负责，确保其正常使用。

五、藏品管理

(一) 藏品流通按有关规定提取，流通后立即归库，放准位置，排列整齐。

(二) 本馆其他部门借阅、复制、照相、修整需提取保存本时，由该库所属部处主任批准，并由相关部门提供提书清单一式两份，双方各执一份进行交接，签字留档。提书单位应确保藏品安全，不丢不损。

六、卫生管理

见《条例》第五章。

七、库房管理人员

(一)各库房的管理由各库所属部处主任总体负责，指派专人具体负责各个库房(库区)的管理。

(二) 各库房管理人员应掌握所负责藏品管理的一般知识，全面了解库区内藏品布局，熟悉藏品的排架规则，做好藏品的日常管理工作。

附件2　国家图书馆基藏本库管理细则

一、根据《国家图书馆馆藏文献库房管理条例》(下称《条例》)制定本细则。细则中凡与《条例》重复之具体条款，本细则不再列出，参照《条例》相关条款执行。

二、本细则适用于本馆书、刊、报基藏本库库房的管理，包括开架库和闭架库。

三、出入库管理

(一) 进入基藏书库入库审批规定及限制同《国家图书馆保存本库管理细则》有关条款。

(二) 本馆其他闭架基藏本库非本库管理人员入库审批规定及限制如下:

1. 本部处其他业务科组工作人员、本馆其他部门工作人员因公入库，由该库所属科组长批准。

2. 保卫、消防及维修人员因公入库，由该库所属科组长批准。遇紧急灾情须立即入库,可由当班管理人员批准先行入库,事后须通知本科组组长并补办相关手续。

3. 库房接待参观，须经业务管理处批准并通知该库所属部处主任。国内参观人士由接待部处陪同，国外参观人士由国际交流处陪同。入库参观者应爱护库内藏品。

(三) 进入基藏本库任何人不得携带个人与本库入藏文献类型、外观相同或相近的文献入库，不得擅自携带库内藏品出库。

(四) 非上述各闭架基藏本库管理人员入库，一律履行登记手续。

(五) 凡持有本馆阅览、外借证卡或本馆工作证、胸卡者均可进入开架基藏本库。

(六) 经库房管理人员许可，进入开架库可以携带外观尺寸小于32开图书的手包或透明包装袋入库。

四、安全管理

(一) 库内工作人员的餐具、水具应放置于指定位置，严禁放在书(报、刊)架(柜)上。开架库读者不得将水具及任何包装饮品带入库内。

(二) 库内始终保持适宜的温、湿度，如超出正常范围，及时通知设备管理人员进行处理。温、湿度计有专人负责，确保其正常使用。

五、藏品管理

(一) 闭架库藏品流通遵照馆有关规定提取，流通后，应及时归还原位，码放整齐。开架库房保持排架准确、整齐，便于查找，排架错误率不超过馆定标准。

(二) 本馆其他部门借阅、复制、照相、修整需提取基藏本时，由该库所属部处主任批准，并由相关部门提供提书清单一式两份，双方各执一份进行交接，签字留档。提书单位应确保藏品安全，不丢不损。

六、卫生管理

见《条例》第五章。

七、库房管理人员

(一) 各库房管理由各库所属部处主任总体负责，指派专人具体负责各个库房的管理。

(二) 库房管理人员应掌握所负责藏品管理的一般知识，全面了解库区内藏品布局，熟悉藏品的排架规则，做好藏品的日常管理和读者服务工作。

附件3　国家图书馆流通本库管理细则

一、根据《国家图书馆馆藏文献库房管理条例》(下称《条例》)制定本细则。细则中凡与《条例》重复之具体条款，本细则不再列出，参照《条例》相关条款执行。

二、本细则适用于本馆书、刊、报流通本库库房的管理，包括开架库和闭架库。

三、出入库管理

(一) 凡持有本馆阅览证、外借证或本馆工作证、胸卡者均可进入流通本库。

(二) 保卫、消防及维修人员因公入库，如无有效证件，由该库所属科组长批准。遇紧急灾情必须立即入库时，可由当班管理人员批准先行入库，事后须通知本科组组长。

(三) 流通本库接待参观，须经业务管理处批准并通知该库所属部处主任。国内参观人士由接待部处陪同，国外参观人士由国际交流处陪同，入库参观应爱护库内藏品。

(四) 进入流通本库任何人不得携带个人与本库入藏文献类型、外观相同或相近的文献入库。

(五) 经库房管理人员许可，读者可以携带外观尺寸小于32开图书的手包或透明包装袋入库。

四、安全管理

库内工作人员餐具、水具应放置于指定位置，严禁放在书(报、刊)架(柜)上；读者不得将水具及任何包装饮品带入库内。

五、藏品管理

(一) 库内排架要整齐、准确，便于查找，排架错误率不超过馆定标准。

（二）本馆其他部门借阅、复制、照相、修整需提取流通本时，须由该库所属部处主任批准，并由相关部门提供提书清单一式两份，双方各执一份进行交接，签字留档。提书单位应确保藏品安全，不丢不损。

六、卫生管理

见《条例》第五章。

七、库房管理人员

（一）各流通本库房的管理由各库所属部处主任总体负责，指派专人具体负责各个库房的管理。

（二）库房管理人员应掌握所负责藏品管理的一般知识，全面了解库区内藏品布局，熟悉藏品的排架规则，做好藏品的日常管理和读者服务工作。

八、其他

特殊载体形式文献的管理可参照相关库房管理细则执行。

附件4　国家图书馆古籍特藏品库管理细则

一、根据《国家图书馆馆藏文献库房管理条例》（下称《条例》）制定本细则。细则中凡与《条例》重复之具体条款，本细则不再列出，参照《条例》相关条款执行。

二、本细则适用于古籍馆管理的所有古籍特藏品库，包括南区负二、负三层地库、北区《四库全书》库、古籍馆普通古籍库和方志、家谱库。

三、出入库管理

（一）上述各库非本库管理人员未经批准一律不得入库，入库审批规定及限制如下：

1．古籍善本特藏典阅组、普通古籍组、地方文献组非上述各库的库房管理人员、古籍馆（下称本部）其他业务科组工作人员因公入库，须经库房管理科组组长批准，活动限在工作所涉及的藏品区域内。本部其他业务科组工作人员因公入库要进入非本部门工作所涉及的藏品区域时，须经本部主任批准。

2．保卫、消防及维修人员因公入库，须持有本部主任签发的“入库通知单”并在库房管理人员陪同下入库。遇紧急灾情须立即入库时，可由相应库房管理科组组长批准先行入库，但事后须补办相关入库手续。

3．本馆其他部门人员因公入库，须持主管馆长签发的“入库通知单”，并在本库管理人员陪同下入库。

4．善本特藏品库原则上不接待参观，确有必要接待参观，须报请主管馆长批准，签发“入库通知单”。国内参观人士由接待部处陪同，国外参观人士由国际交流处陪同。入库参观一律不得翻阅架上藏品。未经主管馆长批准，严禁携带照相、摄像器材入库。

5．非上述各库管理人员入库，一律履行登记手续。

6．凡进入战备库、敦煌库等珍品库者，必须两人以上同时进出，并在同一区域内活动。

（二）任何人不得携带易燃、易爆、易腐蚀、易污染等危险品入库；不得穿大衣、风衣、雨衣等入库；不得携带箱包、兜袋等包装用品入库。

（三）任何人不得擅自携带库内任何物品出库。垃圾出库须经包括组长在内两人以上检查后方可出库。

四、安全管理

（一）善本特藏品库每天下班后须贴锁封。启、封锁封须两人以上同时在场。午休期间值班人员离库须锁好各道库门，关闭所有电源，保管好库房钥匙。周末及节假日前，须本部主任及库房管理人员一道联合查库、封库。

（二）工作时间库房钥匙由值班人员保管；封库后钥匙由负责封库人员一同存放于指定的保险设备中，任何人不得将钥匙携出馆外。任何人不得私配库房钥匙。

（三）库内严禁使用明火及私人用电器设备，严禁擅自拉接电源线，台灯、缩微阅读器、吸尘器等电器设备用毕要及时切断电源。

（四）库内严禁携带食品，严禁吸烟、进食、饮水，餐具、水具应存放在库外指定位置。

（五）遇临时停电，及时切断电源并关闭库门；遇防灾系统报警，迅速查清原因，发现问题立即与保卫、消防部门及本部领导联系，及时处理险情。

（六）应保持库内正常的温湿度。温、湿度变化范围：温度16℃～22℃、相对湿度45%～60%，如超出正常范围，及时通知设备管理人员进行处理。温、湿度计有专人负责，确保其正常使用。

五、藏品管理

（一）新入库藏品及函套、木盒等须经冷冻杀虫处理方可入库保存。

（二）库房管理人员对出入库藏品必须打开函套，认真清点件、册数，并检查藏品是否有破损、丢页、撕页等，同时认真做好交接手续，发现问题及时记录，必要时上报本部领导。

（三）藏品流通后，立即归库，放准位置，码放整齐。本部因编目、做数据等工作藏品需出库时，当日必须归库。未能当日归库的藏品，须在出库申请单中注明原因，并由主管馆长签字。

（四）对藏品中脱落的片纸只字，须妥善保管，经组长检查并确定处理办法后，再行处理。

（五）凡破损严重的藏品，库房管理人员有权提出修整，暂不流通，并做好记录通知古籍修整人员。

（六）藏品的借阅、复制、拍照、缩微及修整必须严格履行相关审批和交接手续。本馆相关部门进行缩微、修整需提取特藏品时，由相关部门提供提书清单一式两份，双方各执一份进行交接，签字留档。提书单位应确保藏品安全，不丢不损。

六、卫生管理

见《条例》第五章。

七、库房管理人员

（一）库房管理由本部主任总体负责，库房管理科组组长指派专人负责各个库区及具体设备的管理并将安全责任落实到人。

（二）库房管理人员应掌握所负责藏品管理的一般知识，全面了解库区内藏品布局，熟悉藏品的排架规则，做好藏品的日常管理工作。

（三）库房管理人员不得向外人透露库内格局及藏品情况。

附件5　国家图书馆数字资源藏品库管理细则

一、根据《国家图书馆馆藏文献库房管理条例》(下称《条例》)制定本细则。细则中凡与《条例》重复之具体条款，本细则不再列出，参照《条例》相关条款执行。

二、本细则适用于本馆入藏特藏文献中数字资源藏品库房的管理。数字资源藏品库包括外购数字资源藏品库和自建数字资源藏品库。

三、出入库管理

（一）非上述各特藏文献库库房管理人员未经批准一律不得入库，入库审批规定及限制如下：

1. 本部处其他科组工作人员、本馆其他部门工作人员因公入库，须持有该库所属部处主任签发的“入库通知单”。

2. 保卫、消防及维修人员因公入库，须持有该库所属部处主任签发的“入库通知单”。如遇紧急灾情须立即入库，可由该库所属科组长批准先行入库，事后须补办相关入库手续。

3．库房接待参观，须经业务管理处批准并通知该库所属部处主任。国内参观人士由接待部处陪同，国外参观人士由国际交流处陪同，入库参观应爱护库内藏品，遵守库房相关管理规定，未经允许不得拍照、摄像。

4．非上述各库管理人员入库，一律履行登记手续。

(二) 进入库房任何人不得携带个人与本库入藏文献类型、外观相同或相近的文献入库，不得擅自携带库内任何物品出库。

(三) 严禁携带强磁性物品或设备和信息发射终端(包括手机、对讲机等)进入数字资源库。

四、安全管理

(一) 库内餐具、水具应放在指定位置，不得放在文献架(柜)上。

(二) 根据光盘、磁盘和硬盘等载体要求，库内应保持适宜的温度、湿度和无线电、磁场干扰场强，如超出正常范围，及时通知设备管理人员进行处理。温、湿度计有专人负责，确保其正常使用。

五、藏品管理

(一) 数字资源藏品库包括外购数字资源藏品库和自建数字资源藏品库。外购数字资源藏品库保存缴送、购置的音像资料、电子资源各种载体母本和复本。自建数字资源藏品库分为保存级库和备份级库。保存级库入藏自建数字资源藏品第一复本光盘，备份级库房入藏自建数字资源藏品第二复本光盘。仅有一套光盘的自建数字资源藏品入保存级库。

(二) 库房管理人员应认真履行工作职责，确保藏品安全，不丢不损。

(三) 库房管理人员应严格遵守藏品的有关借阅规定，不得擅自将藏品携带出库。

(四) 数字资源藏品库藏品的接收与账目建立。

数字资源藏品库房管理人员须对入库的各类数字资源藏品进行清点、检查、核对、验收，接收数字资源藏品的电子清单和纸质清单，履行交接手续。根据不同的载体类型、格式、保存级别等分别排架、上架。

数字资源藏品库房管理人员应将接收的数字资源藏品按不同载体、格式、保存级别等建立相关账目，并定期更新、备份、向有关职能部门上报。

(五) 数字资源藏品的检查、维护、更新与剔除。

不定期对外购数字资源藏品库各种载体进行维护：擦洗光盘、倒置磁带、录像带以防止污损或粘连等物理损伤，确保数据信号完好可读取。不定期进行自建数字资源库内介质的质量检查，对不能识读的数据进行登记，及时进行恢复与复制，以确保数据的长期有效保存。对自建数字资源藏品库保存的各类数字资源藏品，须根据数字资源藏品存取的要求，根据存储介质与技术环境等变化的情况，适时进行数据更新或迁移。

在对外购数字资源藏品库藏品进行检查维护的过程中，如发现光盘开裂、划伤、大量磁粉脱落、图像不能读取等，应经过仔细确认提交清单报上级部门审批后剔除。自建数字资源藏品库藏品中已经损毁的、重复的、数据格式在目前已无使用价值或已无相应软件读取的、因存储介质自身原因和读取设备的更新换代已趋于无法再利用的(应及时将其数据迁移至新介质)，以及数据内容在某一阶段有使用价值，但经过一定时期后逐渐丧失内容保存价值的数字资源介质，应经过确认提交清单报上级部门审批后剔除。

（六）藏品流通遵照馆有关规定提取，流通后，应及时归还原位，码放整齐。馆内各部门如因工作需要使用外购数字资源藏品库藏品如音像资料、电子出版物等，须填写数字资源藏品出库申请单，并须双方部门负责人签字批准。自建数字资源藏品库藏品原则上不提供流通，若确属工作需要应提取备份级光盘，并严格履行相关审批和交接手续。提取单位应确保藏品安全，不丢不损。

六、卫生管理

见《条例》第五章。

七、库房管理人员

（一）库房的管理由各库所属部处主任总体负责，指派专人具体负责各个库房的管理。

（二）各库房管理人员应掌握所负责藏品管理的一般知识，全面了解库区内藏品布局，熟悉藏品的排架规则，做好藏品的日常管理工作。

附件6　国家图书馆缩微文献库管理细则

一、根据《国家图书馆馆藏文献库房管理条例》(下称《条例》)制定本细则。细则中凡与《条例》重复之具体条款，本细则不再列出，参照《条例》相关条款执行。

二、本细则适用于本馆入藏特藏文献中缩微文献库房的管理，缩微文献库包括母片库、拷底库和拷贝库。

三、出入库管理

（一）非上述各特藏文献库库房管理人员未经批准一律不得入库，入库审批规定及限制如下：

1. 本部处其他科组工作人员、本馆其他部门工作人员因公入库，须持有该库所属部处主任签发的“入库通知单”。

2．保卫、消防及维修人员因公入库，须持有该库所属部处主任签发的“入库通知单”。如遇紧急灾情须立即入库，可由该库所属科组长批准先行入库，事后须补办相关入库手续。

3．库房接待参观，须经业务管理处批准并通知该库所属部处主任。国内参观人士由接待部处陪同，国外参观人士由国际交流处陪同，入库参观应爱护库内藏品。

4．非上述各库管理人员入库，一律履行登记手续。

(二) 进入库房任何人不得携带个人与本库入藏文献类型、外观相同或相近的文献入库，不得擅自携带库内任何物品出库。

四、安全管理

库内始终保持适宜的温、湿度，如超出正常范围，及时通知设备管理人员进行处理。温、湿度计有专人负责，确保其正常使用。保持库房通风，调节缩微文献库房的酸性浓度。

五、藏品管理

(一) 库房管理人员对入库藏品应认真清点数量，并检查藏品是否完好，按有关规定认真做好交接手续，发现问题及时与交接部门联系，必要时上报本部门领导。

(二) 藏品流通遵照馆有关规定提取，应及时归还原位，码放整齐。缩微资料母片只能用于复制胶片，不得流通。

(三) 库房管理人员应认真履行工作职责，确保藏品安全，不丢不损，并按有关规定做好复制、备份工作。

(四) 按照有关规定根据不同类型文献要求定期或不定期地进行倒架，对藏品进行检查。

(五) 库房管理人员应严格遵守藏品的有关借阅规定，不得擅自将藏品携带出库。

六、卫生管理

见《条例》第五章。

七、库房管理人员

(一) 各库房的管理由各库所属部处主任总体负责，指派专人具体负责各个库房的管理。

(二) 各库房管理人员应掌握所负责藏品管理的一般知识，全面了解库区内藏品布局，熟悉藏品的排架规则，做好藏品的日常管理工作。

(三) 库房管理人员应做好对读者检索文献和使用机器设备的辅导工作。

《国家图书馆缴送工作管理暂行办法》

全国各出版单位多年来按照新闻出版总署颁布的规范性文件向国家图书馆呈缴样本，这对国家版本的保存起到了关键作用。为了保证国家图书馆缴送工作的不断推进，特制定本管理办法。

一、总则

（一）国家图书馆接受缴送文献的种类和数量执行国家新闻出版总署及出版行政管理部门的有关规定，对不按规定缴送的出版单位予以催缴。根据部门职责划分由各业务部门具体负责接受不同类型缴送文献，代表馆方执行缴送政策。

（二）接受缴送文献的部门必须了解和掌握国家及各出版行政管理部门颁布的相关法律、法规和规范性文件，随时掌握其发展变化情况，并以此作为我馆接受缴送和催缴工作的法律、政策依据。

（三）接受缴送文献的部门应对各缴送单位以及其上级主管部门的概况、职责有全面的了解，并保持经常联系，同时建立联系档案，档案内容包括单位负责人、缴送负责部门、经办人以及通讯地址、联系办法等。

（四）接受缴送文献的部门要建立健全内部管理机制和规章制度。缴送工作落实到人，部门主要领导负总责，委派专人管理。要制定缴送工作操作细则。

（五）接受缴送文献的部门应采取多种方式主动收集、了解出版信息、出版动态，依据所掌握的实际出版情况进行缴送核对，安排催缴计划，开展催缴工作。

（六）原则上，文献总种缴送率和应入藏种缴送率指标应比上一年度有所增加。

（七）业务管理处作为业务管理的职能部门，将对缴送工作的全流程进行监督检查，督促各部门做好收缴工作。各部门如有问题应及时向业务管理处反映，以便及时协调解决。

二、接受缴送

（一）接受缴送文献的部门要做好到馆各类缴送文献样本的登记处理工作，根据不同文献类型的具体情况进行操作。应包括验收、登记、回执及转交等程序。

（二）到馆的缴送文献样本的验收内容包括：

1．样本的数量：入馆藏和不入馆藏文献样本的实收数量。

2．样本的质量：破损、缺页、缺件、印刷装订错误和是否成套等。

3．实收样本数量与缴送清单是否相符。

4．缴送单位是否严格执行有关向我馆缴送文献的规章、规定。

5．区分属于本部门采编加工和不属于本部门采编加工的文献。对不同类型文献进行归类处理。

（三）验收后的缴送文献分别进行原始登记，内容包括：

1．实际收到的全部缴送文献数量。

2．属于缴送范围和不属于缴送范围文献数量。

3．依据采访条例应入馆藏和不入馆藏文献数量。

4．实际收到不同文献类型的文献数量。

5．登记文献数量应包含“种”和“册(件)”两部分。

6．原始登记办法各部门根据实际情况自定，但必须有总括登记和个别登记。

（四）各接受缴送文献的部门接到缴送文献样本经验收登记后，及时发、寄回执。回执可按批次回执，也可按固定的时间段回执。凡入馆藏的文献必须回执，未入馆藏的根据缴送单位要求回执。有缴送清单的，直接用其回执；没有缴送清单的，本部门自制清单回执。回执内容应注明收到样本的实际数量、与本次缴送清单不符或未能按缴送规定缴送样本的情况，以及需要对方协助解决的问题等。回执视为我馆与缴送单位双方财产移交的书面凭证，并作为我馆催缴及向国家新闻出版总署汇报样本缴送情况的依据。接受缴送文献的部门须将有经手人签字的回执原件留档。

（五）接受缴送文献的部门接到属于本部门采编加工的文献应按相应的正常流程操作；不属于本部门采编加工的其他类型缴送文献，验收登记后及时转交相关部门。转交应办理交接手续，并要有交接明细，具体要求执行本馆相关规定。

三、催缴

（一）各接受缴送文献的部门根据缴送实际情况进行催缴，在实际工作中应将下列三种催缴方式结合运用，争取达到预期效果。

1．即时催缴：催缴工作中发现的缴送样本的数量和质量问题、缴送不及时问题、出版单位未严格履行“缴送条例”等问题，应当立即与对方联系，及时催询或催缴。

2．定期催缴：接受缴送文献的部门对其所负责文献的缴送情况进行定期检查，逐个核查缴送单位的缴送情况，检查时间以3个月为一周期，对3个月内没有收到其缴送样本的出版单位，要与其核实出版情况，催收未缴文献。

3．重点催缴：对长期不向我馆缴送或缴送情况长期不好并经屡次催缴无效、甚至明确表示拒绝缴送的出版单位，接受缴送部门应将其列为重点催缴对象。安排专人作连续跟踪催缴，查明未缴送原因。对屡次催缴无效，拒绝缴送的出版单位应争取得到其单位主要负责人的明确表态，必要时可通过国家新闻出版总署进行行政干预，督促缴送单位执行缴送政策。

（二）所有与缴送单位接洽和催缴所做的工作均应有书面记录留档备查，书面记录须有经办人和组长签字。

四、缴送统计

（一）各接受缴送文献的部门每年向业务管理处上报本部门所负责文献类型的上年度全年“缴送数量统计表”以及全年“缴送率统计表”、“缴送情况分析报告”。

（二）“缴送数量统计表”上报时间定为每年7月31日前，统计内容为该时间段实际收到各个缴送单位(出版社、杂志社、报社等)缴送样本的数量(种、册数)、该类文献缴送总量以及各出版社图书复本的缺缴率和各种期刊、报纸的缺期率。统计要求数字准确，计量单位规范统一。

（三）“缴送率统计表”上报时间定为每年7月31日前，各类型出版物以及各出版单位的年出版总量以国家新闻出版总署《中国新闻出版统计资料汇编》公布的数据为准。(如该统计资料未能按时公布，各部门可在获得统计资料后一个月内上报。)

（四）“缴送率统计表”应包含以下信息：

1.该类型出版物年出版总量(种数，下同)及本部门实际收到(含转入，下同)该类型出版物缴送总量(种数，下同)。

2.属于本馆入藏范围的该类型出版物的年出版总量及本馆实际收到该类出版物的缴送总量。

3.该类型出版物年出版总量与实际收到其缴送总量的百分比。(此比率视为该类型出版物全年总缴送率。)

4.该类型出版物本馆应入藏部分年出版总量与其实际缴送量的百分比。(此比率视为该类型出版物的应入藏部分缴送率。)

5.该类型出版物应缴送总部数(份数)与实际收到其缴送总部数的百分比。(此比率视为该类型出版物全年总缴全率。)

6.各个缴送单位(出版社、杂志社、报社等)全年出版总量与实际收到其缴送的数量和百分比。

（五）“缴送情况分析报告”要求将缴送现状及存在问题表述清楚，同时要分析问题存在的原因，并提出今后解决的办法或建议。

（六）统计要求数字准确，计量单位规范统一。

五、附则

本办法经2010年第14次馆务会议讨论通过，自发布之日起开始实行。原《国家图书馆缴送工作管理暂行办法》(国图业发[2006]30号)同时废止。本办法解释权属业务管理处。

《国家图书馆捐赠文献接受管理办法》

接受捐赠是国家图书馆馆藏文献来源的重要补充，根据《中华人民共和国公益事业捐赠法》的有关规定，为规范捐赠文献接受工作，特制定本管理办法。

一、捐赠文献接受范围

（一）《国家图书馆文献采选条例》(下称《采选条例》)规定入藏范围内的正式出版物与非正式出版物全面接受。

（二）《采选条例》规定入藏范围外的文献以及非文献类赠品(实物型)，确有收藏和保存价值的有选择地接受。

（三）中外古籍文献、革命历史文献、名家手稿、批校本等具有较高保存和研究价值的文献重点接受。

二、捐赠文献接受原则

（一）享有相关权益原则。捐赠文献一经接受并办妥有关手续，其所有权和处理权等所有相关权益即归国家图书馆所有。

（二）选择入藏原则。捐赠文献按馆定文献入藏标准和实际需要的复本数量甄别入藏。超出入藏范围或入藏复本数量的文献谢绝接受。对于出版信息存疑的图书(与新闻出版总署中国版本图书馆公布的CIP号不符的、套用其他图书ISBN号的、台港书号大陆出版印刷的等)原则上谢绝接受。

（三）专藏设立原则。捐赠文献需设专藏管理的，按照《国家图书馆捐赠文献专藏管理暂行规定》执行。

（四）文献利用原则。受赠文献将用于补充馆藏或提供借阅。补充馆藏的作为正式馆藏永久保存；提供借阅的作为临时馆藏供读者利用，在规定的流通年限后按下架文献处理。捐赠者使用捐赠文献办法，见《国家图书馆文献利用条例》有关条款。

（五）出具凭证原则。捐赠文献不论是否接受以及如何利用，原则上均向捐赠者出具凭证。凭证分“捐赠证书”和“感谢函”两种类型(附件一)，受赠文献凡被我馆纳为馆藏的，向捐赠者出具“捐赠证书”(古籍善本捐赠使用繁体字版捐赠证书)或致“感谢函”(用于接受非正式出版物捐赠)；不纳为馆藏的，向捐赠者致“感谢函”(用于谢绝接受正式、非正式出版物捐赠)。

三、捐赠文献接受办法

（一）各文献采选部门作为捐赠文献接受的责任部门，分别负责接受属于本部门管理范围内的捐赠文献（非文献类捐赠由古籍馆负责）。

（二）捐赠文献接受部门接受捐赠文献时要进行馆藏查重，不属本部门管理范围的文献可以代收(凭证由相应接受部门负责出具)，或引导捐赠者到相关接受部门办理。

（三）非捐赠文献接受部门应了解我馆接受捐赠的有关政策，能够接待一般性咨询，答复有关捐赠事宜，并指引捐赠者前往相关捐赠文献接受部门。

（四）捐赠者自行组织举办捐赠仪式，邀请我馆相关领导参加事宜，由馆办公室或业务管理处负责协调；如捐赠者提出要求，并符合下列条件之一者，由文献接受部门提出书面申请，经馆办公室审批，我馆也可举办适当形式的捐赠仪式：

1. 捐赠者为党和国家领导人、民主党派主要负责人；国内外著名学者、社会知名人士、著名机关团体等。

2. 捐赠数量超过500册(一次性或累计达到)。

3. 捐赠价值超过人民币5000元(一次性或累计达到)，或虽无标价但赠品属于较为珍贵的孤本、善本、手稿等文献。

（五）凡捐赠珍贵的孤本、善本、手稿等文献，如捐赠者提出要求，而我馆又确有收藏的必要，可给予适当的奖励。奖励标准由接受部门提出，审批程序同文献购买。

（六）凡捐赠价值超过人民币5000元，或虽无标价但属较为珍贵的孤本、善本、手稿等捐赠文献，我馆应与捐赠者签订附有捐赠清单的“捐赠协议书”(附件二)。协议书的填写与签订，由文献接受部门负责人作为国家图书馆馆方代表签订协议。

（七）捐赠文献接受部门应及时拆包验收寄、送到馆的赠品，如含有非本部门所负责的其他类型文献，应在验收后5个工作日内通知相关部门领取；非捐赠文献接受部门收到寄、送到本部门的捐赠文献，以及馆领导、部门领导和业务管理部门参加捐赠活动代为接受的捐赠文献，应在5个工作日内通知相关部门领取。各相关部门应及时领取捐赠文献，并处理后续事宜。

（八）凡超出我馆入藏范围或入藏复本数量的文献谢绝捐赠，或经捐赠者允许我馆可将捐赠文献调拨其他文献使用单位。在无法与捐赠者直接沟通的情况下，以“感谢函”(正式、非正式出版物谢绝捐赠)的方式通知捐赠者领取或允许我馆调拨其他文献使用单位，如“感谢函”发出60日内未得到答复，则视同为允许我馆调拨处理。对于已入藏的捐赠文献，如发现有不符合我馆入藏规定的文献，我馆随时作下架剔除处理。

（九）“捐赠证书”及“感谢函”由业务管理处统一管理，各文献接受部门设置专人负责登记领取并在登记之日起5个工作日内发放。具体发放办法见(附件三)。

（十）各接受部门收到捐赠文献，应进行详细登记，项目包括：接收日期，文献名称及数量，捐赠者及捐赠者地址、邮编、电话等联系信息，赠送方式(直送、邮寄、转交等)，经手人，证书编号、证书寄出日期等。

（十一）各接受部门应按规定进行接受捐赠文献的统计工作。

四、捐赠文献的处理

（一）纳入馆藏的捐赠文献，接受部门应按馆定书目数据标准和时限要求进行编目、加工、上架流通。

（二）未被纳入馆藏的捐赠文献，接受部门应在规定的领取时限(60日)内妥善保管。

（三）非正式出版物入藏与否以及入藏复本数量，由接受部门按照《采选条例》的有关规定执行。

（四）凡有作者或名人收藏者签名、盖章或留言的捐赠文献，在接受捐赠前，各文献接受部门要与捐赠人签订捐赠协议书并将协议书留存备案。在我馆缺藏的情况下，优先补充保存本和基藏本，在我馆已收藏足够复本的情况下，原则上不再接受捐赠，如果已接收，有保存本的保留原保存本，有基藏本的可再增加一个基藏本(不含连续出版物)，多余复本或不在我馆入藏范围的文献，按照事先签订的捐赠协议书，在捐赠人同意的情况下，调拨给其他文献接收单位。对于通过邮寄等途径捐赠的文献，可通过邮寄"捐赠协议书"进行签订捐赠协议，如"捐赠协议书"发出60日内未得到答复，则视同捐赠人认同捐赠协议书相关内容。对于无法取得联系的捐赠人，可通过我馆网站公告方式进行告知，如告知发出60内未得到反馈，则视同捐赠人认同捐赠协议书相关内容。

（五）捐赠文献在部门之间移交，应办理相关交接手续。

（六）不纳入馆藏的捐赠文献，由相关业务部门上报申请调拨或作废品处理，并办理相关剔除手续。

五、各接受部门填写的"捐赠文献登记表"(含捐赠清单)在本部门保存不得少于5年。与捐赠者签订的"捐赠协议书"连同捐赠清单一同交馆档案室长期保存。

六、附则

本办法经2010年第14次馆务会议讨论通过，自发布之日起开始实行。原《国家图书馆捐赠文献接受管理办法》(国图业发[2006]27号)同时废止。本管理办法的解释权属业务管理处。

附件1.捐赠证书和感谢函（略）
附件2.捐赠协议书（略）
附件3.赠书凭证发放办法（略）
附件4.国家图书馆文献捐赠办法(公布稿)

附件4 国家图书馆文献捐赠办法(公布稿)

国家图书馆作为国家总书库，全面入藏中外文图书、期刊、报纸、音像资料、电子出版物等各类文献。在本馆百年历史中，各界捐让是本馆获取文献资料的重要途径。本馆一贯鼓励社会各界向图书馆慷慨捐赠文献资料，为继续做好文献捐赠工作，兹将本馆文献捐赠办法公布如下，敬请赐览：

一、收藏范围

中外珍稀古籍、舆图、金石拓片、名家批校本、名家手稿、革命历史文献等，此类具有较高保存和研究价值的文献，本馆全面接受捐赠；凡本馆未藏的其他文献资料品种或复本量较少的文献资料，本馆将重点考虑入藏。

二、捐赠品收藏办法

1．捐赠文献凡符合本馆入藏标准而本馆还未有收藏的，将被补充作正式馆藏，永久保存。

2．捐赠文献虽然符合本馆入藏标准，但本馆已有收藏，只是入藏复本数量不足的，将按馆定入藏复本数量和文献使用年限要求，补充作正式馆藏或临时馆藏。临时馆藏供读者短期借阅达到本馆规定年限后下架剔除或调拨其他文献使用单位。

3．凡本馆已入藏足够复本或不属于本馆入藏范围的捐赠文献，本馆将退回捐赠者或在捐赠者的允许或视同允许下调拨其他文献使用单位。

4.对于出版信息存疑的图书(与新闻出版总署中国版本图书馆公布的CIP号不符的、套用其他图书ISBN号的、台港书号大陆出版印刷的等)原则上谢绝接受。

三、相关权益

捐赠文献一经接受并办妥有关手续，其所有权和处理权等所有相关权益即归国家图书馆所有。

四、证书和感谢函

1．凡本馆接受入藏的捐赠文献，无论永久保存还是临时借阅，本馆均将向捐赠者颁发“捐赠证书”或“感谢函”(用于接受非正式出版物捐赠)。

2．凡选择后未被本馆入藏、允许国家图书馆调拨其他文献使用单位的捐赠文献，本馆将向捐赠者发放“感谢函”(用于谢绝接受正式、非正式出版物捐赠)。

3．捐赠文献未被收藏、捐赠者又不愿意本馆自行处理其赠品，则请捐赠者在接到“感谢函”60日内(以邮戳日期为准)自行或委托他人将赠品领回(领回时请将“感谢函”交回)。逾期未领回或未作答复者，本馆将视同允许国家图书馆调拨其他文献使用单位。

五、捐赠品联系办法

1．中外古籍、舆图、金石拓片、名家批校本、名家代表作手稿、革命历史文献等文献
寄赠地址：北京市中关村南大街33号
收件人：国家图书馆善本组(收)
邮编：100081
咨询部门：本馆善本组
联系电话：010—88545182

2．方志、家谱
寄赠地址：北京市文津街7号
收件人：国家图书馆地方文献组(收)
邮编：100034
咨询部门：本馆地方文献组
联系电话：010—88003096

3．中文图书
[中国大陆正式出版(含民族语文)]
寄赠地址：北京市中关村南大街33号
收件人：国家图书馆中文图书采访组(收)
邮编：100081
咨询部门：本馆中文图书采访组
联系电话：010—88545435

4．中文图书
(台湾、香港、澳门及海外出版中文图书)
寄赠地址：北京市中关村南大街33号
收件人：国家图书馆台港澳文献采编组(收)
邮编：100081
咨询部门：本馆台港澳文献采编组
联系电话：010—88545251

5．西文图书
(英、法、德、意、西班牙、葡萄牙等)
寄赠地址：北京市中关村南大街33号
收件人：国家图书馆西文图书采访组(收)
邮编：100081
咨询部门：本馆西文图书采访组
联系电话：010—88545665

6．东方语出版物
(日、朝鲜、阿拉伯、蒙古、越南、缅甸、印第)
寄赠地址：北京市中关村南大街33号
收件人：国家图书馆东文图书采编组(收)
邮编：100081
咨询部门：本馆东文图书采编组
联系电话：010—88544250

7．俄文图书
寄赠地址：北京市中关村南大街33号
收件人：国家图书馆俄文图书采编组(收)
邮编：100081
咨询部门：本馆俄文图书采编组
联系电话：010—88545623

8．中文期刊
寄赠地址：北京市中关村南大街33号
收件人：国家图书馆中文报刊采编组(收)
邮编：100081
咨询部门：本馆中文报刊采编组
联系电话：010—88545134

9．外文期刊
寄赠地址：北京市中关村南大街33号
收件人：国家图书馆外文报刊采编组(收)
邮编：100081
咨询部门：本馆外文报刊采编组
联系电话：010—88545671

10．中文报纸
寄赠地址：北京市中关村南大街33号
收件人：国家图书馆中文报刊采编组(收)
邮编：100081
咨询部门：本馆中文报刊采编组
联系电话：010—88545134

11．外文报纸
寄赠地址：北京市中关村南大街33号
收件人：国家图书馆外文报刊采编组(收)
邮编：100081
咨询部门：本馆外文报刊采编组
联系电话：010—88545671

12．音像资料、电子出版物
寄赠地址：北京市中关村南大街33号
收件人：国家图书馆数字资源采集组(收)
邮编：100081
咨询部门：本馆数字资源采集组
联系电话：010—88545632

13．中文非正式出版物
寄赠地址：北京市中关村南大街33号
收件人：国家图书馆中文资料组(收)
邮编：100081
咨询部门：本馆中文资料组
联系电话：010—88545059

《国家图书馆捐赠文献专藏管理规定（试行）》

为规范国家图书馆捐赠文献专藏的设立、管理与服务，特制定本暂行规定。

一、专藏设立

符合下列条件之一，且捐赠数量超过1000册（件），可设立专藏：

（一）根据《中华人民共和国公益事业捐赠法》，由团体或个人捐赠国家图书馆的稀缺的、有特色、有价值的文献；

（二）党和国家领导人、各民主党派主要负责人，国内外著名学者、宗教领袖、社会知名人士捐赠的有特色的文献。

二、专藏文献的管理

（一）捐赠国家图书馆的文献须同时完成所有权的转移。捐赠者本人及其家属利用所捐赠并设立专藏的文献享受优先使用权，但因其使用所产生的费用由使用者承担。具体实施见《国家图书馆文献利用条例》的相关条款。

（二）凡作为专藏的文献，一定时期内可按照我馆与专藏文献捐赠者共同商定的排架方式予以保存和展示。

（三）专藏文献的利用可分为开架阅览、闭架阅览、有限制条件的阅览、数字化上网利用等多种方式，具体方式由我馆与捐赠者协商，并以书面文字形式加以确定。

（四）专藏文献应是捐赠前经过保密认定的非密级文献。涉密或不宜公开的捐赠文献，按照《保密法》和我馆相应的典藏及利用规则，与文献捐赠者另行商定保管和利用办法，并以书面文字形式加以确定。

（五）设专藏的对象须是文献类读物，非文献类(实物型)中与阅读学习有关或确有收藏和保存、研究价值的有选择地收藏。

三、专藏文献的接收与加工

（一）按照《国家图书馆关于捐赠文献接受工作管理办法》办理接受事宜。

（二）对捐赠到馆，且符合设立专藏的文献，由各相关文献编目加工部门进行加工后送到指定的专藏地点。

（三）凡被指定为专藏文献，都应设立专门的子库代码，代码为ZC—XX（XX为人名汉语拼音／外文的首字母），显示为专藏—某某，英文为XX — Collection。

（四）设为专藏文献的复本数最多以3部为限，索取号为文种代码－

编目年／中图分类号／书次号。

四、附则

本管理办法经2010年第14次馆务会议讨论通过，自发布之日起开始实行。本规定制订前接收入藏的符合设专藏条件的捐赠文献个案研究，不作统一规定。本管理办法的解释权属业务管理处。

《国家图书馆剔除文献管理办法》

文献剔除是图书馆的一项经常性工作，为规范文献剔除工作，减少失误，加强管理，特制定本管理办法。

一、剔除文献范围

（一）本馆制订的采选条例中规定不入藏的文献。

（二）各阅览室与外借库按规定阅毕下架、不再流通的文献；日常借阅中剔旧的文献。

（三）接受缴送、捐赠或交换而来的，确系多余复本的文献。

（四）ISSN中国国家中心在履行其职能过程中收到的样刊，除补充馆藏或借阅复本之外的部分。

（五）损毁、重复、无法读取数据和丧失内容保存价值的数字资源介质。

（六）上述各条中未涉及的多余复本因过时、破损严重而无法继续使用或无保留价值的文献资料。

二、处理方式

对于剔除范围内的文献，可采用以下方式进行处理。

（一）无偿调拨。对部分老、少、边、穷地区图书馆、受灾地区图书馆或与我馆有特殊关系的图书馆和信息单位，可采用无偿调拨方式。

（二）有偿调拨。对个别相关图书馆和信息单位需求的特殊文献，可采用有偿调拨方式。

（三）交换。可采用交换方式与相关图书馆和信息单位交换文献。

（四）作废品处理。不适于有偿和无偿调拨的剔除或破损文献，可作废品处理。

三、批准权限

（一）无偿调拨的对象、数量由相关部门提出，交业务管理处和国有资产管理处签署意见，经主管馆长审核后由馆长或常务副馆长批准，必要时经馆务会议批准。

（二）有偿调拨的对象、数量、价格由相关部门提出申请，交业务管理处和国有资产管理处签署意见，经主管馆长审核后由馆长或常务副馆长批准，必要时经馆务会议批准。

（三）文献交换办法另行制定。

（四）作废品处理的文献，由相关部门提出申请，交业务管理处和国有资产管理处签署意见，经主管馆长审核后由馆长或常务副馆长批准，必要时经馆务会议批准。

四、操作程序及要求

（一）调拨书刊的处理

1．调拨单位提出申请

申请作为调拨对象时，须出具盖有单位公章(原则上应为单位的上级主管单位)的公函。公函须注明请求调拨的原因、所需文献的品种、数量、具体联系人和联系方法。

2．调拨单位及其调拨方式、数量确定接到申请报告后，业务管理处对其进行评估，对符合我馆调拨对象标准的单位、调拨方式及其数量提出建议，提交馆长或常务副馆长签署意见。

3．相关部门填写剔除文献处理单(附件2)的相关信息，按剔除文献处理单规定的程序报相关领导审批。

4．操作程序

业务管理处或相关部门按最终审批意见，联系调拨单位完成书刊调拨的具体事宜。包括以下工作：

(1) 要求联系人提供个人有效证件的复印件。

(2) 代表馆方与接收单位签订保证书(见附件 1)。

(3) 对调拨文献资料统一加盖国家图书馆调拨章(光盘除外)。

(4) 要求接收单位收到文献后，开具注明收到文献册数并盖有单位公章的收据。

5．有偿调拨剔除文献交纳现金时，由业务管理处派专人前往财务处办理交款、签字等有关财务手续。

6．原则上有偿或无偿调拨的文献均由接收单位负责邮寄或托运费用，我馆可代为联系。

7．批准调拨的文献运送出馆时，应按照有关规定，以相关部门主任签字的携物出门证换取业务管理处签发的携物出门证。

8．相关部门对已批准处理的文献，应按照有关规定办理注销手续。涉及资产处置的，按照国家图书馆资产处置有关规定执行。

9．剔除文献处理必须建立相关业务档案。档案内容包括：接收单位的公函；联系人证件的复印件；文献处理单；保证书；接收单位的收据等。

（二）作废品的文献处理

1．相关部门提出申请

相关部门提交附有详细情况说明的报告，包括资料类型、来源、数量、破损情况等。

2．业务管理处审查

接到申请报告后，业务管理处对其进行评估，对不适于调拨的多余复本、阅览室定期下架的中文报纸或破损严重的文献准予作废品处理，并由相关部门填写文献处理单。

3．按剔除文献处理单规定程序报相关领导审批。

4．相关部门操作

相关部门按最终审批意见，联系废品处理单位完成具体事宜。包括以下工作：

(1) 获得废品处理单位的介绍信。

(2) 要求废品处理单位提供联系人的个人有效证件的复印件。

(3) 对作废品处理的文献统一加盖国家图书馆注销章。

(4) 要求废品处理单位开具销毁证明。

5．处理废品时应派专人监销。

6．批准作废品处理的文献运送出馆时，应按照有关规定，以相关部门主任签字的携物出门证换取业务管理处签发的携物出门证。

7．相关部门对已批准处理的剔除文献，应按照有关规定办理注销手续。

8．剔除文献处理必须建立相关业务档案。档案内容包括：废品处理单位的介绍信；联系人证件的复印件；文献处理单；作废品处理的销毁证明等。

五、检查

（一）负责文献处理的相关部门应建立必要的检查制度，按照本办法的规定，对以上条款的执行情况进行自查。

（二）业务管理处将对本办法的执行情况进行不定期抽查，如发现违规操作等情况，将依据《国家图书馆业务工作监督考核办法》的有关规定进行处罚。

六、附则

本办法经2010年第14次馆务会议讨论通过，自发布之日起开始实行。原《国家图书馆剔除书刊资料的处理办法》(国图业发［2006］31号)同时废止。本管理办法的解释权属业务管理处。

《国家图书馆文献采选条例》

第一章　总　则

第一条　国家图书馆是综合性研究图书馆，担负建设国家总书库以及为中央和国家领导机关立法与决策、重点科研、教育、生产单位和社会公众服务的职责。为履行这些职责，加强对文献采选的指导，特制定本条例。

第二条　本条例所称文献，包括印刷型文献(图书、期刊、报纸、学位论文、图片等)、稿本、抄本、墨迹、缩微文献、视听文献、数字资源(电子出版物、数据库、网络信息资源）等。

第三条　通过接受缴送、购买、交换、受赠、征集、接受调拨、复制、网络信息采集、数字化转换等渠道获取文献。接受缴送与购买是获取国内文献的主渠道，购买与交换是获取国外文献的主渠道，其他方式则是辅助性的补充。

第四条　通过建立保存本、基藏本和借阅本(短期用)的分藏制度，划分文献用途，满足当前和长远的利用需求。

一、保存本是为履行建设国家总书库职责而特藏的永久保存的馆藏文献，通常是入藏国内出版物的第一复本。

二、基藏本是为长期提供读者利用而设立的基本藏书，部分基藏本特定时间内兼作借阅本。基藏本与保存本一起构成正式馆藏；

三、借阅本是为提供阅览、满足外借需求而设定的藏本，称之为临时馆藏。

第五条　文献采选的总原则是：中文求全，外文求精；国内出版物求全，国外出版物求精；多品种，少复本。国内出版的各文种、各类型、各载体文献应全面采集，尽可能保证入藏品种和版本的齐全，以履行国家总书库的职能并成为中国文献提供的最终基地；世界各国和各地区出版的有代表性的、有较高学术性和参考价值的文献应重点采选，以满足为中央和国家领导机关立法与决策、重点科研、教育、生产单位服务的需要。

第六条　文献采选的具体原则是：

一、贯彻针对性、系统性、协调性与经济性原则；

二、坚持文献的思想性、学术性与参考性原则；

三、注意学科、文种、层次、类型与载体结构，体现藏书的综合性、研究性、多文种、多类型特点；

四、注意我馆已形成特色馆藏的完备性，这些特色馆藏包括中国古籍、东方学、美术史、考古、敦煌资料、舆图、手稿、金石、自然科学史、方志、家谱、年鉴、学位论文等；

五、注意文献载体的发展趋势，在注重传统印刷型文献的同时，充分考虑缩微文献、视听文献，加强数字资源的采选；

六、注意保持馆藏尤其是多卷集、期刊、报纸等连续出版物的连续性和完整性；

七、采取措施保证国内所有正式出版物采集齐全，进一步加强中文资料及港澳台、海外中文出版物的采选，尽力搜集散失在域外的中国古籍；加强国外研究中国的文献和重要学科文献的采选；

八、处理好中文文献和外文文献、数字资源和纸本文献、本馆自采和协调采选、本馆人员选书和馆外专家选书等几个方面的协调关系；注意与北京地区各类重要的大型图书馆进行分工协调，促进资源共建共享；

九、建立完善的文献采选工作程序，加强各种采选方式的协调，相互配合，更好地利用非购入方式采选文献。

第七条 文献采选要制订科学可行的计划，合理分配和使用文献购置经费。科学地分配各类文献的采购比例及复本量，保证藏书质量。严格执行本馆文献购置费管理的有关规定，保证购书经费的正常运转。

第八条 国内出版的文献可根据需要采购一定数量的复本；国外出版的文献不允许采购复本。对通过其他方式获得的复本，可适当入藏一部。

第九条 对各种渠道采集到馆的文献，均应予以登录并区分为正式馆藏本、临时馆藏本和不入藏本等类型。

第十条 提高采选工作人员的综合素质，是馆藏建设至关重要的因素。要求采选人员具备较高的学术素养和负责敬业的精神。要在熟悉学科发展，了解国内外出版、发行状况，通晓读者需求的前提下，进行有针对性的采选，减少盲目性。

第二章 各类文献采选

第一节 国内印刷型文献

第十一条 印刷型文献，系指以印刷方式刊行的出版物。本节及下节中专指图书、报刊、学位论文等。

第十二条 根据国家有关规定列入缴送范围的文献，应全部接收，而后依据各类文献的入藏范围和标准进行甄别入藏。相关细则，另行制订。

第十三条 未列入缴送范围的中国各级政府出版物，按发布机构的级别、文献类型和文献内容，有选择地采选。其中全国人民代表大会、政治协商会议、最高人民法院和最高人民检察院等司法机关、国务院各部委和直属机关、中央军委和各总部、中共中央领导机关等国家机构的出版物，包括政府公报、简报、法律法规、工作报告、统计资料、业务报告、资料汇编、研究成果等，应重点采选。

第十四条 未列入缴送范围的各机关团体、学术团体、企业、事业、高等学校和科学研究机构出版的文献，符合以下标准者适当采选：

一、编辑出版机构为省(市)级的机关团体、全国性学术团体、科学研究机构、重点高等院校；具有相当影响的大型企业、事业单位的；

二、编辑出版机构具有学术权威性的；

三、具有较强的学术性、资料性、参考性或有一定收藏价值的。

第十五条 列入缴送范围的国内教育与研究机构授予博士学位的学位论文、国内博士后撰写的研究报告全面采选；境外中国留学生撰写的博士学位论文、中国留学生博士后研究报告重点采选；国内教育与研究机构授予硕士学位的学位论文应适当采选。

第十六条 台湾、香港、澳门地区出版的文献重点采选。以下所列方面应力求避免遗漏：

一、反映本地区政治、经济、社会、文化方面历史及现状的文献；

二、各界知名人士的著述；

三、学术性与资料性较强的哲学、社会科学方面的文献和参考工具书；

四、较有参考价值的自然科学与技术科学方面的文献；

五、获国际、国内重要奖项或知名奖项的文学作品和其他方面的文献；

六、属于本条例第二章第三节所列特色馆藏范围内的文献；

七、图书馆学与信息管理等方面的文献。

第十七条 辛亥革命以来国内各种语文的出版物，本馆缺藏的应通过各种渠道尽力搜集，补充齐全。

第十八条 国内出版的各种外文文献，视同于中文文献予以采选。

第十九条 国内个人出版的有价值的文献适当采选。

第二十条 不属于上述范围的国内单位和个人出版的出版物不予采选。

第二节 国外印刷型文献

第二十一条 根据本馆的性质与任务、文献本身的类型与价值，对国外印刷型文献的采选应分别遵循全面采选、重点采选、适当采选和不予采选的原则。

第二十二条 下列类型文献应全面采选：

一、国际共运著名领导人的著作(包括较大文种的全集、选集)，以及中国党和国家领导人著作的各语种文本；

二、研究中国和华人的文献；

三、国际法、国际条约和各国的宪法、重要法律、法令；

四、著名国际奖项(如诺贝尔奖项)和重要国家级奖项(如龚古尔奖项)获得者以及国家院士级学者的著作。

第二十三条 下列类型文献重点采选：

一、研究国际共运著名领导人以及中国党和国家领导人的学说、思想和生平的著作；

二、研究民族解放运动、工人运动、社会主义和国际共运的著作；

三、各国国家、政府、主要政党、重要社会团体首脑人物和各界有影响人物的著作；

四、大型综合性百科全书，大、中型字典、词典，国际性和国家级的人名词典、地名词典、世界性和国家级年鉴；

五、海外出版的中文文献以及译成外文的中国古今重要文献；

六、海外华人著述、翻译、编辑的有重要参考价值的文献；

七、世界各国的国家级政府出版物，重要国际组织的出版物；

八、国际性和国家级学术组织的出版物及学术会议录，重要学会、协会组织编辑出版的具有较高学术水平的出版物；

九、各学科有参考价值的工具书、学术著作和刊物；

十、图书馆学与信息管理等有参考价值的文献；

十一、有关我国周边国家政治、经济、文化、民族、宗教、军事、地理等情况的文献。

第二十四条 下列类型文献适当采选：

一、普通文艺作品；

二、学科基础知识读本；

三、科普读物；

四、高等学校教材；

五、旅游与娱乐类书刊。

第二十五条 下列类型文献，不予采选：

一、普通儿童读物；

二、中、小学教科书；

三、硕士及硕士以下学位论文；

四、一般性工业技术标准；

五、一般性科研报告、技术报告；

六、专利文献；

七、产品样本、商业广告；

八、纪念册之类的空白书、日历、交通时刻表、气象日志；

九、迷信、荒诞、淫秽文献。

第三节　特藏专藏文献

第二十六条 特藏专藏文献，系指我馆的重要珍藏以及具有特色的专门收藏。

第二十七条 中国古籍，指成书在辛亥革命前，研究中国传统文化而又具有古典装帧形式的文献。

一、中国古籍中，凡具备历史文物性、学术资料性、艺术代表性，以及流传较少者，一般可视为古籍善本。包括写绘本、稿本、抄本、手稿、墨迹、印本、拓本、钤印本等，该类文献是本馆具有特点的重要珍藏，应尽力多方访求，采集入藏。

二、中国古籍中，除古籍善本外，统称为普通古籍。该类文献的采选应以补充品种、缺卷配套为原则，重点补充史书、志书、农书、古代科技、小学、文集、丛书、家谱等方面的文献。

三、散失域外且本馆缺藏的中国古籍，应尽力收集原本，有特殊价值而采选不到原本的，可入藏复制件。

第二十八条 辛亥革命后各个历史时期的出版物中，有文物价值或版本价值的称为新善本，具有古典装帧形式的称为新线装，两类文献均应全面采选。

第二十九条 中华人民共和国成立以后的出版物，其中反映当代印刷及装帧先进工艺水平和具有一定版本价值的有限版本、特装本、仿真本、豪华本等称之为精装精印本，应重点采选。

第三十条 新方志、专业志、家谱、志稿等，应全面采选。

第三十一条 国内外出版的敦煌吐鲁番学资料应全面采选。

第三十二条 著名学者、作家、艺术家手稿、名人手迹、书法家墨迹，应积极征集。

第三十三条 辛亥革命前国内少数民族语文文献，应尽力采选原本，有特殊价值而采选不到原本的，可入藏复制件。

第三十四条 具有文物价值、版本价值和内容价值的外文文献，称之为外文善本，应适当采选入藏。

第三十五条 具有特藏意义和文物价值的各种文字的金石拓片以及甲骨等文献，应重点采选。

第三十六条 国内公开出版的各种地图和地图集，应全部入藏。中华人民共和国成立以后中央和地方机构编印的县级以上各种地图，应重点采选与补齐。中华人民共和国成立前编制的各种地图和古地图，台湾、香港、澳门地区和国外出版的中国地图与中文地图，应重点采选。

国外出版的有关中国的地图和与中国相邻国家的各种地图重点采选，世界各国有代表性的机构出版的世界地图和地图集、国家地图和地图集，以及世界航海图、航空图、重要城市图、港口图和其他类型的重要地图，应适当采选。

第三十七条 党和国家领导人以及世界著名人物的活动照片，党和国家的重要会议照片及其他重大历史资料性的照片，应重点采选；其他国内重要人物、重大事件、重要活动的照片和在某一领域有参考价值，能够形成收藏特色的照片适当采选。

第四节 缩微文献

第三十八条 缩微文献，系指用缩微照相方式，将原始文献在感光材料上复制而成的高倍率复制文献，包括缩微胶卷和缩微平片等。

第三十九条 对善本特藏文献、辛亥革命前后的图书和建国前后报刊实行再生性保护而产生的缩微文献重点采选。

第四十条 国外研究中国和华人的资料，包括国外有关中国学的博士论文和中国留学生博士论文重点采选。

第四十一条 联合国、重要国际组织和国家政府出版物的有关缩微制品重点采选。

第四十二条 研究远东和亚洲以及我国周边国家和地区问题的（如英、美等国的政府解密文件等）适当采选。

第四十三条 对于能够补充本馆缺藏印刷型文献的缩微文献适当采选。

第四十四条 适当采选国外报刊的缩微制品，并替代印刷型原本。

第五节 视听文献

第四十五条 视听文献，系指以语音、图像为主，并且需要借助特殊的设备才能够看见、听见的文献资料。其中包括唱片、录音带、激光唱盘(CD)、数码语音记录文件(MP3 等)、录像带、激光视盘(LD)、视频压缩盘（VCD)、数字视频光盘(DVD)、电影胶片和幻灯片等。不包含缩微文献。

第四十六条 根据国家有关规定缴送本馆的视听文献,应全部接收。

第四十七条 缴送范围外的和国外的反映政治、经济、历史、地理、文化、社会等方面的视频、声视频混合文献和有代表性的优秀音频文献重点采选，科技、教育方面和反映各种文艺流派及民族特色的视听文献适当采选。

第四十八条 凡有引进版的视听文献，原则上不再购买国外原本。

第四十九条 视听文献的采选应注意形成特色；在采选范围内，优先选择利用率高的和具有较高收藏价值的文献。

第六节 电子出版物

第五十条 电子出版物，系指以数字代码方式，将有知识性、思想性内容的信息编辑加工后存储在固定物理形态的磁、光、电等介质上，通过电子阅读、显示、播放设备读取使用的大众传播媒体，包括只读光盘(CD－ROM、DVD－ROM 等)、一次写入光盘(CD－R、DVD－R 等)、可擦写光盘(CD－RW、DVD－RW 等)、软磁盘、硬磁盘、集成电路卡等。

第五十一条 根据国家有关规定缴送本馆的电子出版物，应全部接收。缴送范围外的国内电子出版物，根据需求适当采选。

第五十二条 国外正式出版的电子出版物，参照国外印刷型文献的采选原则，并结合已形成的馆藏特色适当采选。

第五十三条 电子出版物的采选应注重对内容质量、制作质量、存取质量、潜在利用价值、设备配套等方面综合考虑。

第七节 数据库

第五十四条 数据库，系指以电子形式储存的描述性记录或者内容单元的集合（包括事实、全文、图片、声音、影像、工具软件等），并带有统一的用户界面及检索、处理数据的软件，内容单元或记录通常根据某一特定目的收集并且与某一特定的主题相关。数据库可能通过光盘、磁盘或者其他直接存取方式发行，或者作为一个计算机文件通过拨号方式或因特网来获取。

第五十五条 数据库采选应注意与自建数据库相协调。

第五十六条 对于市场已有的质量较高、影响较好的数据库，按照本条例规定的原则采购，并综合考虑数据库内容质量、知识产权状态、制作质量、存取质量、潜在利用价值、设备配套、平台功能、开放与整合等方面因素。

一、内容选择上，应注重与馆藏其他类型文献的协调互补，重点采选国内外具有一定价值的中文数据库，有关中国的外文数据库、我国重点发展的支柱产业所需文献的外文数据库和学术价值较高的外文数据库。

二、类型选择上，重点采选收录范围广或在某学科领域具有一定权威性的、工具型或学术型的数据库。除国内外著名的二次文献库外，尽可能采选全文数据库。

三、版本选择上，尽可能选择多用户的网络版和可将数据装载于本地的镜像版。

四、语种选择上，侧重中文和英文数据库，其他语种适当采选。

五、采购方式上，应充分利用多载体联合采购的价格优势。

第五十七条 对于新型数据库的采购，应在遵循文献采选总原则的基础上，注重与已有数据库资源及管理平台的兼容整合，根据需求适当采选。

第八节 网络信息资源

第五十八条 网络信息资源，系指以数字化形式记录的，存储在网络计算机各类介质上的，并通过计算机网络通讯方式进行传递信息内容的集合。本节所涉及的网络信息资源以因特网上的免费信息资源为主。

第五十九条 网络信息资源应根据不同的表现组织形式，采用不同的采集措施进行采集，采集内容为多媒体、多格式的。

第六十条 国内域名网络信息资源全面采选。

第六十一条 国外域名中，参照国外印刷型文献和特藏专藏文献、视听文献、电子出版物的采选原则进行采选；重点采选国外中文网络信息资源和有关中国的中外文网络信息资源；虽然不属于上述文献采选范围内，但具有学术性、资料性与参考性的可适当采选。

第六十二条 网络信息资源的采选应分专题进行，对于关系我国政治、经济、文化、科技、教育、体育等方面的重大事件和重大国际问题，可作为重点专题采选。

第六十三条 网络信息资源的采选应注重对出版内容、网站优劣、操作使用等方面综合考查，并注意开展对信息源和其发布、查询、利用技术等方面的系统调查研究。

第六十四条 网络信息资源的采选应制订规划，边建设边解决实际操作中遇到的问题。加强研究工作，不断总结、积累经验，逐步形成网络信息资源体系。

第三章 文献采选方式

第六十五条 接受缴送

接受缴送是国内出版的图书、报刊、视听文献、数字资源、学位论文的主要采选方式。按国家缴送规定接受缴送样本(品)，严格按照数量、时限督促各出版社缴送样本(品)。

第六十六条 购买

购买是国外出版物和国内非缴送出版物的主要采选方式。按本条例规定的采选原则、复本标准购买入藏文献。

第六十七条 文献交换

文献交换是采选工作的重要方式，分为国际交换和国内交换。交换工作应本着"以我所有，换我所需"和"平等互利"的原则。

一、执行我国对外文化协定的有关条款，广泛与世界上各个国家和地区的图书信息单位建立良好的文献交换系统，重点交换国外有价值的，特别是通过贸易渠道难以买到的出版物，补充馆藏；

二、在加强国际交换的同时，逐步开展国内交换，重点补充我馆缺藏的普通古籍、民国时期出版物及其他各类国内文献。

第六十八条 接受捐赠

接受国内外团体及个人捐赠的文献是丰富馆藏的重要方式之一。受赠应办理产权移交手续。文献一经接受，其产权即归国家图书馆所有。接受捐赠文献应按本馆《国家图书馆捐赠文献接受管理办法》和《国家图书馆捐赠文献专藏管理规定（试行)》有关规定执行。

第六十九条 征集

征集文献是补充馆藏的一种方式。我馆征集的文献指非正式出版物和难以购得的正式出版物，主要包括：政府出版物、学位论文、民国文献、方志家谱资料、文史资料、会议录、照片、手稿及其他特藏文献和有价值的文献等。文献的征集应按《国家图书馆文献征集管理暂行办法》的有关规定执行。

第七十条 接受调拨

我馆接受政府有关部门调拨的文献，以补充本馆的缺藏。

第七十一条 复制

我馆通过复制方式保存和补充本馆缺藏。复制的方式包括静电复制、照相复制、缩微复制、转录、数字化扫描、网络下载等。

一、对于通过其他采选方式不能获得的本馆缺藏的各类文献，可采用复制的方法代替文献原件入藏；

二、通过复制补藏的文献仅限于保存本和基藏本；

三、根据文献类型、保存时间等选择最优复制方式。

第七十二条 网络信息采集

网络信息采集是我馆数字资源采选方式之一。按本条例规定的采选原则采集入藏文献。

第七十三条 数字化转换

我馆通过数字化转换方式保存和补充本馆文献载体类型。

一、对于我馆珍贵的特藏、专藏文献，应采用数字化转换的方式予以永久保存；

二、对于印刷版文献中濒临损毁、难以长期保存的有收藏利用价值的文献，应优先采用数字化转换的方式予以抢救入藏；

三、商业数字资源缺失的、不涉及版权或已解决版权或版权比较明确的、利用率高的文献，可优先考虑进行数字化转换。

第七十四条 竞拍

通过参加拍卖会竞拍文献是我馆补充缺藏文献的采选方式之一。文献竞拍工作应按《国家图书馆文献竞拍工作管理办法》执行。

第四章　文献复本及复本分配

第七十五条 普通书刊的复本及复本分配规定是：

一、国内印刷型文献

(一) 中文普通图书复本为2—5部，保存本1部、基藏本1部，其余作为借阅本。

(二) 中文画册复本为2—3部，保存本1部、基藏本1部，其余作为借阅本。

(三) 台港澳地区出版的图书复本暂定为1部，基藏本1部，若交换或赠送获得，且价值较高的可入藏2部。

(四) 国内出版的外文图书复本为2—3部，保存本1部、基藏本1部，其余作为借阅本。

(五) 中文期刊现刊复本为2—5部，保存合订本1部、基藏合订本1部；现刊第3部及以后复本作为借阅本。

(六) 中文报纸复本为2—4部，保存合订本1—2部。

(七) 台港澳报刊暂定复本为1部，基藏合订本1部。

(八) 国内出版的外文报刊等同于中文报刊。

(九) 国内出版的少年儿童类2—3部，保存本1部、基藏本1部，其余作为借阅本。

(十) 中文非正式出版物复本暂定为1部，基藏本1部。

二、国外印刷型文献

(一) 国外出版的图书复本为1部，基藏本1部。

(二) 国外出版的期刊、报纸复本为1部，基藏合订本1部。

第七十六条 特藏、专藏文献的复本及复本分配规定是：

一、地方文献复本为2－3部，正式出版物保存本1部、基藏本1部，其余作为借阅本，非正式出版物地方文献阅室本1部；

二、中国年鉴、中文工具书复本为3－4部，保存本1部、基藏本1

部，其余作为借阅本；

三、海外中国学、法律和中文图书馆学资料复本为3－6部，保存本1部、基藏本1部，其余作为借阅本；

四、敦煌吐鲁番学资料复本为2－3部，正式出版物保存本1部，基藏本1部，其余作为借阅本，非正式出版物敦煌文献阅览本1部；

五、中国少数民族语文文献复本为2－3部，保存本1部，基藏本1部，其余作为借阅本；

六、现藏古籍善本、新善本、外文善本、金石、普通古籍、古籍影印本新线装图书和古代舆图等特藏文献保持原有复本数，非古籍影印本新线装以及中文现代地图集和地图册等复本2－3部，保存本1部，基藏本1部，其余作为借阅本。

第七十七条 视听文献、缩微文献、电子出版物的复本及复本分配规定是：

一、视听文献复本为1－2部，基藏本1部，少儿类则基藏本1部，其余作为借阅本；

二、中文缩微文献复本为1－2部，基藏本1部；

三、外文缩微文献复本为1部，基藏本1部；

四、电子出版物（实体型）复本为1－2部，基藏本1部，少儿类则基藏本1部，其余作为借阅本。

第七十八条 上述各类中文文献规定的复本量不能满足读者需求时，可由各部门提出补藏报告(附需要补购的书单)，经业务管理处批准后，由相关采选部门为其补购。

第五章 附则

第七十九条 文献剔除、文献注销和采选入藏统计，执行我馆有关规定。

第八十条 各采选部门应根据本条例制订本部门的采选工作细则。

第八十一条 本条例经2010年第14次馆务会议讨论通过，自发布之日起开始实行。原《国家图书馆文献采选条例》（国图业发［2006］34号）同时废止。本管理办法的解释权属业务管理处。

《国家图书馆业务流程中文献管理办法》

国家图书馆入藏的文献是国有资产，为了规范业务流程中文献的管理，保证安全，特制定本管理办法。

一、采选登记

文献通过购买、缴送、捐赠、交换等途径进入馆内，采选部门应按规定程序和要求对到馆文献进行验收、登记。

(一)图书

1. 通过购买途径到馆的图书，应具备图书名称、数量、金额、到馆日期的原始凭证。通过缴送、捐赠、交换等途径到馆的图书，没有清单的应制作清单，内容包括图书名称、数量、金额(无金额要估价)、到馆日期。

2. 验收人员按原始凭证及发票逐一验收购买的图书；按清单逐一验收缴送、捐赠和交换的图书。验收后，在凭证或清单上签字。凭证一式两份，一份报国有资产管理处，一份本科组保存备查。

3. 应对验收后的图书进行总括登记和个别登记，并做好流向记录。

(二) 报刊

1. 购买中文报刊采用预订方式，凭发票与预订报刊清单报销。中文报刊每年第一季度末，应将上一年度购买报刊的未到刊情况列出清单，内容包括报刊的题名、刊期、金额，并计算出未到馆报刊的总金额。清单一式二份，一份报国有资产管理处、一份本科组备查。同时将上一年度缴送、捐赠与交换的入藏报刊列出清单，具体方式与要求同购买中文报刊。要求报刊记到及时准确，发现缺期应随时发函催补，以保证报刊的完整性。

2. 购买外文报刊(含台港报刊)采取上一年预订，预付款，次年年中结算的方式，凭发票及报刊清单报销。外文报刊每年第二季度末，应将上一年度购买报刊的未到情况与上一年度缴送、捐赠与交换的入藏报刊列出清单，具体方式与要求同购买中文报刊。

3. 及时掌握预订报刊的到馆情况，保证预订报刊按时到馆。对全年未到部分的报刊，应将经费追回。外文报刊未到部分退费标准应参照招投标中相关条款执行。要求将订购报刊与缴送、捐赠、交换报刊进行区分，以便准确统计经费使用情况。要求报刊记到及时准确，发现缺期应随时发函催补，以保证报刊的完整性。

(三) 视听文献和电子出版物

1. 通过购买途径到馆的视听文献和电子出版物，应具备视听文献和电子出版物名称、载体形态、数量、金额的原始凭证。通过缴送、捐赠、交换等途径到馆的视听文献和电子出版物，没有清单的应制作清单，内容包括视听文献和电子出版物名称、载体形态、数量、金额(无金额要估价)、到馆日期。

2. 验收人员按原始凭证及发票逐一验收购买的视听文献和电子出版物；按清单逐一验收缴送、捐赠和交换的视听文献和电子出版物。验收后，在凭证或清单上签字。凭证一式两份，一份报国有资产管理处，一份本科组保存备查。

(四) 记到剔除

记到过程中剔除的不入藏文献，在转交相关部门时，要求填写剔除单，内容包括总册(份、种)数、转交日期(下文所提剔除单内容同此)。交接双方应签字办理交接手续。剔除单由采选部门保存。粘贴条形码的文献需在系统中进行单册剔除处理。

二、加工分流

(一) 采编部门编目加工完毕的文献按正式藏本(保存本和基藏本)、借阅复本或不入藏本分别处理，严格按次序规定分送典藏流通部门。

(二) 采编部门向典藏流通部门移交文献时必须有交接单。交接单内容包括批号、总种数、总册数、总金额、转交日期、经手人等。交接双方按交接单清点无误后，双方在总单上签字。交接单一式三份，交接双方各持一份，保存备查，另一份报国有资产管理处。交接的文献同时要在系统中进行单册接收登记。

(三) 正式入藏的中文报刊全年到齐后下架装订，外文报刊(含台港报刊)开架阅览两年后下架装订，装订按本馆书刊报装订的有关规定执行。

(四) 装订后加工完成的报刊合订本向典藏部门移交时，必须有报刊装订清单，典藏部门应按装订清单逐一核对，无误后双方签字接收。同时交接的报刊合订本要在系统中进行单册接收登记。

三、典藏流通

(一) 典藏流通部门应严格执行库房管理制度，保证馆藏书刊文献、视听文献和电子出版物不损坏、不丢失。

(二) 典藏流通部门保管的书刊文献，丢失或严重破损无法流通的，应办理注销手续。

1. 申请注销部门确认正式藏本文献丢失后，应填写国家图书馆文献注销申请单和注销目录单。申请单和目录单一式两份交业务管理处，经业务管理处批准后，一份由业务管理处办理馆藏登录总账注销，并转国有资产管理处办理固定资产注销手续后存档；一份交采编部门办理总括注销和个别注销。同时，在机读书目数据(或卡片目录)中修改相应的馆藏记录，最后转申请注销部门保存备查。

2. 丢失或严重破损的借阅复本文献注销只需办理批准及备案手续，并删除室藏记录。

(三) 流通部门按规定下架的书刊文献需办理剔除的批准及备案手续，并删除室藏记录。移交指定部门时，应有交接单，交接双方清点无误后，在总单上签字。交接单一式三份，交接双方各持一份保存备查，另一份交国有资产管理处。

四、其他类型文献

上述未涉及到的文献类型或采选、编目、典藏、阅览为同一部门，其馆藏文献的管理办法，参照上述有关条款执行。

五、工作用工具书

（一）工作人员业务用工具书，由各部门提出申请，由业务管理处审定并购买，在登记后发放。

（二）购买回的工具书应按正常手续验收报账。

（三）用书部门必须在登记表上签字，作为工具书财产记录。

（四）各部门要有专人管理工具书，做好使用记录。业务管理处负责对工具书的使用情况进行不定期检查，丢失者按原价的两倍赔偿。

（五）如用书部门因故停止使用该工具书，应及时归还销账，采编部门将该工具书分编入藏或剔除。

六、监督检查

（一）各部门要建立适应本部门的内部管理机制，对上述条款的执行情况进行自查。

（二）业务管理处对以上条款的执行情况进行不定期抽查和定期检查，对违犯规定者，按《国家图书馆业务工作监督考核暂行办法》有关条款进行处罚。

七、附则

本办法经2010年第14次馆务会议讨论通过，自发布之日起开始实行。原《国家图书馆业务流程中书刊资料的处理办法》(国图业发[2006]36号)同时废止。本管理办法的解释权属业务管理处。

《国家图书馆部委分馆管理办法》

为切实履行国家图书馆为中央国家领导机关立法决策服务的重要职能，规范国家图书馆对国家图书馆部委分馆的各项服务管理，广泛地实现文献信息资源、人力资源的共建共享，特制定本管理办法。

一、国家图书馆部委分馆的界定

中共中央所属各部委、国务院所属各部委（含国务院直属特设机构、国务院直属机构、国务院办事机构、国务院直属事业单位等）、全国人民代表大会、中国人民政治协商会议、中央军委等机构中，以为本机构领导制订国家大政方针决策提供文献信息服务为主要任务的、并与国家图书馆签署正式协议的图书馆或信息机构。

二、国家图书馆部委分馆名称的表述

通常情况下，国家图书馆部委分馆名称表述由三部分组成：即国家图书馆的表述在前，之后以所建立分馆的部委名称为衔接，最后以分馆为结尾。

例：国家图书馆 ＋ 国家财政部 ＋ 分馆。

如果在同一个中央、国务院部委中出现两个以上国家图书馆部委分馆，其名称表述则为：国家图书馆的表述在前，之后以所建立分馆的部委名称为衔接，最后以数字顺序加分馆为结尾。

例1：国家图书馆 ＋ 国家人力资源保障部 ＋ 第一 ＋ 分馆

例2：国家图书馆 ＋ 国家人力资源保障部 ＋ 第二 ＋ 分馆

三、国家图书馆部委分馆的建立

（一）国家图书馆与中央国务院部委合作建立国家图书馆部委分馆，原则上一个部委只建立一个分馆。如遇特殊情况，可酌情增设或调整。

（二）国家图书馆与欲建立国家图书馆部委分馆之部委，就建立分馆相关事宜达成一致意见后，需正式签署建立国家图书馆部委分馆的有关协议。

（三）协议生效后，分馆需正式挂牌服务（分馆名称表述参见“二、国家图书馆部委分馆名称的表述”）。

四、国家图书馆部委分馆的运行机制

（一）国家图书馆部委分馆与所在部委图书馆或相应信息服务机构是一个机构两个牌子。

（二）国家图书馆与国家图书馆部委分馆在业务上是指导与被指导的关系。国家图书馆部委分馆与国家图书馆在人、财、物方面相互独立管理，互不隶属。

（三）国家图书馆部委分馆是中央国家领导机关在制订政策过程中的信息需求与国家图书馆提供相应信息服务的中介与枢纽。

（四）国家图书馆为部委分馆领导机构提供的信息服务采取无偿与有偿相结合的方式运作。凡与中央国家部委分馆发生有偿信息服务业务，费用标准统一参照《国家图书馆立法决策服务项目收费标准规定》执行。

五、国家图书馆部委分馆的管理

（一）国家图书馆部委分馆应指定专人负责与国家图书馆的业务联系，该负责人由其所在部委任命或指定。

（二）国家图书馆由立法决策服务部负责完成分馆的建立、管理、协调等相关业务工作。

（三）国家图书馆与国家图书馆部委分馆应定期开展业务工作交流，以促进分馆相关工作的开展。

六、附则

本办法经2010年第14次馆务会议讨论通过，自发布之日起实行。原《国家图书馆部委分馆管理办法》（国图业发［2006］39号）同时废止。本办法解释权归业务管理处。

《国家图书馆特殊文献购买管理办法》

第一章 总则

第一条 通过非常规渠道购买古籍及其他各类非正式出版文献是国家图书馆馆藏建设的重要内容之一。为规范此类特殊文献的购买工作，保证文献购买工作的制度化、规范化，根据《国家图书馆文献采选条例》，参照《国家重点珍贵文物征集工作实施办法（试行）》、《国家重点珍贵文物征集专项经费使用管理办法》以及《国家图书馆财务管理办法（修订）》、《国家图书馆古籍类文献竞拍工作管理暂行办法》等有关规定，制订本办法。

第二条 本办法所称特殊文献购买，是指我馆除从常规购书渠道购买各类正式出版物外，其他符合我馆采访政策的有关文献购买行为。具体包括：

（一）从境内收藏者个人、机构等非常规渠道购买古籍类文献，以及方志家谱、文史资料、地图、拓片等类型的非正式出版物。

（二）从各种渠道购买照片、手稿及其他特藏文献等类型的非正式出版物。

（三）纳入常规渠道购买的政府出版物、学位论文、方志家谱资料、文史资料等其他非正式出版物，可参照正常文献购买有关规定，使用正常的书刊资料购置费，不纳入本办法特殊文献管理范围。

（四）购买超过文献码洋价格的各类文献参照本办法办理。

第三条 本办法所述特殊文献购买使用资金为国家财政拨付的国家图书馆日常征集专项经费。

征集经费专项用于文献购买费用，以及在购买过程中发生的其他直接费用。年度购置在当年财政拨付额度内执行。

第四条 特殊文献购买的具体实施依职能所辖，由该类型文献的采选部门承办。

第五条 涉及特殊文献购买工作的各部门责任分工：

承办部门负责特殊文献购买过程中的信息收集分析、组织专家进行鉴定评估、经授权后签署文献购买协议，国有资产管理处负责文献购买范本制定及购书环节报账审核，业务管理处负责审核文献入藏标准及召集文献资源建设委员会讨论，财务处负责经费整体管理及结算付款手续，纪检监察办公室负责对鉴定及谈判过程进行监督。

第六条 特殊文献购买的审批权限：

购买文献以种为单位，每种文献价格在1万元以下，由承办部门负责人审批；1万元以上（含），10万元以下，经业务管理处、财务处、国有资产管理处签署意见后报文献购买工作主管副馆长审批；10万元以上（含），50万元以下，应经馆文献建设资源委员会讨论后，经文献购买工作主管副馆长、财务主管副馆长会签意见后，报常务副馆长审批；50万元以上（含），报请馆长审批或馆务会研究。

第二章　文献鉴定和价格评估

第七条 文献的鉴定和价格评估可以委托社会中介机构出具鉴定和评估意见，或由我馆委托文献鉴定专家单独进行鉴定和价格评估。现代出版的各类特殊文献可不组织鉴定和价格评估。

第八条 我馆成立“文献鉴定专家组”，负责组织对文献进行价值鉴定和价格评估，该“文献鉴定专家组”为非常设机构，遇有文献鉴定任务视情况临时组成。

第九条 “文献鉴定专家组”由文献鉴定、价格评估等方面的专家组成，入选基本条件是：具备良好的思想素质和高度的责任感，对国家负责、对国家图书馆负责。馆内“文献鉴定专家组”成员应由我馆相关文献领域专家、特殊文献购买承办部门负责人及业务骨干组成；馆外专家应属于相关文献领域的权威专家，具有较高的业务素质、珍品鉴赏的专业能力，以及文献采访领域的相关知识和技巧。

第十条 鉴定方式及限额：

（一）原则上对于每种文献价格在1万元以下的，一般由馆内专家进行鉴定，鉴定专家应不少于3人。

（二）对于每种文献价格在1万元以上（含），或文献批量价格预计超过10万元（含）的，实行两轮鉴定制度，即初步鉴定和终审鉴定。其中初步鉴定一般由馆内文献鉴定专家进行鉴定，鉴定专家不少于3人，鉴定可对文献的资料、图片和实物进行；终审鉴定专家一般由馆外专家组成，鉴定专家不少于3人，鉴定必须对文献实物进行。

第十一条 馆方根据鉴定的文献工作量给予专家鉴定劳务费，鉴定劳务费基本标准为：馆外专家500元／人／日，馆内专家200元／人／日。

第三章　特殊文献购买的工作程序

第十二条 特殊文献购买的工作程序包括：信息收集及分析、鉴定和价格评估（包括初步鉴定和终审鉴定）、上报专项报告、价格谈判、确定文献购买。

第十三条 信息收集及分析

（一）承办部门应注重建立与收藏人的业务联系并建立联系档案，随时了解和掌握有关私人收藏情况和出卖藏品意向。

（二）承办部门应对拟购买的文献认真查重，确认是否缺藏；认真核对相关参考书目和工具书，对该文献是否珍品和孤本提供基本依据。

（三）承办部门应了解收藏人的收藏和来源的合法性，严格按照文物保护相关法律法规规定范围进行遴选，不合法及限制流通的文物不予购买。

第十四条 承办部门依照前款所述审批限额组织鉴定和价格评估。

第十五条 限额以上需进行两轮鉴定的，由承办部门组织进行初步鉴定，经初步鉴定认为具备国家图书馆入藏条件的方可申请终审鉴定。

承办部门根据拟购买文献特点遴选馆外鉴定专家，并向文献购买工作主管副馆长专项请示。请示中应包括：初步鉴定的鉴定意见，拟邀请进行终审鉴定的馆外专家的简要情况（包括姓名、性别、年龄、所在单位、职称、研究专业等）。

第十六条 终审鉴定经审批同意后由承办部门负责组织。

（一）文献终审鉴定应在指定场所进行，鉴定会由承办部门负责人主持，由负责人向馆外专家简要介绍文献的来源、数量等情况，但不对所鉴定文献真伪发表意见。出售人应按规定回避。

（二）终审鉴定专家独自就文献真伪、收藏价值及价格进行评估，并分别签署《专家个人鉴定意见书》（详见附件1）。

（三）业务管理处、国有资产管理处、财务处和纪检监察办公室应派代表作为工作人员参加文献鉴定会议，对文献鉴定内容、程序的公正性进行监督。专家及现场工作人员须对鉴定研讨内容严格保密。

第十七条 终审鉴定意见对文献真伪、价值等问题没有原则性争议的，由承办部门向馆领导上报特殊文献购买专项报告。

第十八条 购买意向经馆领导批复同意后，由承办部门组织与出售人进行价格谈判。价格谈判应参考终审鉴定中的价格评估意见。承办部门负责对谈判过程进行记录，纪检监察办公室对谈判过程进行监督。

第十九条 与出售人谈判确定意向价格后，特殊文献购买承办部门应根据审批权限，按规定进行专项请示。

第二十条 需赴外地进行采访或鉴定的特殊文献购买专案，由承办部门提出方案，报文献购买工作主管副馆长审批。涉及经费支出的须同时按《国家图书馆财务管理办法（修订）》的审批权限履行经费支出审批程序。

第四章 结算及文献交接

第二十一条 专项请示获得批准后,由承办部门负责人代表馆方与出售人签署《文献购买协议书》。

第二十二条 承办部门负责与出售人商谈文献交接事宜。办理文献交接手续时，必须由一名参与鉴定的馆内专家到场组织验收，由承办部门对文献逐一核对。核对无误后，由出售人、经办人、验收人在文献清单上共同签字。交接完成后，由承办部门登记馆藏，并完成文献入库。

第二十三条 承办部门负责与出售人商谈付款方式,在完成相关财务审批手续后按规定办理付款事宜。付款方式可以根据出售人要求，采用支票转账或现金支付两种结算方式。

(一)如出售人为具有独立法人资格的机构,在手续完备的情况下可采用支票转账方式；如出售人确需要求现金支付方式结算，应在《文献购买协议》的附件中注明完善的财务手续，由双方签字认可。

(二)《文献购买协议》中约定的付款金额一般为税前金额，需出售人承担的相关税费由出售人自行承担。

第二十四条 文献购买结算并交接入库后,进行请款报账时需持有以下附件：

1.出售人出具的正式发票或收条；

2.文献清单；

3.文献购买协议书；

4.出售人身份证复印件；

5.其他有关报批文件。

第五章　附则

第二十五条 参加特殊文献购买的人员,必须严格遵守职业道德，严格纪律，依法办事，严守秘密，并严禁徇私舞弊，弄虚作假。对违反规定的有关人员，视情节轻重给予严肃处理。

第二十六条 本办法经2010年第20次馆务会通过，自公布之日起施行。《国家图书馆文献征集管理暂行办法》同时废止。

第二十七条 本办法由国有资产管理处负责解释。

媒体报道目录

媒体报道目录

1月1日	工人日报	第五届“国家图书馆文津图书奖”揭晓 [文艺]
1月1日	新华书目报·图书馆报	第五届“文津图书奖”揭晓 [姜火明]
1月1日	新华书目报·图书馆报	国图“文津讲坛”首次出京
1月1日	新华书目报·图书馆报	国家图书馆交通运输部分馆成立 [姜火明]
1月3日	光明日报	杨佳：一位盲人的“国图情结” [周华]
1月4日	中国新闻出版报	第五届文津图书奖揭晓 [王坤宁]
1月6日	北京晚报	中关村企业家到国图传授经验 [邵泽慧]
1月6日	北京商报	中关村创业讲坛启动 柳传志讲新年第一课 [张晓东]
1月6日	科技日报	国家图书馆“中关村创业讲坛”开启 [瞿剑]
1月6日	人民日报海外版	中关村创业讲坛第一期启动 [秦京午]
1月7日	中国文化报	国家图书馆新添“创业讲坛” [翟群]
1月7日	人民政协报	国家图书馆“中关村创业讲坛”开坛 [雷新]
1月7日	科学时报	“中关村创业讲坛”国图开坛 柳传志首讲企业发展 [李芸]
1月8日	新华书目报·图书馆报	国图展览资源正陆续走出北京
1月9日	光明日报	全球首家图书馆专业电视频道即将全面推开 [邢宇皓]
1月10日	人民日报	2009年国家图书馆读者量创新高 [廖翊]
1月10日	京华时报	亚洲数字图书馆将落户国图 [张然]
1月10日	解放军报	国家图书馆读者创新高 [廖翊]
1月11日	人民日报	从“阅读”到“悦读”——各地公共图书馆创新服务模式综述 [周玮]
1月11日	人民政协报	首个国家级数字图书馆工程成果显著 [雷新]
1月12日	北京日报	国图“部长讲座”将结集出版 [李瀛]
1月13日	北京晚报	国图“文津讲坛”迎来第500期 [丁肇文]

1月13日	中华读书报	由传统到现代　国家图书馆实现完美蜕变　[舒晋瑜]
1月14日	光明日报	“文津讲坛”五百期　听众七万人次　[庄建] [计亚男]
1月14日	光明日报	永远的精神故乡
1月14日	中国文化报	文献渊薮　学术津梁　[黄小驹]
1月14日	中国文化报	国图服务公众突破时空限制　[韩宗坡]
1月14日	人民政协报	“文津讲坛”迎来第500期　[雷新]
1月14日	新京报	“文津讲坛”500期庆生　[薛珺]
1月14日	北京青年报	“文津讲坛”500期座谈会暨展览举行　[朱玲]
1月14日	中国教育报	“国家图书馆文津图书奖”5周岁　[却咏梅]
1月15日	中国文化报	图书馆应成为社会教育的大课堂　[周和平]
1月18日	北京日报	国图创业讲坛火爆　八成听众计划创业　[李瀛]
1月18日	文艺报	中国民族经典歌剧首次唱响国图　[艺文]
1月19日	中国青年报	国图读者量再创新高　[李茜]
1月20日	中华读书报	“文津讲坛”成为首都市民的精神家园　[舒晋瑜]
1月21日	科学时报	三尺讲坛　永远的精神故乡　[李芸]
1月21日	中国教育报	国家图书馆“部长讲座”将结集出版　[顾雪林]
1月21日	中国社会科学报	依托“文津讲坛”国图欲打造经典文化品牌　[陈静]
1月22日	光明日报	国家图书馆拟建国家文献战略储备库　[邢宇皓]
1月22日	中国文化报	国家文献资源总库纳入建设规划　[黄小驹]
1月22日	中国新闻出版报	国图纪念文津讲坛开讲500期　[廖翊]
1月26日	中国图书商报	国家图书馆将建国家文献战略储备库　[紫龙]
1月28日	中国社会科学报	打造国家文献资源总库　[陈静]
2月2日	人民日报	“县级数字图书馆推广计划”启动　320个县获赠电子书　[李舫]
2月2日	光明日报	公共文化服务体系建设再加速　[谌强]
2月2日	中国文化报	县级数字图书馆推广计划启动　[陈彬斌]
2月2日	北京日报	《中华古籍总目》编纂全面启动　[李洋]
2月2日	北京青年报	《中华古籍总目》编纂工作启动　[朱玲]
2月2日	科技日报	文化部推广县级数字图书馆　[游雪晴]

2月2日　人民日报海外版　中关村创投大师讲融资 [秦京午]

2月3日　中华读书报　国图“县级数字图书馆推广计划”在京启动 [舒晋瑜]

2月4日　科学时报　数字图书馆向县级推广 [李芸]

2月4日　中国教育报　“文津讲坛”：永远的精神故乡 [却咏梅]

2月6日　京华时报　国家图书馆文津讲坛

2月9日　中国文化报　重庆将新开通十家数字图书馆 [张琴]

2月10日　法制晚报　躲进图书馆充电还能看展览

2月10日　江西日报　10个县级数字图书馆将启用 [郁鑫鹏]

2月11日　人民日报　江西县级图书馆年内数字化 [吴齐强]

2月11日　中国文化报　江西推广县级数字图书馆 [柯中华]

2月11日　北京日报　书店厚礼待客来　图书馆里过大年 [周南焱] [牛春梅] [路艳霞]

2月11日　新京报　《四库全书》春节揭面纱 [王荟]

2月11日　北京晚报　《四库全书》将露真容 [丁肇文]

2月11日　北京娱乐信报　国图珍品开展贺岁 [王萌]

2月11日　科学时报　“我们不能告别阅读” [李芸]

2月11日　人民网　青海10个县率先拥有数字图书馆 [郅振璞] [蔡文斌]

2月11日　西海都市报　10个县将率先拥有数字图书馆 [蔡文斌]

2月12日　济南日报　区县读者可使用国图数字图书资源 [赵晓林]

2月12日　人民日报海外版　青海推广数字图书馆10个县级图书馆试点 [郅振璞] [蔡文斌]

2月12日　中国艺术报　国图春节将送出贺岁礼 [金涛]

2月13日　中国文化报　新疆“县级数字图书馆推广计划”启动 [嘉谊]

2月13日　人民政协报　国家图书馆文化盛宴大拜年 [雷新]

2月13日　海南日报　海南农民看上“数字图书” [黄晶]

2月15日　新京报　国图读者参与“答题送惊喜” [王荟] [浦峰]

2月15日　北京青年报　《四库全书》给读者“拜年”　“最完整版”《水浒传》公开亮相 [朱玲]

2月18日　北京晚报　春节国图过大年 [阎彤]

2月18日　人民网海南视窗　海南十市县安装数字图书馆受群众欢迎 [唐娴]

2月21日　济南时报　市中区读者用上国图资源 [张彤]

2月21日　齐鲁晚报　山东启动县级数字图书馆推广计划［霍晓蕙］［于晓锋］

2月22日　人民日报海外版　县级数字图书馆推广计划启动［潘衍习］

2月22日　山东商报　县级数字图书馆推广计划启动［向萍］

2月23日　解放日报　上海市文化共享工程开通十家数字图书馆　免费配送国家图书馆资源［姜小玲］

2月23日　中国新闻出版报　上海新开通10家数字图书馆［金鑫］

2月25日　经济日报　感受国家图书馆新技术新服务［徐红］［李会］

2月25日　经济日报　数字图书馆建设方兴未艾［徐红］［李会］

2月25日　中国教育报　“县级数字图书馆推广计划”启动

国家数字图书馆触角伸向每个县［却咏梅］

2月26日　中国新闻出版报　国图文津讲坛历九载促全民阅读［王坤宁］

3月3日　国际金融报　信息加油站

3月3日　新报（香港）　讯息加油站善用高科技

3月4日　中国文化报　“信息加油站”——政协委员的好助手［姜琳］［谭晶晶］

3月5日　光明日报　新媒体上猜灯谜［谌强］

3月5日　光明日报　国图推出“两会”服务新模式［蔡闯］

3月6日　中国文化报　国图创新方式为两会提供服务［黄小驹］

3月7日　中国文化报　詹福瑞代表：尽快出台《全民阅读促进法》［马子雷］

3月8日　中国高新技术产业导报　两会“科技小助手”［郭涛］

3月9日　北京晚报　国图举办航拍摄影展［丁肇文］

3月10日　中国文化报　图书馆是公民终身学习的大课堂［周和平］

3月10日　中国文化报　建立长效保障机制　增加文化建设投入［马子雷］

3月10日　新京报　航拍影展国图开幕［浦峰］［王荟］

3月10日　中华读书报　国家图书馆服务〝两会〞出新招［舒晋瑜］

3月11日　科学时报　国图为政协委员驻地设立“信息加油站”［李芸］

3月12日　光明日报　让公共图书馆依法走近百姓生活［殷泓］

3月12日　农民日报　代表委员谈文化建设　农村文化“乐民”更要“富民”［王腾飞］［王瑜］

3月13日　光明日报　国家图书馆构建多种信息平台助力“两会”决策服务［柳霞］

3月16日　人民日报　《部级领导干部历史文化讲座》出版［强晓玲］

3月16日	新京报	国图招应届生加考作文 [王荟]
3月17日	北京日报	国图招聘考量中文 [李洋]
3月17日	中国劳动保障报	国家图书馆招聘看重中文水平 [谢万幸]
3月18日	科学时报	国图录用毕业生：中文水平是重要条件 [李芸]
3月22日	北京晚报	部级干部听什么样的文史讲座 [赖义羡]
3月22日	人民日报海外版	以史为鉴 继承创新 [潘衍习]
3月24日	人民网四川视窗	“县级数字图书馆推广计划”灾区援建仪式举行 [高红霞]
3月24日	中国广播网	“县级数字图书馆推广计划”灾区援建仪式在北川举行 [张庶卓]
3月24日	中华读书报	《部级领导干部历史文化讲座》推出图文全本 [陈菁霞]
3月25日	光明日报	县级数字图书馆推广计划援建地震灾区 [谌强]
3月25日	中国文化报	从入职国图加试作文说起 [杜洁芳]
3月25日	中国文化报	国图录用应届毕业生首次考作文 [黄小驹]
3月25日	中国文化报	加快灾区文化重建 共享文化信息资源 [马子雷]
3月25日	新京报	“百年广州”国图开展 [薛珺] [杜丁]
3月25日	法制晚报	“百年广州油画展”免费饱眼福 [暴春英]
3月25日	华西都市报	文化部数字图书馆推广到北川
3月25日	绵阳日报	“县级数字图书馆推广计划”灾区援建行动在北川启动 [秦力勇]
3月25日	四川日报	县级数字图书馆推广至灾区 [黄里] [张良娟]
3月25日	新华网	“县级数字图书馆推广计划”惠及汶川地震灾区 [吴晓颖] [杨迪]
3月26日	中国文化报	让最新文化建设成果更快更多地惠及基层群众 [马子雷]
3月27日	光明日报	《朱永新教育文集》韩文版捐赠部分高校 [汪大勇]
3月27日	北京日报	“百年广州油画展”国图开展 [郭闻捷]
3月27日	四川工人日报	县级数字图书馆推广计划在北川启动 [杨诚波]
3月28日	工人日报	国家图书馆举办“百年广州油画展” [法明]
3月29日	北京日报	部级领导干部听什么样的讲座 [林琦]
3月29日	新京报	国图办“联合国”讲坛
4月1日	科学时报	提高执政力自启迪官智始 [周虎城]
4月4日	经济日报	让数字图书馆资源惠及更多基层群众 [姜天骄]

4月5日　光明日报　张大可开讲《史记》［计亚男］

4月7日　中国妇女报　“部级领导干部历史文化讲座”走进普通读者［赖义羡］

4月7日　中华读书报　国图今年录用高校毕业生注重中文水平考核［鲁大智］

4月8日　中国教育报　国图录用大学生看中文水平［却咏梅］

4月15日　中国教育报　国家图书馆承诺363天开馆［顾雪林］

4月16日　中国文化报　《我们心中的任继愈》出版［刘修兵］

4月16日　中国文化报　“2010书香中国”以讲故事的方式倡导全民阅读［刘修兵］

4月19日　人民政协报　去图书馆“过节”——谈图书馆对全民阅读的推动［谢颖］

4月20日　人民日报　《国家图书馆》获最佳邮票奖［袁晞］

4月20日　北京晚报　国图邀您品味“书香中国”［丁肇文］

4月21日　中国文化报　国图系列活动迎接世界读书日［翟群］

4月21日　深圳特区报　国家图书馆举办系列活动力推全民阅读［陆云红］

4月21日　中国经济网　迎世界读书日　2010让书香遍中国［草心］

4月22日　北京日报　国家图书馆雕版印刷现场展示［路艳霞］

4月22日　中国新闻网　大型汉字主题展览国图开展免费观看［应妮］

4月23日　光明日报　书香中国

4月23日　北京晚报　中国古籍史展亮相国图［党晓晖］

4月23日　法制晚报　去国图可免费看展览［暴春英］

4月23日　人民网　4月23日为何成世界读书日　周和平详解国图特色活动［文松辉］［黄维］

4月23日　人民网　国家图书馆馆长周和平谈世界阅读日与大众阅读

4月23日　新华网　周和平：国家图书馆应在“阅读社会”建设中发挥作用

4月23日　中国广播网　国图举办“渊源流长”中国典籍活动迎接世界读书日

4月23日　中国经济网　“汉字：文化津梁　中国奇迹”展开幕［草心］

4月23日　中国新闻网　国家图书馆举行大型广场活动迎接“世界读书日”［应妮］

4月24日　光明日报　国图举行大型活动“源远流长的中华典籍”［庄建］

4月24日　中国文化报　中华典籍源远流长　国图举办世界读书日大型广场活动［翟群］

4月24日　人民政协报　最是书香能致远——世界读书日全民阅读活动丰富多彩［雷新］

4月24日　北京晨报　花香书香［赵阳］

4月24日	人民日报海外版	世界读书日主题活动举行 [鄂平玲]
4月24日	深圳特区报	国图展示“源远流长的中华典籍” [陆云红]
4月24日	中国新闻出版报	国家图书馆：举办大型广场活动 [王坤宁]
4月25日	中国文化报	国图汉字展阐释汉字沿革 [翟群]
4月29日	科学时报	世界读书日 国图书香浓郁 [李芸]
4月29日	中国教育报	典籍尽展华夏风采 [顾雪林]
5月3日	法制晚报	国图内市民扎堆假期头两天人次超3万 [暴春英]
5月4日	光明日报	让每个县都有数字图书馆——国家图书馆馆长周和平就实施县级数字图书馆推广计划答本报记者问 [吴娜]
5月5日	中国文化报	文化部推进惩治与预防腐败体系建设工作
5月8日	光明日报	图书馆的参天大树——纪念任继愈先生94周年诞辰 [詹福瑞]
5月17日	光明日报	文化展览为什么如此寂寞 [庄建]
5月17日	劳动午报	在国家图书馆里 [曹鸿骞]
5月17日	人民日报海外版	《史记十五讲》讲述《史记》史学贡献 [曲静]
5月17日	人民日报海外版	科技周推广低碳概念 [殷新宇]
5月17日	中国高新技术产业导报	低碳科普照亮北京科技周 [赵策]
5月18日	中国文化报	到国图体验科技新生活 [翟群]
5月19日	中国新闻出版报	文化展览为什么如此寂寞
5月20日	北京日报	海外古籍数字化回归免费上线 [李洋]
5月20日	科学时报	科技周到国图品味科技新生活 [李芸]
5月21日	人民政协报	国家图书馆海外古籍专题网站免费开通 [雷新]
5月21日	北京青年报	海外中文古籍书借数字化“回归”
5月21日	人民日报海外版	海外古籍数字化“回归”
5月22日	光明日报	数千海外珍贵中华古籍网上觅知音 [邢宇皓]
5月26日	中华读书报	国图向全国读者免费开放两个中文古籍数据库 [舒晋瑜]
5月27日	中国文化报	海外中华古籍以数字形式回归 [李静]
5月27日	星岛日报	中国古书网上任看 [冯礼慈]
5月28日	北京晚报	国图开设少儿图书馆 [丁肇文]

5月28日　法制晚报　设新馆国图向孩子敞开怀抱 [暴春英]

5月28日　华侨报　20大学生获选到内地文博机构实习

5月29日　光明日报　国家少年儿童图书馆开馆在即 [庄建]

5月29日　中国文化报　八家数字图书馆将提供免费服务 [孙丽萍]

5月29日　人民政协报　国家图书馆少年儿童图书馆将开放 [雷新]

5月29日　新京报　国图打破少儿入馆限制 [杜丁]

5月29日　北京青年报　国家图书馆少儿馆将开放 [朱玲]

5月29日　科技日报　国家图书馆推出少儿数字图书馆 [游雪晴]

5月30日　中国文化报　国图设立少儿图书馆　少儿数字图书馆将同期推出 [马子雷]

5月30日　中国教育报　国图打破少儿入馆限制

5月31日　北京晨报　国图少儿馆今起开放 [赵阳]

5月31日　北京晚报　国图少儿图书馆开馆 [甘南]

5月31日　北京娱乐信报　国图少儿馆今天迎客 [王萌]

5月31日　法制晚报　国图少儿馆今正式开馆 [暴春英]

5月31日　人民日报海外版　国家图书馆向少儿开放

5月31日　人民日报海外版　国家图书馆海外古籍专题网站开通 [潘衍习]

5月31日　中国新闻出版报　国图少年儿童图书馆今日开馆 [王坤宁]

6月1日　人民日报　刘延东在国图少儿图书馆暨少儿数图馆开馆仪式上强调努力为少年儿童营造一个良好的读书环境

6月1日　光明日报　孩子在国图有了“地盘” [庄建][谢万幸]

6月1日　中国文化报　从青灯黄卷到数字网络　中国阅读之旅体验区亮相国图 [李静]

6月1日　中国文化报　国家图书馆少年儿童图书馆开馆 [马子雷]

6月1日　中国青年报　国图开通少儿图书馆 [黄本兴]

6月1日　中国青年报　国图少儿图书馆正式开放 [滕兴才]

6月1日　京华时报　国图少年儿童图书馆开馆 [张然]

6月1日　北京日报　国图首开少儿图书馆 [李洋]

6月1日　新京报　国图开少儿馆　打工子弟尝鲜　设主题活动区、数字共享空间等4个区域；馆内可上网 [杜丁]

6月1日	北京晨报	国图少儿馆开馆 [赵阳]
6月1日	北京青年报	国图少儿馆昨迎来首批小读者 [朱玲]
6月1日	参考消息	国图开设少儿图书馆
6月1日	科技日报	国图少儿图书馆开馆 [游雪晴]
6月1日	中国新闻出版报	为少年儿童营造良好读书环境 [王坤宁]
6月1日	中国艺术报	国图少儿图书馆对外开放 刘延东出席开馆仪式并揭牌 [张志勇]
6月2日	新京报	1500儿童挤爆国图 [杜丁]
6月2日	中国消费者报	北京 国图少年儿童图书馆开馆 [闻报]
6月2日	中华读书报	百年国图首次面向未成年人开放 国图少儿馆及其网站全年午休同步对外 [舒晋瑜]
6月3日	科学时报	给孩子创造自由休闲的阅读环境——国家图书馆开设少年儿童图书馆 [李芸]
6月3日	中国社会科学报	国图少年儿童馆开馆 加强对未成年人的公共文化服务 [陈静]
6月9日	科学时报	中关村创业讲坛在国图举行
6月10日	人民日报	珍贵古籍亮相国图 西文善本首次展示 [高婷婷] [李舫]
6月10日	光明日报	国图将设立法决策服务智囊机构 [谢万幸] [庄建]
6月10日	中国文化报	国图有了一片儿童天地 [杜洁芳]
6月10日	人民政协报	国图全面提升立法决策服务水平 [雷新]
6月10日	北京青年报	最早版本《本草纲目》首次亮相
6月10日	北京青年报	国图首次举办“立法决策服务成就展” [朱玲]
6月10日	科学时报	国家珍贵古籍特展更加“亲民” [李芸]
6月10日	中国新闻出版报	国图举办系列活动履行立法决策服务职能 [王坤宁]
6月11日	人民日报	刘延东出席国图中央社会主义学院分馆揭牌仪式 强调不断拓展服务领域着力提高图书馆公共服务质量和水平
6月11日	中国文化报	国图全面提升立法决策服务水平 [李静] [屈菡]
6月11日	人民政协报	“国家珍贵古籍特展”即将开幕 [雷新]
6月11日	人民政协报	刘延东在出席国家图书馆中央社会主义学院分馆揭牌仪式时强调 不断拓展服务领域着力提高图书馆公共服务质量和水平 [廉维亮]

6月11日　北京日报　古舆图中发现神州胜景［李洋］

6月11日　新京报　“珍贵古籍”国图免费开展［杜丁］

6月11日　北京晚报　300余件珍贵古籍今起免费公展［丁肇文］

6月11日　人民日报海外版　迎接第五个“文化遗产日”“国家珍贵古籍特展”开幕
楮墨芸香　万古流芳［周和平］

6月11日　人民日报海外版　《仙源类谱》和《宗藩庆系录》［杨印民］

6月11日　人民日报海外版　《五灯会元》———穿越半个世纪的握手［陈红彦］

6月11日　中国新闻出版报　国家图书馆将举行珍贵古籍特展［王坤宁］

6月12日　光明日报　国家珍贵古籍特展在京开幕［刘志达］［庄建］

6月12日　中国文化报　国家珍贵古籍特展再现珍奇古籍［屈菡］

6月12日　人民政协报　国家珍贵古籍亮相国图［雷新］

6月12日　科技日报　国家珍贵古籍特展在京举行［游雪晴］

6月12日　科技日报　国家图书馆成立国情咨询委员会［游雪晴］

6月13日　北京日报　国图“第一职能”趣事首次披露［王砚文］

6月13日　北京晨报　300件古籍珍品免费展出［李木易］［赵阳］

6月14日　人民日报海外版　传承文明　楮墨芸香　完善典藏　永驻书魂　任重道远：
“国家珍贵古籍特展”看点多［潘衍习］

6月15日　解放军报　国务院法制办国图共商政府立法咨询服务［杨祖荣］

6月15日　人民日报海外版　国家图书馆“第一职能”
揭秘一号借书证发给毛泽东　为我军新装设计供图片［王砚文］

6月16日　中国文物报　国家珍贵古籍特展亮相国图［周玮］

6月16日　中华读书报　国家图书馆首次聘请“智囊团”［舒晋瑜］

6月16日　中华读书报　国家图书馆古籍特展近日开展［舒晋瑜］

6月17日　法制晚报　政府立法将增两职业“智囊团”［温如军］

6月17日　中国社会科学报　国图中央社会主义学院分馆成立［陈静］

6月19日　中国文化报　60年立法决策服务中的难忘故事

6月19日　中国文化报　文化部部长蔡武致国家图书馆国情咨询顾问委员会的贺信

6月19日　人民日报海外版　立法决策　必问“国图”［叶小文］

6月22日　人民日报海外版　港澳大学生内地文化实践活动启动 [王连伟]

6月22日　中国图书商报　“国家珍贵古籍特展”国图开展 [吴静春]

6月22日　中国艺术报　国图音乐厅创办艺术家沙龙 [王春梅]

6月22日　中国艺术报　珍贵古籍汇国图 [金涛]

6月23日　光明日报　县级数字图书馆援疆行动启动 [王瑟] [庄建]

6月23日　中国文化报　“县级数字图书馆援疆行动”正式启动 [黄小驹]

6月24日　北京晨报　花园村二小艺术节登上国图音乐厅 [施剑松]

6月24日　科学时报　打造中国立法与决策的思想库 [李芸]

6月24日　中国新闻出版报　县级数字图书馆援疆行动启动 [关俏俏]

6月26日　新京报　“部长”集体观古籍 [薛珺] [杜丁]

6月26日　北京晚报　国图展出毛泽东一号借书证登记卡 [丁肇文]

6月27日　中国文化报　部级领导干部参观国图“两展” [翟群]

6月28日　中国文化报　为文献保护“未雨绸缪”
——各国专家探讨文献保护如何应对自然灾害威胁 [翟群]

6月28日　北京科技报　国家图书馆古籍特展　从《本草纲目》到《天文学大成》 [马之恒]

6月28日　人民日报海外版　中外学者研讨文献保存保护 [安若]

6月29日　中国新闻出版报　国图两展览迎来部长专场 [王坤宁]

6月30日　中华读书报　国家图书馆“两展”迎来部长专场
展览披露鲜为人知的咨询案例，展出了毛泽东办理的借书证登记卡 [舒晋瑜]

7月6日　中国文化报　中央部级领导干部参观国图“两展” [云菲]

7月13日　北京青年报　国图玻璃墙破裂　读者担心存隐患 [李嘉瑞]

7月13日　世界新闻报　古籍修复——一天只能补几页 [黎萌]

7月15日　中国文化报　数字图书馆：让所有人平等获取信息 [刘婵]

7月15日　科学时报　文献保护　如何应对自然灾害的侵袭 [李芸]

7月20日　人民日报　“国家图书馆立法决策服务成就展”举行　钱运录参观 [周玮]

7月20日　光明日报　国图将开通政协文献信息服务绿色通道 [罗旭]

7月20日　中国文化报　国图将加强立法决策服务职能 [刘修兵]

7月20日　人民政协报　钱运录参观“国家图书馆立法决策服务成就展” [廉维亮]

7月22日	人民日报	公众缺乏了解，商家俗手摧折， 专业人员不足：古籍传承,何时坐热冷板凳 [陈红彦]
7月22日	厦门商报	居民在家可看国家图书馆的书 [龚冉]
7月25日	澳门日报	在国家图书馆里 [曹鸿蹇]
7月29日	中国文化报	“中国残疾人数字图书馆”项目立项 [黄小驹]
8月6日	新华书目报·图书馆报	“中国残疾人数字图书馆”成功立项 [胡北]
8月10日	人民日报	浅阅读时代的深层思考
8月13日	人民日报	国图举办立法决策服务成就展 李建国参观 [杨雪梅]
8月13日	人民日报海外版	国家图书馆展示立法决策服务成就 [白瀛]
8月13日	右江日报	我与国家图书馆有个约会 [罗荣国]
8月14日	中国文化报	李建国参观国图立法决策服务成就展 [黄小驹]
8月20日	京华时报	百年辛亥讲座免费开放 [张然]
8月20日	北京日报	辛亥革命百年讲座周日国图开讲 [李洋]
8月21日	新京报	国图开讲“辛亥革命” [杜丁]
8月21日	香港文汇报	汇24民族文字 新疆历史文献展出
8月22日	大公报	国家图书馆重任 每月向高官荐新书
8月22日	新华网	“百年辛亥专题研究系列讲座”国图开讲 [廖翊]
8月22日	中国广播网	“百年辛亥专题研究系列讲座”开幕 周铁农首讲 [张庶卓]
8月22日	中国新闻网	周铁农：两岸以纪念辛亥革命百年增互信促统一 [应妮]
8月23日	人民日报	“百年辛亥”国图开讲 [杨雪梅]
8月23日	中国文化报	“百年辛亥专题研究系列讲座”国图开讲 [马子雷]
8月23日	人民政协报	“百年辛亥专题研究系列讲座”开讲 [雷新]
8月23日	北京晚报	纪念辛亥革命百年系列讲座国图开讲 [丁肇文]
8月23日	澳门日报	周铁农：两岸以纪念辛亥革命百年增互信促统一
8月23日	大公报	周铁农：纪念辛亥革命增两岸互信
8月23日	沈阳日报	“百年辛亥专题研究”国图开讲
8月23日	香港商报	周铁农：纪念辛亥革命互信
8月23日	新商报	解密人所不知的国家图书馆职能

8月23日	中国新闻出版报	国家数字图书馆建立西北首家分馆 [杨雅莲]
8月24日	中国青年报	“百年辛亥专题研究系列讲座”开讲 [文霄予]
8月24日	人民政协网	“百年辛亥专题研究系列讲座”开讲 [雷新]
8月26日	中国文化报	国图与OCLC实现文献资源共享 [杜洁芳]
8月27日	新华每日电讯	国图馆长：图书馆学习助治疗“文化冲突” [李璐商] [意盈]
8月30日	人民政协报	国图与OCLC实现文献资源共享 [雷新]
9月4日	文汇报	我国城市化进程中的图书馆建设 [周和平]
9月6日	中国文化报	国家图书馆加大支援边疆文化建设力度 [嘉宜]
9月8日	中国广播网	哈佛大学哈佛燕京图书馆藏善本特藏资源库在国图开通 [张庶卓]
9月8日	中国新闻网	国图与哈佛大学图书馆启动大规模数字化项目 [应妮]
9月9日	人民日报	一批海外国宝古籍数字化“回家”： 哈佛燕京图书馆部分“搬”中国 [刘阳] [知春丽]
9月9日	光明日报	“哈佛燕京”珍藏中华古籍数字化“回归” [邢宇皓]
9月9日	中国文化报	学习贯彻胡锦涛总书记重要讲话精神， 全面构建数字图书馆服务网络，服务全民阅读 [周和平]
9月9日	人民政协报	又一批中华珍贵典籍以数字化方式回到祖国
9月9日	北京晚报	204种海外古籍实现数字化回归 [丁肇文]
9月9日	北京青年报	最大批海外古籍实现公众共享 [朱玲]
9月9日	国际在线网	第五届中美图书馆合作会议在京召开 共商数字资源共享 [周劲翔]
9月9日	深圳特区报	海外古籍数字化回归 [陆云红]
9月9日	云南日报	又一批中华珍贵典籍以数字化方式回到祖国 [廖翊]
9月9日	中国新闻出版报	中华珍贵典籍以数字化方式回归祖国 [廖翊]
9月10日	北京日报	数字图书馆将覆盖全国 [牛春梅]
9月10日	北方新报	国家图书馆数字技术成功复原圆明园九州清晏 [廖翊]
9月10日	北京娱乐信报	手机上网能续借图书 [王萌]
9月10日	科技日报	国家图书馆手机门户WAP网站上线 [游雪晴]
9月10日	中国经济网	第五届中美图书馆合作会议在京举行 [张济和]
9月11日	人民政协报	第五届中美图书馆合作会议在京召开 [雷新]

9月11日	中国新闻网	中美图书馆界深入交流　更多中文信息将向美开放 ［应妮］
9月12日	信息时报	中华珍贵典籍以数字化方式回到中国
9月13日	中国文化报	"5D"数字技术复原"九州清晏" ［马子雷］
9月13日	北京晚报	国图复原圆明园"九州清晏" ［丁肇文］
9月14日	人民日报	国图数字化复原圆明园"九州清晏" ［杨雪梅］
9月14日	中国经济网	国图信息联络员工作会议召开 ［王蕊］
9月16日	中国文化报	古籍数字化尚处初级阶段 ［杜洁芳］
9月16日	中国文化报	30位部委信息联络员受聘国家图书馆 ［马子雷］
9月16日	科学时报	哈佛燕京图书馆204种古籍数字化回归 ［李芸］
9月16日	七都晚刊	又一批中华珍贵典籍以数字化方式回到祖国
9月20日	人民日报海外版	中美图书专家聚首共商数字资源共享 ［潘衍习］
9月23日	中国教育报	国家图书馆手机门户WAP网站改版上线 ［却咏梅］
10月4日	中国广播网	部级领导干部历史文化讲座促学习型党组织建设 ［张庶卓］
10月5日	人民日报	8年153场讲座近2万人次受益　部级干部有个"周末大课堂"［杨雪梅］
10月5日	光明日报	知古鉴今提高理政能力 ——部长历史文化讲座引领学习型党组织建设风潮 ［罗旭］
10月5日	经济日报	建设学习型党组织　潜移默化润物无声 ——部级领导干部历史文化讲座在建设学习型党组织中发挥重要作用
10月5日	新华网	部级领导干部历史文化讲座迸发无尽魅力 ［卫敏丽］
10月6日	成都商报	中国部级领导干部有个"周末大课堂"
10月8日	新华书目报	第五届中美图书馆合作会议专家之声 ［詹福瑞］
10月9日	武汉晨报	武大和国家图书馆一起培养图书情报硕士 ［杨佳峰］
10月9日	武汉晚报	国图与武大联合培养图书情报硕士 ［屈建成］
10月11日	黑龙江日报	"文津图书奖"获奖展在省图开展 ［董云平］
10月13日	光明日报	《任继愈文集》向社会各界征集资料
10月14日	黑龙江日报	"文津图书奖"首度来哈引领阅读风向标 ［董云平］
10月15日	中国文化报	听讲座　感历史　益于国政 ——部级领导干部历史文化讲座开办8年来成效显著 ［马子雷］

10月16日	人民政协报	《任继愈文集》编辑出版工作启动	[雷新]
10月22日	中国文化报	全国图书馆少儿服务座谈会在京召开	[马子雷]
10月22日	人民政协报	我国少儿图书馆事业发展不均衡	[雷新]
10月22日	京华时报	国图将编制少儿馆藏书目录	[张然]
10月22日	北京晚报	全国独立建制少儿图书馆仅91家	[阎彤]
10月22日	北京晨报网	国图每年将推荐少儿书目	[赵阳]
10月22日	北青网	少儿图书馆发展滞后	[朱玲]
10月22日	京华网	国图将编制少儿馆藏书目录	[张然]
10月22日	人民政协网	我国少儿图书馆事业发展不均衡	[雷新]
10月22日	新京报网	国图设文津少儿图书奖	[王荟]
10月22日	中国艺术报	全国少儿图书馆探索服务新途径	[金涛]
10月23日	北京日报	全国独立建制少儿图书馆仅91家	[李洋]
10月23日	北京青年报	少儿服务工作座谈会	[朱玲]
10月23日	深圳特区报	我国少儿图书馆有待发展	[路云红]
10月24日	中国文化报	中小学图书馆应借重公共图书馆资源	[马子雷]
10月25日	中国经济网	共商少年儿童图书馆事业新的发展	[王婉莹]
10月25日	中国新闻出版报	少儿图书馆：加强资源服务共享　推动区域平衡发展	[王坤宁]
10月26日	中国文化报	少儿图书馆为何缺乏吸引力	[刘禅]
10月26日	参考消息	国图将编少儿藏书目录	[苏缘]
10月26日	平凉日报	国家图书馆为市图书馆捐赠图书	[高峰]
10月26日	中国图书商报	调查表明：我国少儿图书馆发展潜力巨大	[郭是海]
10月29日	新京报	“天下第一谱”入藏国图	[王荟]
10月29日	新华书目报	43个公共馆探讨讲座数据库建设	
10月30日	人民日报海外版	“天下第一谱”入藏国图	
11月1日	福建日报	第五届文津图书奖福建站宣传推广活动举行	[周思明]
11月1日	人民日报海外版	业界聚首共商讨少儿图书馆事业	[潘衍习]
11月2日	钱江晚报	不出村　就能上国家图书馆	[黄新]
11月2日	山西日报	国图捐助我省两所小学摄影作品展开展	[李晓芳]

11月4日　福州日报　“第五届国家图书馆文津图书奖”来闽宣传推广

11月4日　科学时报　为少儿阅读点一盏指路明灯　[李芸]

11月5日　新华书目报　发挥公共馆的优势，弥补中小学图书馆的不足　[骆桂明]

11月6日　北京青年报　观众体验雕版印刷术　[赵卓]

11月8日　中国文化报　国图“文津少儿讲坛”开讲　[马子雷]

11月8日　人民政协报　国家图书馆“文津少儿讲坛”开讲　[雷新]

11月11日　人民日报海外版　国图“掌门人”周和平把脉转型之困，图书馆需要“二次革命”　[任珊珊]

11月11日　中国教育报　从基础开始加强少儿图书馆建设　[顾雪林]

11月16日　人民网　国家图书馆举办“陈垣先生诞辰一百三十周年纪念展”

11月16日　中国新闻网　北京有个部级官员“周末大讲堂”　[应妮]

11月19日　中国文化报　国家图书馆中央编办分馆揭牌，国图部委分馆已达10家　[马子雷]

11月23日　每周文摘　部长们的历史文化课　[徐佳]

11月26日　新华书目报　国图举办陈垣诞辰130周年纪念展　[胡北]

11月27日　新京报　国图设国家行政学院分馆　[王荟]

11月27日　人民网　国家图书馆国家行政学院分馆今日揭牌　[盛卉]

11月27日　新华社　国家数字图书馆实现厦门服务全覆盖　[陈旺]

11月27日　中国广播网　国家图书馆国家行政学院分馆揭牌　[张庶卓]

11月27日　中国新闻网　国家数字图书馆实现厦门服务全覆盖　[应妮]

11月28日　光明网　国家数字图书馆厦门服务全覆盖　[吴娜]

11月28日　光明网　国家数字图书馆实现厦门服务全覆盖　[张振胜]

11月28日　海峡导报　国家数字图书馆实现厦门全覆盖　[崔晓旭][吴晓平]

11月28日　科技日报　国家图书馆设立国家行政学院分馆　[游雪晴]

11月28日　厦门日报　市民在家就能逛国家数字图书馆 国家数字图书馆厦门全覆盖启动仪式昨举行　[陈东][陈立新]

11月28日　厦门市人民政府网　日均近万人走进市图书馆

11月28日　厦门市文化局　国家数字图书馆实现厦门服务全覆盖

11月28日　厦门晚报　国家数字图书馆厦门全覆盖　[李颖]

11月28日　厦门网　国家数字图书馆覆盖厦门　市民足不出户即可查阅电子图书　[于婧媛]

11月28日　厦门网　日均近万人走进市图书馆　传统阅读方式依旧受市民青睐　[黄薇薇]

11月28日　中国广播网　[聚焦文化]国家数字图书馆实现厦门服务全覆盖　[张庶卓]

11月29日　人民日报　国家数字图书馆“全覆盖”厦门　[陈星星] [杨雪梅]

11月29日　光明日报　足不出户享受国家图书馆资源　国家数字图书馆厦门服务全覆盖　[吴娜]

11月29日　中国文化报　全国图书馆企业信息服务年会召开　[马子雷]

11月29日　中国文化报　国图数字馆厦门全覆盖　[马子雷]

11月29日　北京娱乐信报　国家图书馆再添分馆　[王萌]

11月29日　人民网　国家数字图书馆“全覆盖”厦门　[杨雪梅]　[陈星星]

11月29日　新华书目报　国家图书馆出版社维权公告

11月29日　中国经济网　国家图书馆国家行政学院分馆揭牌　[王蕊]　[王婉莹]

11月29日　中国经济网　国家数字图书馆实现厦门服务全覆盖　[王蕊]　[王婉莹]

11月30日　人民政协报　国家数字图书馆实现厦门服务全覆盖　[雷新]

11月30日　福建日报　国图厦门共建国家数字图书馆　[郑璜]

11月30日　广州日报　国家数字图书馆厦门全覆盖　[赵琳琳]

11月30日　中国改革报　国家数字图书馆资源将在厦门实现服务全覆盖　[任丽梅]

11月30日　文化部　国图数字馆厦门全覆盖　[马子雷]

12月2日　中国新闻出版报　国图厦门共建数字图书馆　[张福财]

12月9日　中国教育报　国家图书馆国家行政学院分馆成立　[却咏梅]

12月10日　青海日报　我国将在全国范围内实施“国家数字图书馆推广工程”　[周玮]

12月10日　深圳商报　建国家数字图书馆　推动信息资源共享　[周玮]

12月10日　新华书目报·图书馆报　八年时间，一个讲座　[白玉静]

12月10日　新华网　我国将在全国范围内实施“国家数字图书馆推广工程”　[周玮]

12月11日　中央电视台　县级数字图书馆年底前覆盖所有县　[代钦夫]

12月12日　光明日报　《任继愈文集》征稿启事

12月12日　中央电视台　县级数字图书馆年底前覆盖所有县

12月15日　国际在线　中国国家数字图书馆推广工程启动仪式在京举行　[周劲翔]

12月15日　新华网　中国国家数字图书馆推广工程启动　[周玮]

12月15日　新华网　国家数字图书馆推广工程启动：使每个人都能拥有属于自己的数字图书馆［周玮］

12月15日　中国广播网　国家数字图书馆推广工程启动　周和平：创新服务形式［张庶卓］

12月15日　中国经济网　国家数字图书馆推广工程启动［王婉莹］

12月15日　中华读书报　图书馆抱团创新　首个全国性图书馆讲座联盟成立［鲁大智］

12月15日　中央电视台　超级数字图书馆工程今天启动［代钦夫］

12月16日　光明日报　打破行业、地域界限　国家数字图书馆推广工程启动［庄建］

12月16日　中国文化报　国家数字图书馆推广工程启动仪式暨全国图书馆创新服务工作座谈会举办［舒琳］

12月16日　人民政协报　国家数字图书馆推广工程正式启动［雷新］

12月16日　新京报　全国图书馆藏书将一"网"可查［汤旸］

12月16日　北京青年报　全国公共图书馆将实现数字化共享［朱玲］

12月16日　安庆晚报　国家数字图书馆推广工程启动　使每人都能拥有自己的数字图书馆

12月16日　光明网　国家数字图书馆推广工程启动［庄建］

12月16日　人民日报海外版　国家数字图书馆推广工程启动［周玮］

12月16日　中国经济网　《刘澜涛生平纪事》受赠入藏国图

12月16日　中国新闻出版报　全国图书馆将实现数字化

12月17日　人民政协报　全国公共图书馆创新服务支持"两会"［雷新］

12月17日　国际在线　"共建共享"——中国公共图书馆达成创新服务新共识［王肖］

12月17日　科技日报　国家数字图书馆推广工程启动［游雪晴］

12月17日　浙江日报　国图藏书搬回家［刘慧］

12月17日　中国经济网　国家数字图书馆推广工程启动仪式举行［张济和］

12月17日　中国图书商报　国家数字图书馆推广工程启动　以数字技术打造新文化业态［郭是海］

12月18日　人民政协报　全国公共图书馆讲座联盟成立［雷新］

12月18日　北京青年报　数字资源将有登记制度［朱玲］

12月18日　北京卫视　全国图书馆藏书将实现一网可查［邓耀明］

12月18日　东方早报　全国图书馆藏书一"网"可查

12月18日　中央电视台　65家图书馆联手讲座送到您面前

12月19日	东南卫视	我国将在全国范围内实施“国家数字图书馆推广工程”
12月19日	广州日报	国图将收藏本报“两个盛会”报道合集 同时还有意收藏“新广州好”百米长卷图印刷版 ［彭广京］
12月19日	杭州日报	全国图书馆藏书一“网”可查
12月20日	北京商报	图书馆开启“无纸阅读”新时代 ［陈杰］
12月20日	中国计算机报	国家数字图书馆推广工程正式启动
12月20日	中国新闻网	《蚁族》等获第六届“国家图书馆文津图书奖” ［应妮］
12月21日	人民日报	10部图书获国图文津奖 ［杨雪梅］
12月21日	光明日报	《重新发现社会》等书获文津图书奖 ［庄建］
12月21日	中国文化报	《刘澜涛生平纪事》入藏国图 ［舒琳］
12月21日	中国文化报	全国公共图书馆讲座联盟成立 让更多的人享受同样的精彩
12月21日	人民政协报	第六届“国家图书馆文津图书奖”揭晓 《重新发现社会》等10种图书获奖 ［雷新］
12月21日	北京晨报	10种图书获文津图书奖 ［赵阳］
12月21日	北京晚报	《蚁族》获奖 ［丁肇文］
12月21日	北京青年报	第六届“文津图书奖”昨在京揭晓 ［朱玲］
12月21日	法制晚报	国图“文津图书奖”榜单公布 获奖书多关注社会问题正在国图展出 ［兰艺云］
12月21日	深圳特区报	第六届“文津图书奖”揭晓 ［陆云红］
12月21日	中国图书商报	第六届文津图书奖在京颁奖 ［方菲］
12月21日	中国新闻出版报	全国公共图书馆讲座联盟成立
12月21日	中国艺术报	我如鱼，书如海，国图如海洋 ［金涛］
12月22日	光明日报	全国公共图书馆讲座联盟成立
12月22日	光明日报	全国公共图书馆讲座联盟成立 ［庄建］
12月22日	中国文化报	第六届“国家图书馆文津图书奖”揭晓 ［马子雷］
12月22日	新京报	《蚁族》等获国图文津奖 主办方称获奖图书侧重关注社会问题 ［姜妍］
12月22日	光明网	全国公共图书馆讲座联盟成立 ［吴娜］

12月22日	牡丹晚报	10种图书获文津图书奖 [北辰]
12月22日	天津日报	58种图书获奖获推荐 [周凡恺]
12月22日	新快报	《蚁族》等获“国家图书馆文津图书奖” [应妮]
12月22日	中国广播网	第六届“国家图书馆文津图书奖”揭晓 [张庶卓]
12月22日	中华读书报	第6届“国家图书馆文津图书奖”揭晓 [舒晋瑜]
12月23日	科学时报	66家公共图书馆讲座联盟成立 [李芸]
12月23日	科学时报	第六届“国家图书馆文津图书奖”揭晓 [李芸]
12月23日	农民日报	全国文化信息资源共享工程成果展开展 [程天赐]
12月23日	汕头特区晚报	《蚁族》等获“国图文津奖”
12月23日	周口晚报	国图文津奖揭晓 [姜妍]
12月24日	中国艺术报	第六届国家图书馆“文津图书奖”揭晓
12月25日	中国文化报	中国国图访问柏林国家图书馆 [何文波]
12月25日	北京青年报	邓丽君金曲音乐会岁末登陆国图音乐厅 [伦兵]
12月25日	平凉日报	10部图书获第六届“国家文津图书奖”
12月27日	四平日报	10部图书获第六届“国家图书馆文津图书奖”
12月28日	澳门日报	10部图书获第六届“国家图书馆文津图书奖”
12月29日	光明日报	第六届国家图书馆文津图书奖获奖图书
12月29日	光明日报	写在“国家图书馆文津图书奖”六周年之际
12月29日	科技日报	第六届“国家图书馆文津图书奖”颁奖 [游雪晴]
12月31日	中国文化报	立法决策服务将成图书馆工作亮点 [舒琳]

年度大事记

年度大事记

一 月

13 日

纪念“文津讲坛”500 期座谈会暨展览在国家图书馆开幕。国家图书馆馆长周和平，文化部社会文化司巡视员刘小琴、国家图书馆党委书记、常务副馆长詹福瑞、部分“文津讲坛”主讲老师、读者代表及国家图书馆员工代表参加了活动。仪式上，周和平向“文津讲坛特聘教授”颁发了聘书。

作为国家图书馆主办的公益性学术文化系列讲座“文津讲坛”开始于 2001 年 1 月 1 日，至今已举办了 500 期，先后邀请了 300 多位德艺双馨的专家学者如任继愈、启功、朱家溍等登坛树帜，听众累计达 7 万人次。

21—22 日

国家图书馆“十二五”规划座谈会在京召开。国家图书馆馆长周和平出席会议。文化部相关司局和直属单位负责人，全国省级公共图书馆、部分副省级城市公共图书馆馆长、图书馆有关专家出席了会议，国家图书馆领导班子全体成员、中层干部参加了会议。会上，与会代表围绕国家图书馆“十二五”规划思路建言献策、共谋发展。

27 日

国家图书馆副馆长张志清会见了来访的法国驻华使馆柯蓉女士。张志清表示希望法国驻华大使馆能够发挥桥梁和纽带的作用，促成中国国家图书馆与法国文献收藏机构在西文古籍的整理和修复等方面的合作。

29 日

《中华再造善本》续编工作座谈会在京举行。国家图书馆馆长周和平出席会议并讲话，文化部社会文化司司长于群、财政部教科文司副司长王家新，国家图书馆党委书记、常务副馆长詹福瑞，国家图书馆副馆长张志清，以及冯其庸、傅熹年、李致忠、傅璇琮、白化文、程毅中等专家学者出席了座谈会。会议总结了续编工作开展情况，并部署了下阶段工作。

二 月

1 日

在北京召开的全国古籍保护工作会议上，国家古籍保护中心与天津市古籍保护中心、湖南省古籍保护中心就编纂《中华古籍总目·天津卷》、《中华古籍总目·湖南卷》签署任务书，就此《中华古籍总目》分省卷编纂工作拉开序幕。

1 日

文化部决定2010年在全国实施“县级数字图书馆推广计划”，将国家数字图书馆的资源通过文化共享工程平台，送到全国县级图书馆，实现县级图书馆普遍开展数字图书馆服务。该计划拟在一年内，将总量达 1TB 的数字资源无偿提供给全国 2940 个县级公共图书馆。

4日

国家图书馆2010年新春团拜会隆重举行。馆领导班子成员与国图离退休老干部及民主党派、少数民族、非党高知、归侨侨眷等千余人欢聚一堂，共贺新春。

5日

国家图书馆特邀高校、科研、党校、部队等系统图书馆馆长和有关领导，在总馆南区举行新春茶话会，听取大家对国家图书馆“十二五”规划编制工作和2010年工作要点的意见、建议。

9日

国家图书馆常务副馆长詹福瑞会见了来馆访问的美国驻华使馆新闻文化参赞宋涛先生（Thomas F. Skipper），双方就推动两国图书馆间及文化方面的合作进行了交流。

14日

大年初一，国家图书馆馆长周和平率国家图书馆领导班子成员给读者拜年，致以新春的问候。春节期间，国家图书馆推出了《庆赏昇平》、《水浒传》、《百子图》等多个展品和其他丰富的文化活动。

25—26日

国家图书馆2010年中层干部、党支部书记工作会议在京召开。馆领导班子全体成员出席了会议，中层干部、党支部书记、主任助理参加了会议。与会人员围绕如何落实好《2010年国家图书馆工作要点》分组进行了热烈的讨论，提出了许多建设性的意见和建议。

三　月

1—14日

国家图书馆展开了为全国“两会”服务，2010年“两会”服务呈现新的亮点：“国家图书馆立法决策服务平台”将实现由“两会”期间的阶段性服务向全年面向全国人大代表的常态化服务转变；为全国政协代表的服务取得突破性的进展；推出《国家图书馆“两会”专题信息专报》。

2日

国家图书馆在总馆南区嘉言堂隆重召开了2010年全馆员工大会，表彰先进，总结2009年的工作，部署2010年的工作。文化部党组成员、副部长杨志今出席了会议并作重要讲话。文化部社会文化司司长于群，国家图书馆领导班子成员出席了会议。全馆员工、离退休老同志代表参加了大会。

8日

国家图书馆馆长周和平在国家图书馆“两会”咨询服务处召开“两会”服务工作座谈会。国家图书馆副馆长、党委副书记常丕军，参与“两会”服务的立法决策服务部工作人员近30人参加了座谈会。周和平向参与“两会”咨询服务的全体工作人员表示亲切的慰问，并对如何做好服务工作提出了具体要求。

9日

由国家图书馆、广西壮族自治区党委宣传部、广西壮族自治区图书馆、广西日报传媒集团联合主办的“居高声远　激荡广西——从空中俯瞰八桂辉煌景象大型航拍摄影展”在国家图书馆展览厅与观众见面。此次展览共展出航拍图片104幅。

9日

由澳大利亚驻华使馆主办的2010年“澳大利亚文学周”活动在国家图书馆举行。来自澳大利亚的著名汉学家、作家贾佩琳（Linda Javin）与北京社会科学院的窦坤教授，从文学创作和历史研究的角度展开对话，为现场观众献上了一场形式生动、内容丰富的讲座。

11日

美国芝加哥大学东亚图书馆馆长周原博士到访国家图书馆，受著名学者钱存训先生委托，将《钱存训先生照片集》光盘捐赠国家图书馆。国家图书馆《全球华人历史原版老照片征集函》发布后，得到海外华人的广泛响应。

12日

国家图书馆2010年度应届高校毕业生录用工作有序开展，经过遴选的毕业生参加了国家图书馆的笔试。此次笔试增加作文题，将中文水平作为录用的重要条件。共有19067名应届高校毕业生通过国家图书馆简历系统应聘注册，应聘和录用比超过200：1。

16日

美国斯坦福大学图书馆总馆长迈克尔·凯勒（Michael Keller）一行来国家图书馆访问交流。中国国家图书馆常务副馆长詹福瑞、副馆长常丕军分别会见了来访客人。会见中，詹福瑞对中国国家数字图书馆的发展前景作了展望，并提出目前存在的一些问题，双方还就数字图书馆业务方面进行了研讨。

21日

由国家图书馆与中国联合国协会联合主办的“联合国与中国讲坛”在国家图书馆学津堂正式开坛。联合国原副秘书长、中国联合国协会会长陈健先生担任了开坛主讲嘉宾，并发表了题为“联合国与中国”的演讲。国家图书馆副馆长张志清主持了开坛仪式。

24日

由国家图书馆与《广州日报》社等单位联合举办的“百年广州油画展”在国家图书馆展览厅开幕。此次油画展共展出作品26幅，内容反映了1795年以来200多年间广州各个历史时期的城市景象。

24日

“县级数字图书馆推广计划”灾区援建仪式在四川省北川县举行。此次由国家图书馆与文化部全国文化信息资源建设管理中心联合发起的“县级数字图书馆推广计划”灾区援建行动，向50个汶川地震极重灾区、重灾区、对口支援县推送1TB的数字资源，并向汶川、北川和都江堰三县市的图书馆赠送了国家图书馆收藏的三县市的地方志。仪式结束后，受赠灾区图书馆的技术人员参加了资源安装与使用培训。

四　月

15日

在著名哲学家、宗教学家、教育家、中国历史文化研究的一代宗师、国家图书馆老馆长任继愈先生94周年诞辰纪念日，国家图书馆在总馆多功能厅举行纪念活动，共同缅怀这位学界泰斗。新闻出版总署、中国社会科学院、国家图书馆、北京大学、中国出版集团、中华书局、中国无神论学会、中华大藏经编委会的有关领导、专家和《我们心中的任继愈》的部分在京作者，以及任继愈先生的亲属出席了座谈会。

19日

国家图书馆开展了"心系玉树　抗震救灾"现场捐款活动，以周和平馆长为首的馆领导班子成员带头捐款，中层干部紧随其后，广大员工慷慨解囊，纷纷向灾区同胞献出爱心。此次单位和个人共向灾区捐助救灾款672397元。

23日

为倡导全民阅读，建设学习型社会，国家图书馆在总馆北区广场隆重举行"源远流长的中华典籍"大型广场活动，迎接第15个"世界读书日"。今年其他纪念活动还有，"汉字：文化津梁　中国奇迹"大型展览、中国古代书籍史展览、非物质文化遗产现场互动展演、"文津读书沙龙"、与中央电视台合作举办世界读书日"2010书香中国"特别节目等。

25日

距离上海世博会还有6天，由国家图书馆和《新民晚报》社共同主办的"国图·新民讲坛"在上海文新报业大厦报告厅隆重开坛。这是继"文津·珠江论坛"之后，国家图书馆把国图讲座推向全国的又一次重要尝试。此举也标志着国图系列讲座在全国已初步形成品牌效应。

27—30日

"交流、合作、共建、共享——中国联合国托存图书馆馆员培训研讨会"在国家图书馆召开，这是由中国国家图书馆和联合国达格•哈马舍尔德图书馆共同主办的首次面向中国托存图书馆员的培训与研讨，来自全国21家托存图书馆以及对联合国文献托存事业感兴趣的60余名图书馆同仁参加了会议。

30日

中国国家图书馆副馆长魏大威会见了来访的英国国家图书馆客人，双方就数字图书馆建设及网络存档举行了小型研讨会。

4月

中国国家图书馆正式加入OCLC的WorldCat资源共享（WorldCat Resource Sharing）网络。馆藏的近230万条中文资源数据已上传到OCLC最大的书目记录数据库WorldCat上，依靠OCLC WorldCat资源共享网络，世界人民将可以更多地分享到中国丰富的文化资源。

五　月

5日

掌中万卷品书香——中国移动手机阅读业务上市发布会在京举行。国家图书馆副馆长魏大威出席发布会，并代表国家图书馆与中国移动集团公司签署了战略合作框架协议。

7日

"国图·辽海·沈阳讲坛"在沈阳市图书馆学术报告厅隆重开坛。这是在推出"文津·珠江论坛"、"国图·新民讲坛"之后，国家图书馆把国图讲座继续推向全国迈出的重要一步。

11日

国家图书馆数字资源征集工作研讨会在京召开。全国数字图书馆建设与服务联席会议成员单位、全国省级公共图书馆、中国国家数字图书馆分馆以及国家图书馆有关领导和负责人参加了会议。国家图书馆馆长周和平出席会议并讲话，副馆长陈力、魏大威出席了会议。为进一步提高国家数字图书馆的数字资源共建水平和公共文化服务水平，国家图书馆计划在全国图书馆范围内开展数字资源的征集工作。代表们就数字资源征集的协议文本、经费、版权和服务等重大问题进行了深入磋商。

12 日

由国家图书馆古籍馆举办的“影像中的第二次鸦片战争——纪念圆明园被英法联军焚毁150周年”研讨会在京成功召开。这是国家图书馆为纪念圆明园被焚毁 150 周年举办的系列活动之开场。来自中国圆明园学会、圆明园管理处、中央电视台科教节目制作中心等单位的代表和国内研究圆明园史的学者、摄影家、摄影评论家以及各大新闻报社、杂志社记者等近 40 余人参加了研讨会。

16 日

2010年全国科技周北京主场活动在国家图书馆文津广场上正式启动。在启动仪式上，以“携手建设创新型国家——提高科学素质，参与低碳行动”为主题的第16届北京科技周活动同时隆重拉开帷幕。科技部副部长曹健林、中国科协书记处书记张勤、北京市委常委梁伟以及外国驻华使节、北京市有关单位的领导出席了启动仪式，国家图书馆副馆长陈力出席了启动仪式，400余位市民参加了启动仪式。

24 日

在广州中山纪念堂举行的全国第 15 届“群星奖”颁奖大会上，全国图书馆联合编目中心・少年儿童图书馆中心获得“群星奖”。该奖项是文化部为繁荣群众文艺创作，促进社会文化事业的繁荣与发展而设立的全国社会文化艺术政府奖。

25 日

蒙古国家图书馆馆长其拉扎布（Chilaajav Khaidav）一行来馆访问，中国国家图书馆副馆长魏大威会见了来访的客人。

27 日

中国国家图书馆馆长周和平会见了来访的法国国家图书馆馆长布鲁诺・拉辛（Bruno Racine）一行，回顾了两馆近年来交流合作的情况，并向客人介绍了中国数字图书馆事业的发展情况以及面临的问题。双方均表示希望进一步加强数字图书馆等领域的交流合作，进而共同推动中法图书馆合作事业的发展。

27 日

全国图书馆联合编目中心2010年工作会议暨江苏省分中心揭牌仪式在南京图书馆学术报告厅举行，共有来自全国各省市自治区的 46 家图书馆和数据单位的 80 余位代表参加会议。

27 日

百度公司创始人、董事长兼首席执行官李彦宏作客国家图书馆第 15 期“中关村创业讲坛”，发表《创新与创业》为主题的演讲。

31 日

在“六一”国际儿童节前夕，国家图书馆隆重举行少年儿童图书馆暨少儿数字图书馆开馆仪式。中共中央政治局委员、国务委员刘延东出席了仪式。文化部部长蔡武、教育部副部长陈小娅、共青团中央书记处书记贺军科、中国关心下一代工作委员会副主任田淑兰、全国妇联书记处书记张静、国家图书馆馆长周和平等以及来自玉树灾区儿童、进城务工人员子弟的代表和图书馆界的代表参加了开馆仪式。

31日

“第二届全国文献编目工作研讨会”在南京召开，会议的主题为“变革时代的文献编目”。研讨会由国家图书馆主办，来自全国各地的文献编目领域专家学者及相关从业者120多人参加了此次研讨会。

六 月

7日

德国不莱梅公共图书馆馆长芭芭拉·莉森女士出席了由中国国家图书馆主办的“世界图书馆馆长论坛”第8期活动，并作了题为“数字化时代图书馆的角色：发展及展望”的演讲，国家图书馆副馆长陈力主持本次活动。

10日

中央社会主义学院与国家图书馆合作协议签约暨国家图书馆中央社会主义学院分馆成立仪式在中央社会主义学院文华大厦四层多功能厅举行。中共中央政治局委员、国务委员刘延东出席仪式并讲话。全国人大常委会副委员长、民进中央主席、中央社会主义学院院长严隽琪致辞祝贺。文化部部长蔡武，新闻出版总署阎晓宏，中央统战部副部长、中央社会主义学院原党组书记楼志豪，中央社会主义学院党组书记、第一副院长叶小文，国家图书馆馆长周和平，中央社会主义学院党组副书记、副院长周宁等领导出席了仪式。

10日

由国务院法制办主办、国家图书馆承办的“政府立法咨询服务座谈会”在国家图书馆多功能厅隆重召开，共同商议如何进一步完善协调国务院各部委政策法规制定部门与国家图书馆的协作机制，充分利用国家图书馆的信息资源优势服务政府法制工作，促进政府法制信息建设。国务院法制办公室副主任袁曙宏，文化部党组成员、中纪委驻文化部纪检组组长李洪峰，国家图书馆馆长周和平，国务院和相关机构政策法规制定部门、国家图书馆部委分馆、部分省市图书馆、国家图书馆的有关负责同志以及在京各大媒体记者出席了座谈会。

11日

国家图书馆国情咨询顾问委员会第一次会议在国家图书馆召开。文化部党组成员、中纪委驻文化部纪检组组长李洪峰，国家图书馆馆长周和平，国情咨询顾问出席会议。会上，国家图书馆馆长周和平为受聘的咨询顾问颁发了聘书，作了工作汇报，并听取各位顾问的意见和建议。同日下午，国家图书馆国情咨询专家委员会第一次会议在国家图书馆召开。受聘的国家图书馆国情咨询专家出席了会议。国家图书馆馆长周和平向与会的国情咨询专家委员颁发了聘书，并作了工作汇报，随后进行了讨论。

11日

在第五个“文化遗产日”到来之际，由文化部主办，国家图书馆（国家古籍保护中心）承办的“国家珍贵古籍特展”在国家图书馆展览厅开展。文化部党组成员、中纪委驻文化部纪检组组长李洪峰，国家图书馆馆长、国家古籍保护中心主任周和平出席开幕仪式。展品来自各个系统86家收藏单位，数量为300余件，以推荐列入第三批《国家珍贵古籍名录》的古籍珍品为主，辅以第一、二批《国家珍贵古籍名录》中部分特色古籍。

16—17日

“敦煌文献、考古、艺术综合研究——纪念向达教授诞辰110周年国际学术研讨会”在国家图书馆文会堂召开。此次研讨会由国家图书馆古籍馆、北京大学历史学系暨中国古代史研究中心、敦煌研究院联合主办，并得到了中国敦煌石窟保护研究基金会的大力支持。40余位中外学者出席了本次研讨会。

22日

为贯彻落实2010年中央新疆工作座谈会精神，推动新疆地区公共文化服务体系建设实现跨越式发展，由文化部主办、国家图书馆和文化部全国文化信息资源建设管理中心联合协办的“县级数字图书馆援疆行动”正式启动。文化部党组副书记、副部长欧阳坚、文化部副部长杨志今、文化部部长助理高树勋、新疆维吾尔自治区副主席铁力瓦尔迪•阿不都热西提、新疆生产建设兵团副政委卢晓峰、国家图书馆馆长周和平出席仪式。“县级数字图书馆援疆行动”推送的资源由国家图书馆精心准备，总量达1TB。

22日

由国家图书馆（国家古籍保护中心）、国际图联保存保护中心中国中心主办，国际图联保存保护中心亚洲地区中心、国际图联保存保护中心韩国中心以及部分中国文献收藏单位共同参与的“自然因素与文献保存保护”国际研讨会在北京开幕。会上，对中日韩三国文献保存保护中心以往的工作进行总结和回顾，讨论了如何更加有效地开展文献保存保护，以减少自然灾害对文献的损害。

25日

国家图书馆举办第147期“部级领导干部历史文化讲座”。来自中央国家机关等单位的部级领导干部参观了国家图书馆举办的“国家图书馆立法决策服务成就展”和“国家珍贵古籍特展”。

七　月

2日

原中共中央政治局常委、国务院副总理李岚清同志来到国家图书馆视察。李岚清同志先后观看了“国家图书馆立法决策服务成就展”、“国家珍贵古籍特展”，并视察了国家图书馆二期新馆。

7日

国家图书馆召开工作通报会，对之前开展的“县级数字图书馆援疆行动”、立法决策服务“三会一展”、“国家珍贵古籍特展”、“庆七一，颂歌献给党”等四项工作进行总结通报。国家图书馆馆长周和平主持了会议并作重要讲话，副馆长陈力、张志清、魏大威出席会议并讲话。全体中层干部、主任（处长）助理、分工会主席、团委委员参加了会议。各项工作负责部门分别作了总结报告。

12日

全国“县级数字图书馆推广计划”山东省全覆盖仪式在山东省图书馆举行，山东省副省长黄胜、国家图书馆馆长周和平、副馆长魏大威出席仪式，山东省文化厅厅长亢清泉主持仪式。

此次山东省全覆盖工作，是全国县级数字图书馆推广计划的重要组成部分，将借助文化共享工程平台，使山东全省17个地市、140个县区级公共图书馆都具备数字图书馆服务能力，并由此带动1861个乡镇（街道）综合文化站服务能力的提升。

13日

斯洛文尼亚共和国政府向中国国家图书馆赠送《瓦尔瓦索图册集》仪式在中国国家图书馆举行。

该书是斯洛文尼亚著名博学家雅奈兹·瓦伊卡尔德·瓦尔瓦索（1641—1693）收集并进行学术批判性评论的画作评论集。

19日

全国政协副主席兼秘书长钱运录同志一行60余人到国家图书馆参观考察。考察团观看了“国家图书馆立法决策服务成就展”，钱运录希望国家图书馆提高立法决策服务水平，通过开通“国家图书馆立法决策服务平台全国政协机关平台”，为政协委员履行政治协商、民主监督、参政议政职能，建睿智之言，献务实之策，提供获取信息的重要渠道。

28日

“全国党校系统图书馆工作和信息资源建设会议”在西安召开。会上，国家图书馆联合中共中央党校图书馆共同发起了“国家数字图书馆走进党校”活动。为举办此次活动，国家图书馆开发了数字资源镜像服务系统，并和中央党校图书馆共同筹集了总量达1TB的优秀数字资源，推送到48个全国副省级以上党校图书馆，以满足全国党校系统教职员工和在校学员的教学科研与文化信息需求。

八　月

6日

国家图书馆召开党委理论中心组学习扩大会议，集中学习2010年7月23日胡锦涛总书记在中央政治局第二十二次集体学习时的重要讲话。党委书记、常务副馆长詹福瑞主持会议。馆长、党委副书记周和平，副馆长、党委副书记常丕军，副馆长张志清，副馆长魏大威等同志参加会议。各党支部书记及部处正职列席会议。周和平同志在会上作了重要发言。

6日

“国家图书馆创先争优动员大会”召开。党委书记、常务副馆长詹福瑞，副馆长、党委副书记常丕军，副馆长张志清同志出席会议。全体中层干部、各党支部书记、各党支部委员参加会议。会上，张志清宣读了《国家图书馆创先争优实施方案》，随后，詹福瑞作了动员讲话。

7日

中国国家图书馆馆长周和平会见了南非文化与艺术部部长露露·克辛瓜纳一行。陪同来访的还有南非文化与艺术部官员、南非驻华使馆官员等。

8日

中国道教协会举办的《中华道藏》(线装版)编纂出版座谈会暨捐赠仪式在人民大会堂举行。在捐赠仪式上，中国道教协会会长任法融道长将编号第1和第2的两套《中华道藏》线装本捐赠给国家图书馆，国家图书馆副馆长陈力代表国家图书馆接受捐赠并致辞。

10日

在瑞典第76届国际图联大会召开期间，中国国家图书馆常务副馆长詹福瑞、日本国立国会图书馆馆长长尾真和韩国国立中央图书馆馆长牟喆敏签署了《中日韩数字图书馆计划协议》。中日韩三国的国家图书馆将建立更密切的协作关系，分享经验与信息并促进在元数据规范标准化、信息服务整合（门户）、数字资源长期保存与利用等方面的合作与发展。

10—15日

第76届国际图联大会在瑞典哥德堡举行。会议的主题是“开放知识获取——推动可持续发展进程”。中国国家图书馆常务副馆长詹福瑞率团参加了会议。会议期间，与美国、英国、新西兰、新加坡、日本、韩国、俄罗斯等国的国家图书馆馆长会晤，就双边合作进行探讨。

12日

全国人大常委会副委员长兼秘书长李建国同志一行60余人到国家图书馆参观考察。考察团观看了“国家图书馆立法决策服务成就展”，李建国同志指出，希望国家图书馆进一步提高立法决策服务水平，创新服务形式，利用现代信息技术为人大代表依法履职提供更加方便快捷的获取信息的渠道。

20日

为贯彻落实中央新疆工作座谈会及文化部全国文化文物系统对口支援新疆工作会议精神，体现党和政府对新疆古籍保护工作的高度重视，展示新疆古籍保护工作成果，由文化部、新疆维吾尔自治区人民政府主办，国家图书馆（国家古籍保护中心）、新疆维吾尔自治区文化厅承办的“新疆历史文献暨古籍保护成果展”在新疆维吾尔自治区博物馆开幕，这是新中国成立以来首次全面展示新疆珍贵历史文献的大型展览，也是对新疆古籍保护工作的大检阅。展览为期一个月。

20日

由国家图书馆与新疆维吾尔自治区文化厅共同建设的“中国国家数字图书馆新疆维吾尔自治区分馆”，在新疆乌鲁木齐市正式启动并开通服务。作为新疆分馆开通服务的基础资源，国家图书馆首批提供了总量达4TB的数字资源。数图分馆网站采取汉维双语对照的方式，提供数字资源的浏览和检索服务。

22日

由国家图书馆和中国国民党革命委员会中央委员会等单位联合主办的“百年辛亥专题研究系列讲座”正式在国家图书馆嘉言堂拉开帷幕。全国人大常委会副委员长、民革中央主席周铁农担任首讲嘉宾。2011年是辛亥革命胜利一百周年，为了纪念这一具有深远意义的重大历史事件，国家图书馆特举办此次系列讲座。

23—27日

为提高科组长管理能力、拓展工作视野，国家图书馆举办了以“加强科组工作，促进事业发展”为主题的2010年度科组长培训班，安排了讲座、交流、参观活动等内容，全馆83名科组长代表参加了培训。国家图书馆馆长周和平在开班仪式上发表了重要讲话，副馆长、党委副书记常丕军，副馆长张志清分别出席了先进科组代表经验交流会和闭幕仪式并讲话。

24—27日

第五届上海(杭州)国际图书馆论坛在浙江省杭州市图书馆举行。中国国家图书馆馆长周和平、国际图联主席艾伦·泰塞、杭州市委副书记叶明、文化部社会文化司司长于群等出席论坛开幕式，来自25个国家和地区的200余位专家学者参加了本届论坛。

8月

中国国家图书馆向OCLC提交了近110万条馆藏西文数据。此举丰富了WorldCat数据库里中国国家图书馆的书目数据资源，揭示了国家图书馆的外文馆藏。随着馆藏书目信息的不断上传，中国国家图书馆的馆藏文献将在全球范围内得到充分共享，中华民族的文化遗产将在全世界范围内更广泛地流传。

8月

《中国图书馆分类法》第五版由国家图书馆出版社正式出版发行。来自26个单位的34位委员和顾问承担了修订任务，58个单位的近百名专家参与了修订工作。修订后的《中图法》更具有时代特征，对我国图书馆及有关信息机构的文献、信息、知识组织和检索具有重大意义。

8月

“从样式雷图档到数字圆明园”在线展览在国家图书馆网站发布。国家图书馆依据馆藏样式雷建筑图档资料，利用数字技术对圆明园进行数字复原。该展览目前展示了“数字圆明园”一期建设成果圆明园“九州清晏”景区。数字复原可以为用户提供三维互动体验，将平面图纸变为立体景象，将静止的赏鉴变为互动的体验。

九　月

1日

全国人大法律委、常委会法工委领导120余人到国家图书馆参观考察。考察团观看了“国家图书馆立法决策服务成就展”，并给予了高度评价。国家图书馆将进一步做好为全国人大服务的有关工作，开通为全国人大法律委、常委会法工委服务的专供信息平台；共同建设“中华人民共和国法律法规信息服务系统”；为法律委、法工委在立法过程中的文献信息需求提供专项服务。

3日

来华进行国事访问的乌克兰总统亚努科维奇到访中国国家图书馆，专程向中国国家图书馆赠送《佩柳索普纳奇科福音书》复制本，中国国家图书馆馆长周和平代表中国国家图书馆接受了赠书。该书是基督教读物《福音书》的乌克兰语译文手稿，成书时间在1556—1561年之间。

8日

由国家图书馆主办的“国家数字图书馆推广工程座谈会”在京召开。全国省级公共图书馆、部分副省级城市公共图书馆、中国国家数字图书馆分馆有关领导和负责人参加了会议。国家图书馆馆长周和平出席会议并讲话，副馆长陈力、魏大威出席会议。会上就“国家数字图书馆推广工程”初步方案进行了讨论。

8日

“哈佛大学哈佛燕京图书馆藏善本特藏资源库”在中国国家图书馆网站开通服务。首批正式上网发布了包括齐如山专藏在内的中文古籍善本204种，供海内外读者在线使用。该数据库资源可按照书名、著者、出版信息、分类等进行检索和浏览，同时提供全部书影的阅览。2009年10月，中国国家图书馆与美国哈佛大学图书馆达成一致，对哈佛燕京图书馆藏中文善本古籍进行数字化，从2010年1月起，项目将历时6年，完成中文善本古籍4210种51889卷的数字化拍照。

9日

国家图书馆手机门户WAP网站改版上线。新版WAP网站新增了包括图书预约、续借、催还等读者服务；优化了检索、在线服务和文津图书奖的功能；新增了图书、讲座视频等资源；在用户体验方面有了显著加强和提升。

9—10日

由中国国家图书馆、中国图书馆学会、美国国会图书馆联合主办的第五届中美图书馆合作会议在北京召开。文化部副部长王文章，中国国家图书馆馆长、中国图书馆学会名誉理事长周和平，美国国会图书馆副馆长迪安娜•马库姆出席大会开幕式并分别致辞。在开幕式上，还举行了“中美图书馆员专业交流项目补充协议书”签换仪式，中美双方共同签署了“中美图书馆员专业交流项目”的延长协议。本次会议以“数字资源共享：机遇与挑战”为主题，会议邀请了中美两国近20位图书馆专家、学者作精彩的大会报告和演讲，中美两国百余名图书馆界的代表相聚交流和研讨。

9月14日

为加强立法决策服务，建立起中央和国务院各部委政策法规制定部门与国家图书馆在信息咨询服务方面的协作机制和信息联络员制度，国家图书馆召开了“国家图书馆信息联络员工作会议”。会上，国家图书馆向来自中央和国务院各部委政策法规司的20余位信息联络员颁发了聘书。

20日

由中国艺术研究院、国家图书馆、中共唐山市委、唐山市人民政府联合举办的“凤凰涅槃　震痛与振兴——中外摄影家看唐山”摄影展首展在国家图书馆展览厅开幕。中国艺术研究院副院长、党委副书记杨化玉，国家图书馆党委书记、常务副馆长詹福瑞，中共唐山市委常委、宣传部部长郭彦洪，唐山市文联主席袁宁，以及摄影家代表、各巡展单位的领导出席了开幕式。国家图书馆副馆长、党委副书记常丕军主持了仪式。本次展览展出了150余幅作品，展览所呈现的缤纷色彩中，古长城、高架桥、菜市场、小吃店，唱大鼓的艺人、舞皮影的老者，矿山、湿地、公园、街道，唐山的日新月异，镜头中随处可见。同时展出的还有十余幅大地震之前美国摄影家拍摄的唐山人日常生活照片，以及中国摄影家拍摄的震后灾难片段。

30日

俄罗斯叶利钦总统图书馆副馆长捷列绅科一行来访。中国国家图书馆副馆长魏大威会见了捷列绅科一行。中国国家图书馆国际交流处处长严向东、数字资源部主任王志庚等陪同会见。双方就数字图书馆建设及服务方面已取得的主要成就及今后的发展思路进行了广泛交流。

十　月

8日

在国家图书馆馆长周和平、武汉大学校长顾海良的共同见证下，国家图书馆与武汉大学签订了战略合作协议。根据协议，今后双方将在高层次人才培养、高端培训、全国图书馆事业发展理论与应用研究、图书馆与信息领域重要工程和重大项目的建设等方面开展合作。武汉大学还将依托该校信息管理学院设立“武汉大学—国家图书馆合作研究院”。顾海良校长向周和平馆长颁发了聘书，聘任其为武汉大学兼职教授。

13日

全国人大常委会副委员长、民革中央主席周铁农一行到国家图书馆参观考察。全国人大常委、外事委员会副主任、民革中央副主席齐续春，全国政协常委、副秘书长、民革中央副主席修福金，全国人大内务司法委员会委员、民革中央秘书长兼办公室主任李惠东，以及来自民革中央机关的同志50余人一同参观考察。国家图书馆馆长周和平，副馆长、党委副书记常丕军，副馆长陈力接待并陪同考察。

周铁农同志一行观看了“国家图书馆立法决策服务成就展”，并参观了国家图书馆二期新馆暨国家数字图书馆。

21—22日

由国家图书馆举办的“全国图书馆少儿服务工作座谈会”在京召开。会议旨在学习贯彻中央领导同志关于加强未成年人思想道德建设的指示精神，落实文化部“全国少年儿童图书馆工作会议”精神，交流各地图书馆为少年儿童服务的经验，共同探讨我国少儿图书馆事业的发展思路，策划推动我国少儿图书馆事业发展的合作项目。

国家图书馆馆长周和平，文化部社会文化司巡视员刘小琴，国家图书馆副馆长陈力出席了会议。来自国家图书馆少年儿童图书馆、部分国内独立建制的少年儿童图书馆、各省市级公共图书馆、中小学校图书馆的负责人以及业内专家近100人参加了会议。会上，周和平作了题为《总结经验　开拓创新　推动我国少年儿童图书馆事业的发展》的重要讲话。

28日

中国国家图书馆馆长周和平会见了来访的泰国文化部长因塔拉颂巴先生一行，中国国家图书馆副馆长魏大威、业务管理处处长汪东波、国际交流处处长严向东、外文采编部主任高红陪同会见。

30日

“文津少儿讲坛”举行开坛首讲。为培养少年儿童优良的道德品质，养成良好的阅读习惯，国家图书馆特别开设“文津少儿讲坛”，邀请著名作家、教育家、学者、少儿工作者，根据少年儿童身心成长的特点，举办系列公益讲座。

十一月

3—4日

第八次中文文献资源共建共享合作会议暨图书馆中文资源与数字典藏学术研讨会在台北召开，来自中国大陆、香港、澳门、台湾以及日本、新加坡、北美、欧洲等地的200余位海内外参与中文文献资源数字化工作的领导及学者专家共聚一堂，就新形势下中文文献资源全球化交流心得，研商对策，会议参与人数及单位机构数量再创历届会议新高。

国家图书馆组成了以副馆长张志清为团长的代表团与会。张志清在会议开幕式上致辞，并作了题为“中国国家图书馆中文数字典藏及共享”的主题报告。

15日

由国家图书馆、北京师范大学、中国社会科学院历史研究所共同主办的“陈垣先生诞辰一百三十周年纪念展”在国家图书馆开展。陈垣先生曾以教育部次长身份兼任国家图书馆的前身——京师图书馆馆长，对于国家图书馆的馆舍建设、藏书建设、文献整理与研究居功甚伟。

18日

国家图书馆中央编办分馆在京揭牌，“国家图书馆立法决策服务平台——中央编办平台”同时开通。文化部副部长欧阳坚出席揭牌暨开通仪式。中央编办副主任黄文平、国家图书馆馆长周和平等出席仪式并致辞。该分馆是国家图书馆与国务院部委及直属机构合作建立的第十家分馆。

19日

国家图书馆召开副馆长、馆长助理任职大会。大会由国家图书馆馆长周和平主持。文化部人事司副司长汪志刚同志宣读了《文化部关于王军任职的通知》，任命总务部主任王军为国家图书馆副馆长，试用期一年。国家图书馆党委书记、常务副馆长詹福瑞宣读了《关于聘任孙一钢、汪东波为国家图书馆馆长助理的通知》，经文化部同意，聘任孙一钢、汪东波为国家图书馆馆长助理。

调整后的国家图书馆现任馆领导班子全体成员为：馆长周和平，党委书记、常务副馆长詹福瑞，副馆长、党委副书记常丕军，副馆长陈力、张志清、魏大威、王军，馆长助理孙一钢、汪东波。

23—26日

以日本国立国会图书馆调查及立法考察局专门调查员、国土交通调查室主任山口广文为团长的代表团一行5人到中国国家图书馆访问，进行两馆间的第29次业务交流。本次业务交流的主题是立法决策服务。期间，中国国家图书馆馆长周和平会见了来访的日本国立国会图书馆代表团一行。

26日

由国家图书馆、中国图书馆学会、中关村科技园区管理委员会共同主办的“2010年全国图书馆企业信息服务年会暨第六届国家图书馆企业信息服务年会”在北京举行。国家图书馆副馆长魏大威出席会议，来自国内竞争情报领域的知名专家、跨国公司首席情报官及中关村示范区科技型中小企业的代表共200余人参会。与会嘉宾从各自专业背景出发，就竞争性商情领域最新研究成果、知识产权如何提升企业创新能力等相关主题同参会企业进行了深入研讨和互动交流，分享了信息服务与企业发展方面的前瞻理念和实践经验。

26日

国家行政学院、国家图书馆合作协议签署暨“国家图书馆国家行政学院分馆”揭牌仪式在京举行。国家行政学院党委书记、常务副院长魏礼群，文化部党组成员、中央纪委驻部纪检组组长李洪峰，国家行政学院党委委员、副院长洪毅，党委委员、教务长杨克勤，国家图书馆馆长周和平出席了签字揭牌仪式。魏礼群、李洪峰共同为“国家图书馆国家行政学院分馆”揭牌，该分馆是国家图书馆与国务院部委及直属机构合作建立的第十一家分馆。

27日

国家数字图书馆厦门服务全覆盖启动仪式在厦门举行。国家图书馆馆长周和平、副馆长魏大威，福建省文化厅、厦门市有关领导出席了仪式。周和平为“中国国家数字图书馆厦门分馆”授牌，厦门分馆成为国家数字图书馆建立的第十七家分馆。魏大威和厦门市文化局局长罗才福向厦门市公共图书馆联合服务体成员馆赠送了数字资源，并分别代表国家图书馆和厦门市文化局共同签署了“国家数字图书馆厦门全覆盖协议”。

国家数字图书馆厦门全覆盖工作，第一次实现了资源的无缝跨库链接和用户的双向认证。

十二月

15—16日

“国家数字图书馆推广工程启动仪式暨全国图书馆创新服务工作座谈会”在京召开。会议旨在总结图书馆业界创新服务经验，研讨创新服务思路，提早启动“十二五”时期多个重要创新服务项目，推动文化创新，增强发展活力，提升服务水平。文化部，财政部，全国各省、自治区、直辖市和副省级城市公共图书馆的有关负责人，以及国家图书馆共计150余人参加了会议。

文化部党组成员、副部长杨志今，国家图书馆馆长周和平出席会议，并分别作了题为“以科学发展观为指导　扎实推进图书馆创新服务工作”、“创新是图书馆事业发展的不竭动力”的讲话。会议期间，“国家数字图书馆推广工程”正式启动、“全国公共图书馆立法决策服务合作共识”讨论通过、“公共图书馆讲座联盟”正式成立，与会代表还研讨了国家图书馆提出的《关于加快我国图书馆事业发展的建议》。

19日

国家图书馆举办了“文津少儿讲坛”系列讲座第二讲，我国儿童文学知名父女作家葛冰、葛竞为少年儿童朋友作了一场题为“快乐阅读、快乐写作”的讲座。国家图书馆少儿馆馆长李晓明主持了本次讲座。充满学习氛围的国图学术报告厅座无虚席，参加人数达220余人，一些小读者更是早早赶来，聆听喜爱的父女作家传授写作妙招，与作家面对面交流，分享阅读快乐。

20日

第六届“国家图书馆文津图书奖”揭晓。评选活动于2010年5月正式启动，评选图书范围为2009年7月1日至2010年6月30日由国家出版行政管理部门批准成立的出版机构在国内正式出版、公开发行（包括限国内发行）的汉文版图书。《重新发现社会》、《1944：松山战役笔记》、《朱镕基答记者问》、《DNA：生命的秘密》、《别对我撒谎：23篇震撼世界的新闻调查报道》、《网民的狂欢》、《七十年代》、《我们台湾这些年：1977年至今》、《蚁族:大学毕业生聚居村实录》、《“中间地带”的革命：国际大背景下看中共成功之道》10种图书获奖。

20日

由文化部主办，国家古籍保护中心承办的全国古籍保护工作会议在北京召开。此次会议旨在表彰入选国务院公布的第三批《国家珍贵古籍名录》的收藏单位和全国古籍重点保护单位，总结2010年古籍保护工作成果，部署下一阶段古籍保护工作任务，推动全国古籍保护工作进一步开展。